은퇴 없는 인생 2라운드

호서대 글로벌창업대학원 창업가들의
퍼스널브랜딩 창업성공가이드 Vol.4

은퇴 없는 인생 2라운드

박남규 김경진 한태희 김현주 정수정 강현호 이경섭 안지후 천선앵 김정원

리커리어북스

차례
C O N T E N T S

발간사 010
추천사 012
서문 015

PART 1
MOTIVATION

01 성공하는 창직 · 창업 마스터플랜 전략
창업경영전문가/창업생태학자 박남규

Chapter 1
인생의 갈림길에서 037
중소기업 박 부장의 시련 037
사육된 삶에서 개척의 삶으로 시작 040

Chapter 2
창업보다는 창직 044
창직으로 창업하다. 044
힘든 공부가 재미있는 일이 되다. 046

Chapter 3
'어쩌다 교수'의 비전 050
행복한 창업의 길을 제시하다. 050
퍼스널브랜드가 창업 밑천 054

02 대기업 김 부장, 중소기업 CEO로 살아남기
목적중심경영전문가/워크자이너 김경진

Chapter1
대기업 부장과 임원들의 설 자리 071
샐러리맨의 고민과 선택 071
나의 고민과 선택 073

Chapter 2
중소기업은 정글이야! 075
야생 정글에서 살아남기 위한 나만의 고군분투 075
파악(把握), 장악(掌握), 주도(主導) 076

Chapter 3
나만의 창업학 092
내가 생각하는 일 잘하는 리더 092
나만의 창업학 093

03 안전하고 확실한 징검다리 성공창업 비밀노트
교육창업경영전문가/입시컨설턴트 한태희

Chapter 1
내가 해왔던 일을 영원히 할 수는 없다! 101
나를 돌아보게 했던 고비가 나를 구해주는 기회로 101
생각의 변화와 개인 구조조정을 통한 새로운 인생 설계의 시작 104

Chapter 2
내가 쌓아왔던 역량을 최고의 창업 자산으로 삼자! 105
징검다리 창업의 장점 105
본업을 바탕으로 한 안전한 창업 106

Chapter 3
끊임없는 개인 구조조정으로 지속적인 발전을 꾀하라! 113
1년마다 새로운 개인 구조조정을 행하라! 113
나의 최종 목표는 내가 만든 직업에 몰입하는 것! 116

04 명리학과 색채의 만남: 당신의 성공을 위한 개인 맞춤 컬러
색채명리전문가 김현주

Chapter 1
사주 명리를 만나다 123
사장이 될 사주 123
내 사주는 돈과 건강이 반비례한다고? 124
사주 명리 공부를 본격적으로 시작하다. 127

Chapter 2
창업과 사업에도 활용 가능한 사주 명리 129
사주 명리와 사업과의 관계 129
사주 오행 각각의 특성 130
색채로 치유하는 컬러 테라피 136
사주 명리와 색채 137

Chapter 3
나의 직업은 돈과 행운을 부르는 색채명리전문가 140
색채명리전문가가 하는 일 140
기억에 남는 상담사례 141
나의 사명은 망하지 않는 창업을 돕는 것 144

PART 2
SOLUTION

05 인생의 4가지 터닝포인트: 아픔, 탐구, 전환 그리고 성장
융합경력컨설턴트 정수정

Chapter 1
아픔과 고민 155
준비 없이 맞은 시련 155
나만의 극복, 탈출 전략 157

Chapter 2
나를 찾아가는 여정 159
자아실현을 위한 내면 탐구 159
나만의 강점과 역량 파악 160
말하는 대로 이루어진다. 161
인사관리도 컨설팅하라! 162

Chapter 3
새로운 시작! 인생의 전환점 164
선생님이 되다: 모든 경험을 쓸모 있게 만들어 보자. 164
교수가 되다: 준비된 자에게 오는 행운 165
학생으로 돌아가다: 배움엔 끝이 없다. 167

Chapter 4
성장과 성취 169
서로 연결되는 경험 고리: 선한 영향력을 꿈꾸다. 169
나는 'N잡러'입니다. 170
페르소나로 사는 법 170
이 글을 마무리하며 172

06 은퇴자산을 관리하는 새로운 패러다임, Self Asset Management 전문가와 함께하는 인생 성공 이야기
Financial Protector 강현호

Chapter 1
나는 누구인가? 181
나는 타고 난 Financial Protector 181
하늘은 천직을 준다. 182
세상에 던져진 나! 나만의 퍼스널브랜딩으로 다시 태어나다. 184

Chapter 2
세상은 변하고, 우리의 인생도 변한다 189
금융환경의 변화 189
인구변화는 기회인가? 위기인가? 191
관점을 디자인하라. 192

Chapter 3
Homo Hundred 시대를 살아가는 변화의 시대를 살아가는 지혜 194
Homo Hundred 시대를 준비하는 자세 194
은퇴자산관리 전문 박사, 새로운 도전 196
베이비 부머의 은퇴 러시에서 할 수 있는 나의 역할과 비전 197
나의 퍼스널브랜딩 'Financial Protector' 198

Chapter 4
〈부록 편〉 은퇴자산관리 전문가가 알려주는, 인생의 저녁이 있는 행복한 나의 인생 201
은퇴자산관리 전문가가 알려주는 나의 행복한 은퇴 생활 노하우 202
은퇴자산관리 전문가가 전하는 행복한 투자 방법 202
Homo Hundred 시대, 돈 걱정 없이 행복하게
장수 위험에 대비한 각종 은퇴자산 활용법 204
마치는 글 206

07 행사기획에서 배운 제2의 인생 경영전략
리스타트강소기획자 / MICE전문가 이경섭

Chapter 1
기획, 어렵지 않아요~ 215
역시 작은 것부터 216
기획과 계획은 한 끗 차이 218
중요한 건 타이밍 218
기획을 잘하는 법 219

Chapter 2
행사기획의 노하우로 창업 222
기획서부터 결과보고서까지 224
가장 어려운 인력과 업체 관계 225
트렌드가 중요한 홍보와 마케팅 226
행사에서 성과를 극대화하는 5가지 기획 227

Chapter 3
리스타트 기획 230
50% 생존확률 231
힐링을 준 호서대학교 글로벌창업대학원 233
코로나 시대에 재기를 기획 234
제2의 인생 기획 237

PART 3
CALL TO ACTION

08 無에서 有를 만들어낸 여성 CEO
긍정태도전문가 안지후

Chapter 1
무한긍정으로 만들어진 새로운 직업 – 154KV전문 변전설비업 247
나는 세상의 중심이다. 247
새로운 시작 그리고 도전 249
자신의 재능을 찾고 자존감을 회복하자! 256

Chapter 2
창업을 위한 마음의 틀 259
창업 아이디어 찾기와 사회적 가치 창출 259

장점과 강점을 활용하라! **260**
목표와 비전을 설정하라! **261**
가치를 공유하고 소통하라! **262**
창업자의 자질 **262**
창업자의 역량 **263**
맺음말 **267**

09 50대 전문직 물리치료사의 제2의 인생 도전기
참건강알림물리치료사 천선앵

Chapter 1
피, 땀, 눈물로 일궈낸 25년이 한순간 부담스러운 경력이 되다 **275**

Chapter 2
위기를 기회로 실버(silver) 용품 온라인 쇼핑몰 운영 **278**
물리치료사의 역량 확장하기 **285**
새로운 도전에 대한 열린 마음 **288**

Chapter 3
새로운 도전으로 재활병원 상담실장 되다 **294**
요양원과 요양센터 100% 활용하기 **296**
요양병원, 재활병원, 회복기재활병원 100% 활용하기 **297**
나의 브랜드 네임은 '참건강알림물리치료사' **299**

10 3초 안에 시선을 잡고 3분 안에 설득하라!
설득스피치전문가 김정원

Chapter 1
늦은 때는 없다 **307**
나이 50에 다시 시작 **307**
우연히 시작한 일, (리포터에서 사내아나운서, 쇼핑호스트로) **310**

Chapter 2
3초 안에 시선을 잡고 3분 안에 설득하라 **315**
먼저 시선을 잡아라. **315**
설득에도 공식이 있다. **316**

Chapter 3
말 잘하는 방법 **321**

에필로그 **324**

발간사

자기의 창업 경험을 바탕으로 쓴 생생한 내러티브!

〈열한 가지 찐 창업 이야기〉로 시작한 호서대 글로벌창업 대학원 생들의 퍼스널브랜딩 출판은 2022년부터 시리즈로 연재되어, 이제 네 번째 시리즈물인 '퍼스널브랜딩 창업 성공 가이드 vol.4'를 세상에 내 놓게 됐다. 호서대글로벌창업대학원은 그동안 총 다섯 권의 책을 출간 하여 많은 성공적인 퍼스널브랜드를 탄생시켰다.

이 책은 작가들의 생생한 도전과 실패에 대한 자기 경험을 일인칭 주인공 시점으로 담아냈다. 주인공은 자기 자신이며, 그렇기에 글 속 에서 자신과 진솔하게 마주해야만 했다. 마음을 다해 써 내려간 작가 들의 글은 실제로 직접 경험하고 살아가는 현재진행형의 사례들이다.

'인생 창업 이야기'라는 실화를 바탕으로 한 이 책에 대한 독자들의 반응은 기대 이상이었다. 출간 후 유명 창업잡지사 〈창업&프랜차이즈〉 로부터 CEO 라이브러리 첫 장에 소개하고 싶다는 연락을 받았다. 포 기하고 싶었는데 다시 시작할 용기를 얻었고, 교훈과 감동을 얻었다는 독자들도 많았다. 처음 책을 쓴 작가들의 이야기가 이러한 독자들의 반응을 끌어낼 수 있었던 것은 솔직한 자기의 경험에서 나온 생생한 내러티브이기 때문이다.

그러나 작가들은 집필 과정이 마냥 순탄하진 않았다고 고백한다. '공저'라 쉽게 뛰어들었다는 어떤 작가는 글을 쓰는 과정에서 아픈 과거가 떠올라 수십 번 글쓰기를 멈췄다고 전했다. 글 쓰다가 마음 깊숙이 눌러놓은 자신의 어릴 적 꿈을 만났다는 작가도 있었다.

이 책은 창업을 준비하고 있지만, 누구에게 조언을 구해야 할지 막막한 분들에게 들려주고 싶은 선배의 경험담이라고 해도 좋겠다. 누구나 인생의 고비가 있기 마련이다. 이번 책 속 열 명의 작가들이 어떻게 삶의 난관을 넘었는지 생생한 이야기를 따라가다 보면 비슷한 난관 앞에 있거나 어려운 문제해결을 위해 고민하는 동시대 우리에게 놀라운 영감과 극복할 방법을 알려줄 것이다.

끝으로 각자의 가능성을 발견하고, 자신만의 퍼스널브랜딩을 구축할 수 있도록 헌신적인 지도로 이끌어 주신 호서대학교 글로벌창업대학원 창업경영학과장 박남규 교수님과 바쁜 생업 가운데서도 학업과 출판의 고된 과정을 묵묵히 이겨낸 작가들에게 경의와 함께 깊은 감사의 말씀을 드린다.

기획·편집 한현정 (리커리어북스)

추천사

예비창업자, 초기 창업자들에게 훌륭한 성공 지침서

이 책은 창업에 대한 성공과 실패, 창업의 경험과 노하우에 관한 생생한 경험을 담고 있다.

21세기 들어 의학 발전에 따라 인간 수명이 연장되면서 바야흐로 장수 시대에 접어들었다. 수명이 길어진다는 것은 장점과 단점을 지니고 있긴 하나 건강하게 장수할 수만 있다면 인류의 축복이 아닌가 생각된다.

사람이 세상에 태어나고 성장하는 과정은 크게 5단계로 이루어져 있다. 이른바 '출생-학습 과정-사회생활-은퇴 생활-죽음'이라는 과정이다. 이 인생의 5단계 여정에서 태어나고 죽는 것은 선택 사항이 아니다. 그러나 사회생활을 거쳐 은퇴 생활을 하는 과정은 수많은 기회를 만나고 끊임없이 선택해야 하는 순간이다.

이런 측면에서 주변을 둘러보면 아쉬움과 우려가 동시에 있다. 기술이 계속해서 발전하고 있는 가운데 수명은 연장되고 있지만, 정작 은퇴자가 설 곳은 마땅치 않기 때문이다.

여기에서 말하고 있는 '은퇴자'는 과연 누구를 얘기하는 것일까? 50대, 60대, 70대 이상을 말하는 것일까? '나이'로 따질 일이 아니라고 생각한다. 점점 빨라지고 있는 은퇴 시기로 인하여 자신이 설 곳을 잃은 더 젊은 세대 사람도 많다. 실제로 20~40세라고 해서 일자리가 보장되는 시대도 아니다. 그러므로 우리에게 누구에게나 '창업'이 필요하다.

창업은 선택의 문제가 아닌, 누구나 해야 하는 필연적인 과정이 되었다.

거창하게 직업과 기업을 만들어내고 많은 재화를 창출하기보다는 장기적으로 적정한 수익을 내면서 사회에 기여할 수 있는 인생을 살아야 한다. 이제는 창업의 관점이 달라져야 한다.

이 책은 창업에 관한 여러 가지 이야기를 담고 있지만, 아무리 지식으로 무장해도 창업은 실제로 만만한 과정이 아니다.

그럼에도 불구하고 창업을 해야한다면 성공적인 성과를 내기 위해 꼭 필요한 것이 경험자의 선행 노하우를 습득하는 것이라고 생각한다.

나 홀로 무방비로 맨땅에 헤딩한다면 너무 아프겠지만, 요령을 터득하고 사전에 장비를 착용한 후 부딪친다면 고통을 피할 수 있는 것과 같은 이치다.

현재 창업을 고민하는 사람이 있다면 꼭 도전하라고 권하고 싶다.

인생에서의 창업은 새로운 기회를 얻고 가르침을 배울 수 있기 때문이다. 설사 실패한다고 해도 많은 것을 얻을 수 있는 것이 바로 창업이다.

창업에 대해 성공률을 높일 방안이 있다면 그것은 간접경험을 최대한 많이 하는 것이다. 그런 면에서 이 책은 성공을 꿈꾸는 예비창업자들에게 훌륭한 성공 지침서가 될 것이라고 확신한다.

이 책은 창업자들이 창업 과정에서 느끼고 경험한 면면을 생생하고 진실하게 소개하고 있다. 그래서 창업에 대한 다양성과 함께 많은 점을 느끼게 해준다. 선배 창업자들의 경험이 예비창업자, 초기 창업자에게 큰 도움이 되리라 생각한다.

허철무
(호서대학교 벤처대학원 원장,
호서대학교 글로벌창업대학원 원장)

서문

퍼스널브랜드로 가는 길!

● **"100세 시대, 대한민국 모두가 행복한 창업을 꿈꾸며"**

'퍼스널브랜딩 창업 성공 가이드 vol.1, vol.2, vol.3'를 출간한 후에 많은 호응과 피드백이 있었다. 주요 서점 매대의 추천 도서가 되었으며, 향후 창업 교육 교재로 사용할 예정이라는 피드백도 받았다. 지난 2021년 퍼스널브랜딩출판 수업에 참여한 호서대글로벌창업 대학원생들이 책 속의 주인공이 된 첫 출간을 시리즈의 시작으로 현재까지 호서대글로벌창업대학원의 인재풀을 알려주는 '휴먼 라이브러리'가 되어가고 있다.

공동출간에 동참한 저자들은 각자의 분야에서 인생의 주인공으로 세상의 롤모델이 되어 행복한 창업을 인도하는 리더이자 멘토 역할을 할 것으로 기대한다. 저자들은 각자 처한 상황에서 차별화되고 성공 가능성이 큰 비즈니스모델을 만들어냈으며, 독자들은 책 속에 등장하는 자신의 상황에 맞는 롤모델을 통하여 행복한 창업 로드맵을 그릴 단초를 얻게 될 것이다.

창업은 창직의 결과물이다. 성공적인 투자유치와 기업공개(IPO)는 결과물이다. 성공적인 기업의 시작은 언제나 1인 기업이다. 창업주는 자신의 미션과 비전을 통해 장기적으로 준비를 하였기에 세상으로부터 인정받는 위치에 오른 입지전적 인물들이 대부분이다.

기술 트렌드를 대표하는 마이크로소프트의 빌 게이츠, 애플의 스티브 잡스, 테슬라의 일론 머스크가 대표적이다. 이들은 모두 유년 시절부터 이미 여러 분야에서 전문성을 확보하고, 자신만의 영역을 결합하여 세상이 인정하는 새로운 포지션을 구축해 왔다.

창업주들은 특히 초기에는 자신의 퍼스널브랜딩을 가지고 새로운 영역에서 전문성을 인정받았다. 먼저 빌 게이츠는 프롬프트 상에서 명령을 입력해야만 작동하는 DOS 운용시스템에서 직관적인 그래픽을 통해 마우스 클릭만으로 운영이 가능한 'Window OS 시스템'을 개척했다.

스티브 잡스는 실리콘밸리에서 유년 시절을 보내며 옆집에 사는 IBM 회로 기술자의 영향을 받았다. 여기에 대학 시절 캘리그라피의 영향을 받아 디자인 기술을 접목한 직관적이며 단순한 작동이 가능한 UI·UX를 제공하는 '애플컴퓨터'와 'iOS'를 개발하였고 애플 아이폰이라는 '내 손안의 PC'를 구현했다. 일론 머스크는 비전 기반의 자율주행 인공지능과 바퀴 달린 스마트폰 개념이 적용된 테슬라 자동차를 구상했다. 이를 통해 기존의 하드웨어 종속에서 소프트웨어 종속 및 업그레이드를 할 수 있는 OTA기능을 적용한 스마트카 콘셉트를 제시했다.

이렇게 세계적인 기업들이 탄생하게 된 출발점은 CEO 개인의 미션과 비전, 자신의 융합적인 영역(도메인)을 기반으로 새로운 직업을 만들어 세상으로부터 인정받은 결과이다. 처음부터 마이크로소프트, 애플, 테슬라를 창업하여 투자를 받은 것이 아닌, 빌게이츠, 스티브잡스, 앨런머스크를 보고 투자자들이 투자한 결과이다. 이러한 빅테크 기업이 출현하기까지 수많은 경쟁기업이 있었다. 살아남은 기업은 창업가의 미션과 비전이 명확하며, 새로운 분야에서 자신만의 영역 즉 퍼스널브랜드를 구축하고 있었다.

요즈음 손흥민 축구선수로 인한 경제적 파급효과는 2조원에 육박한다고 한다. 아시아인으로서의 한계를 극복하고 축구의 원조 나라인 영국에서 아시아 최초 잉글랜드 프리미어리그(EPL) 득점왕이 되었다는 사실과 손흥민 자신의 인성 및 한국의 교육 방식에 대한 세계인의 관심은 우리나라 국격을 높이는 데 기여하고 있다.

이러한 퍼스널브랜드 파워를 기반으로 손흥민 선수는 패션 브랜드 'NOS7(엔오에스세븐)'을 론칭하며 창업했다. 개인의 브랜드가 자연스럽게 사업으로 연결되는 시대가 된 것이다. 이러한 시작의 첫 출발이 '퍼스널브랜딩 창업 성공 가이드 시리즈'가 될 것이다.

최근 코로나 사태와 우크라이나 전쟁으로 인한 고금리와 자산 가치 하락 등으로 모두가 힘든 시기를 보내고 있다. 병균과 전쟁으로 인한 원자재 수급난은 인플레이션으로 이어져 월급만으로는 미래를 준비하기 어려운 시대가 되었다. 2020년 코로나로 촉발된 비대면 언택트 수요는 미래의 온라인 재택근무 환경을 앞당겼다. 2년 이상 유지된 비대면 방식의 일상은 생활 방식을 바꾸면서 새로운 문화가 되었다. 포스트코로나 시대에도 이전으로 돌아가는 게 아니라 ZOOM을 활용한 온라인 미팅이 더 익숙해졌다.

2000년 인터넷의 출현, 2010년 애플사의 아이폰(iPhone)을 시작으로 내 손안의 PC 스마트폰의 출현, 2020년 테슬라의 전기차 모델 3(Model 3)를 시작으로 OTA[1]와 FSD[2] 구현과 같은 혁신적인 제품·서비스는 10년 주기로 일상생활에서 새로운 사고방식과 생활양식의 문화를 창조해왔다. 그렇다면 다가올 2030년 기술트렌드를 대비하여 우리는 지금 어떤 준비를 해야 할 것인가?

● **"상상이 현실이 되는 세상, 10년 후의 미래를 상상하며"**

2010년 6월 상상했던 일들이 2022년 3월 그대로 실현되고 있다. 그렇다면 2030년에는 어떤 일들이 일어날 것인가? 10년 후의 미래는 다음과 같을 것이다.

1. 전문가의 시대

인터넷에서 해당 분야 전문가를 검색한다. 그럼 유튜브 전문가 추천서비스에서 키워드에 가장 최적화된 전문가의 정보 자료가 검색된다. 특히 1분 이내의 소개 영상을 통해 전문가를 파악하고, 랜딩사이트에 접속하여 프로젝트를 의뢰한다.

---

1   Over The Air. 무선으로 언제 어디서든 인터넷만 연결이 되면(차량 내부 wi-fi) 업데이트되는 것
2   Full Self Driving. 완전 자율 주행으로 총 5단계가 있으며 현재는 2단계에 해당

전문가는 의뢰사항을 확인하여 가격과 시간이 맞으면 즉시 프로젝트를 수락하고, 블록체인과 결합한 메타버스[3]에서 아바타[4] 미팅을 진행한다. 인터페이스로는 HMD[5]를 머리에 쓰고, 손에는 햅틱[6]장갑을 끼고 현실에서와 똑같은 가상의 사무실에서 업무를 처리한다.

2. 유튜브가 스승, AI는 비서

미래에는 체험교육도 유튜브에서 가능할 것이다. 유저인터페이스(UI, User Interface)의 발달은 2D 화면에서 벗어나 가상의 3차원 AR[7], VR[8] 기술의 발달로 시각, 청각 이외에도, 후각, 미각, 촉각을 통해 실제와 구분이 어려울 정도의 정교한 체험이 가능해질 전망이다. 각자의 콘텐츠는 메타버스 환경에서 비즈니스모델의 중심에 있으며, 필요한 정보는 차량 이동 중에도 학습이 가능해진다. AI[9]는 자율주행에서 운전기사 역할을 톡톡히 해낼 것이다.

테슬라 전기차는 자율주행 분야에서 가장 앞서 있다. 기술적으로

---

3   metaverse. 가상, 초월을 의미하는 '메타'(meta)와 세계, 우주를 의미하는 '유니버스'(universe)를 합성한 신조어, 3차원에서 실제 생활과 법적으로 인정한 활동인 직업, 금융, 학습 등이 연결된 가상 세계
4   avatar, 사용자가 자신의 역할을 대신하는 존재로 내세우는 애니메이션 캐릭터
5   Head Mounted Display, 머리 부분에 장착해, 이용자의 눈앞에 직접 영상을 제시할 수 있는 디스플레이 장치
6   haptic, 사용자에게 힘, 진동, 모션을 적용함으로써 터치의 느낌을 구현하는 기술
7   Augmented Reality, 증강현실, 실제로 존재하는 환경에 가상의 사물이나 정보를 합성하여 마치 원래의 환경에 존재하는 사물처럼 보이도록 하는 컴퓨터 그래픽 기법
8   Virtual Reality, 가상현실, 가상의 세계에서 사람이 실제와 같은 체험을 할 수 있도록 하는 최첨단 기술
9   Artificial Intelligence, 인공지능

도 비전 기반의 정보 축적은 스스로 진화하는 단계에 접어들었다. 자율주행 3단계부터는 운전의 책임은 제조사에 있으며, 4단계는 완전 자율 주행단계에 접어들고 5단계는 핸들이 생략되는 단계이다.

2030년에는 집을 나서면 전기자동차가 목적지에 스스로 도착하며, 사람은 차가 이동하는 중에도 학습, 영화감상, 휴식 등 다양한 활동을 할 수 있게 된다. 'Door to Door' 생활환경이 가능해지는 것이다. 메타버스 환경과 자율주행 기술은 시간과 공간의 경계를 없앤다. 주거환경 측면에서 자신이 선호하는 시골이라도 모든 것을 할 수 있는 환경을 제공할 것이다.

3. 모든 지식 콘텐츠가 보호받는 시대

블록체인과 가상화폐는 개인 콘텐츠의 수익화가 가능하다. 이전에는 창작한 콘텐츠에 대한 사용 여부를 추적하기가 어려웠다. 데이터를 다른 사람한테 전달하였을 때, 무형의 데이터 유통에 대한 정보추적이 어려우며 보호를 받을 수 없는 상황이었다.

현재 가장 강력하게 보호를 받는 영역이 음원과 출판 분야이다. 그 이유는 음원과 출판의 특성이 불특정 다수에게 전파되는 불특정 다수를 대상으로 노출되는 특성이 있기 때문이다. 누구나 접근할 수 있고, 이용한 흔적을 확인할 수 있는 기록 수단이 있기에 가능하다.

반면, 개인이 창작한 설계정보나 콘텐츠 정보는 정보 사용의 은밀성으로 유통 및 사용에 대한 과금이 불가능하다. 그러나 블록체인과 연결된 정보는 사용한 흔적들이 각각의 노드[10]라고 불리는 개인 컴퓨터에 모두 기록 저장되므로 사용 이력에 대한 추적이 가능하다. 그러므로 블록체인 기술과 결합한 지식 콘텐츠는 이력의 추적이 가능하게 되어 과금이 가능해진다.

4. 디지털화폐의 출현과 지식산업의 활성화

디지털화폐의 출현은 정보의 폐쇄성으로 인해 보호받지 못하고 사각지대에 놓여있는 지식 콘텐츠의 권리를 보호할 수 있게 한다. 지식 콘텐츠에 블록체인 기술이 접목되어 이력 추적과 함께 디지털화폐(가상화폐)로 즉시 과금이 가능하다. 블록체인 기술과 디지털화폐(가상화폐)는 새로운 비즈니스 생태계를 탄생시킬 것이다.

5. 결제 비용 제로와 은행이 없는 세상의 도래

결제 비용은 금융 결제와 제품 전달의 양방향 동시성으로 인하여 한쪽이라도 이행이 되지 않을 위험에 대한 헷지[11]를 위하여 지급하는 비용이다. 결제와 유통에 대한 위험에 대하여 중간 유통 에이전트(Agent)가 개입하면서 비용이 상승한다. 예로 부동산 거래의 경우 거래위험을 줄이기 위하여 공인중개사에게 수수료를 지급하는 식이다. 온라인 결제에서 카드사를 이용하는 것도 신용결제 수수료가 발생하더라도 거래위험을 카드사가 부담하는 구조이다. 그러나 블록체인 기술은 제품·서비스에 대한 이력 확인의 신뢰성과 편리성 및 결제의 편의

---

10 node, 대형 네트워크에서는 장치나 데이터 지점(data point)을 의미, 개인용 컴퓨터, 휴대전화, 프린터와 같은 정보처리 장치에 해당
11 hedge, 울타리, 대비책이라는 뜻으로 외부로부터 위험을 피한다는 의미

성으로 거래위험을 원천적으로 제거한다. 블록체인 기술이 보급되면 블록체인 기반의 디지털화폐(가상화폐)를 중개하는 플랫폼 채널이 활성화되며, 은행 기능을 대체할 것이다. 이에 따라 거래 수수료가 없으며, 다양한 디지털화폐(가상화폐)의 환전에 따른 수수료 수입으로 운영되는 비즈니스 플랫폼이 탄생할 것이다.

6. 프로슈머의 신 자급자족 시대의 도래

3D프린터 프린트가 가정에 보급되면서 설계데이터를 스스로 생산하거나 기존 데이터를 전송받아 출력해서 사용하는 문화가 도래할 것이다.

또한, 이렇게 되면 누구나 필요한 부분을 직접 디자인하거나 타인이 만든 설계데이터를 구매하여 3D프린팅 장비를 통해 직접 제작이 가능하다. 이렇게 되면 물건이 오가는 것이 아닌, 데이터가 유통되는 시대가 도래하는 것이다. 앞으로 가정에서 데이터를 3D프린터로 출력하여 직접 만들어 사용하는 '신 자급자족(新自給自足) 문화'가 대세가 될 것이다.

7. 비용 제로 사회의 도래

2030년 스마트홈 기술은 에너지 제로 하우스[12]의 시대를 만들 것이다. 집에서 배출되는 모든 쓰레기는 에너지로 재생되며, 태양광발

---

12 외부로부터 에너지를 공급받지 않고 자체적으로 에너지를 생산·사용하며, 내부의 에너지가 외부로 유출되는 것을 차단하여 에너지를 절약하는 친환경 건축물

전 효율의 상승 및 전기저장 기술의 발전은 유지비용 제로하우스의 시대를 열게 된다. 집의 냉·난방과 취사에 사용되는 모든 에너지의 자체 생산은 집에서 자급자족할 수 있게 만든다. 집을 한 번 지으면 이후에는 유지를 위한 비용이 발생하지 않으므로 삶의 질이 향상된다.

전기자동차는 스마트홈에서 전기를 저장하는 댐 기능을 할 것이다. 남는 전기는 스마트그리드[13] 기술에 의하여 매매되며 가정의 재정에 도움을 줄 것이다. 도심 거주에 대한 주거비와 자동차의 불필요, 공유경제, 전기자동차 및 에너지 제로 주택 기술의 발전과 자급자족형 도시농업 환경 등은 고정비용이 없는 윤택한 전원생활을 가능케 할 것이다.

8. AI와 인간의 차별화된 영역, 콘텐츠 시대의 도래

과거의 서플라인체인(SCM, Supply Chain Management)관점에서 소비자에게 제품·서비스가 제공되기까지 원재료 구입, 제조, 유통, 판매 일련의 과정을 거쳤다면, 현재는 개인별 바코드에 해당하는 스마트폰을 중심으로 네트워크, 플랫폼, 디바이스, 콘텐츠가 부가가치에 관여한다. 네트워크는 통신속도로 5G에 해당하며 주로 통신인프라에 속한다. 플랫폼은 오퍼레이팅 시스템으로 애플 진영은 iOS, 안드로이드 진형은 android OS가 있다.

디바이스는 스마트폰 제조업체로 애플폰과 삼성폰, 중국폰이 대표적이다. 콘텐츠는 어플리케이션으로 아이디어를 앱(App) 형태로 만든

---

[13] smart grid, 전력 공급자와 소비자가 실시간 정보를 교환함으로써 에너지 효율을 최적화하는 차세대 지능형 전력망

다. 이를 줄여서 N.P.D.C.로 표현하며, Network, Platform, Device, Contents라고 한다. 10년 후에 기술은 진화할 것이다.

단, 기술은 성숙할 것이나 소비자가 체감하는 만족도에서 'Contents' 이외에는 차이점을 인지하지 못하게 될 것이다.

통신속도가 빨라지고, 반응속도도 빨라지고 있다. 스마트폰 기능이 추가되어도 인간의 인지능력으로는 지금이나 미래에도 똑같이 느낄 것이다. 반면 새로운 앱(App)은 계속 진화를 거듭하고, 메타버스 환경에서 새로운 비즈니스 환경에 노출되며 개인마다 퍼스널브랜드로 무장한 N잡러들의 활동은 더욱 가속화될 전망이다.

9. 인플루언스 시대의 도래와 퍼스널브랜드 창업

4차산업혁명과 100세 시대의 메가트렌드는 새로운 관점에서 마케팅 접근을 요구한다. 사회관계망서비스(SNS, Social Network Service)에서 활동하는 인플루언서(influencer)는 팬덤[14]을 형성하며 새로운 트렌드를 주도하고 있다. 인플루언서는 '타인에게 영향력을 끼치는 사람'이라는 뜻으로 influence와 er의 신조어이다. 주로 SNS상에서 영향력이 큰 사람을 일컫는다. 인터넷 발전과 더불어 소셜 미디어의 영향력이 확대되면서, 최근 소셜 미디어를 통해 일반인들이 생산한 콘텐츠가 대중미디어 이상의 영향력을 가지게 되었다.

인플루언서들이 SNS를 통해 공유하는 특정 제품 또는 특정 브랜드

---

14 fandom. 가수, 배우, 운동선수 따위의 유명인이나 특정 분야를 지나치게 좋아하는 사람이나 그 무리

에 대한 의견이나 평가는 콘텐츠를 소비하는 이용자들의 인식과 구매 결정에 커다란 영향을 끼친다. 이들은 연예인처럼 외모나 퍼포먼스로 인기를 얻지 않음에도 불구하고, 자신들이 자체적으로 생산하는 문화 콘텐츠를 통해 큰 파급력을 가진다는 특징이 있다.

인플루언서의 또 다른 특징은 퍼스널브랜드를 기반으로 수익구조를 실현하고 있다는 점이다. 이를 '퍼스널브랜드 창업'이라고 한다. 퍼스널브랜드 창업이란 전문가로서 인정받아 자신의 이름을 걸고 강의, 컨설팅, 멘토링, 심사, 조언 및 용역개발, 과제수행을 하는 1인 창직의 형태이다.

● "10년 후, AI와 행복한 창업을 준비하며"

2020년 메가트렌드를 기반으로 2030년 메타버스 환경에서 AI를 활용한 나만의 비즈니스모델을 만들기 위해 준비해야 할 것은 다음과 같다.

1. 명확한 미션과 비전이 반영된 퍼스널브랜드를 준비하자.

세상과 차별화되는 자신만의 분야를 개척하는 것이 중요하다. 지금은 미흡하지만 10년 후 나의 분야를 지금부터 준비해야 한다. 그러자면 여러분의 상상력이 요구된다. 세상이 필요로 하는 곳에서 내가 하고 싶은 분야와 앞으로 준비할 수 있는 분야를 일치시키는 노력이 필요하다. 이러한 일련의 과정은 방향을 잡는 작업이다. 방향은 처음부터 쉽게 정해지지 않는다. '계획된 실패'를 통해서 타당성을 검증하는 과정이며, 이를 창업이라고 정의한다.

'방황'을 통해서 '방향'이 잡힌다. 거주하고 있는 위치를 파악하기 위해서는 산책과 같은 방황이 필요하다. 방황에는 '지피지기의 정신'이 녹아있다. 적극적 방황은 치열한 방황을 뜻한다. 치열한 방황이란 건물이 높이 올라가기 위해 구덩이를 넓고 깊게 파는 것과 같다. 힘든 과정과 남들이 겪지 않은 고난은 인생의 높은 성공 업적이라는 건물을 세우기 위한 터파기 작업이라고 할 수 있다. 남들과 차별화되면서 나만을 수식하는 키워드 3개를 개발해 보자.

2. 레퍼런스를 만들자.

레퍼런스는 증거자료이다. 세상은 나의 레퍼런스로 판단한다. 레퍼런스의 구축 결과는 인터넷에 검색되는 키워드이다. 네이버 인물검색에 자신의 이름이 검색되는 것이 1차 목표가 되어야 한다. 과거에는 나를 아는 친구, 동료의 평가가 나의 레퍼런스였다면, 지금은 온라인상에서 나의 연관검색어가 레퍼런스가 되는 시대가 되었다.

레퍼런스는 자신의 책, 학위논문, 등재 논문, 사업계획서를 통한 투자유치 실적 및 결과물, 강의 콘텐츠 개발을 통한 유튜브 영상자료, 석·박사 학위, 자격증 등이다. 레퍼런스는 개인의 역량을 보증하는 증서이다. 공인된 방식의 자격 검증 방식을 따르는 레퍼런스를 통해 자신이 어떤 일을 하고 있는지 세상에 어필해야 한다.

3. 출판의 가성비를 활용하자.

출판은 레퍼런스로 가장 가성비가 좋다. 저자의 의도를 가장 잘 전달할 수 있으며, 출판형식도 다양하다. 책은 내용 품질과는 별개로 휴

지통에 들어가지 않는다. 정서적으로 책이기 때문에 소중히 다룬다.

일반적인 제안서나 소개서 형식은 책장에 보관되지 않지만, 책은 전시된다. 책을 소중히 여기는 문화가 있기 때문이다. 책을 출판하는 것은 생각보다 쉽다. 지금까지는 책이란 출판사가 주도하는 것이라는 인식이 있었다. 그러나 자비출판을 통해 쉽게 출간할 수 있다.

4. 출판을 시작으로 자신의 인생 방향성을 세우자.

출판은 자신과의 싸움이다. 스스로 방황해 보는 과정이다. 처음엔 책을 쓰자니 무엇을 말해야 할지 막막함과 마주하게 된다. 그럴 땐 일을 만들어서 고민해 보자. 여기 공저자들은 출간에서는 초보자들이다.

인생을 진지하게 고민하고 미래를 준비하기 위해 어려운 여정에 나선 용기 있는 분들이다. 그리고 첫걸음을 성공한 분들이다. 책을 통해서 인생의 방향성을 세우고 자신만의 포지셔닝을 찾은 분들이다. 이 결과물이 이름을 수식하는 '퍼스널브랜드'가 될 것이다. 창업생태학자, 인생창업내비게이터, 창업경영전문가가 나를 수식하는 퍼스널브랜드이다.

● "10년 후의 전문가들과 함께하며"

지난 2021년 겨울과 2022년 봄을 맞이하며 24명의 출판 전사들은 매주 토요일 저녁 8시부터 11시까지 화상 프로그램 화면을 통해 강의와 회의를 거치면서 치열한 글쓰기 작업을 진행하였다. 처음 28명으로 출발했지만, 중간에 다양한 이유로 그만둔 사람도 나왔다.

그리고 끝내 이 책을 통해 함께 할 수 있는 인생 친구를 만나서 반가울 뿐입니다. 우리의 과정을 이해해 주고 같이 동참해 주신 리커리어메신저 한현정 대표를 비롯해 호서대학교 글로벌창업대학원 학생들에게 진심으로 감사의 마음을 전합니다.

아울러 vol.4에 10명의 지원자를 합해 총 35명의 완주자들은 출판을 통해 앞으로 자신의 분야에서 최고 전문가로 활동하게 될 것이다. 이것은 나의 지혜가 아닌 하나님의 은혜로 진행되었음을 고백하며, 참여한 모든 분에게 축복이 함께하기를 기도한다.

2024년 3월
대표 저자 박남규

PART 1

MOTIVATION

Chapter 1. 인생의 갈림길에서
중소기업 박 부장의 시련
사육된 삶에서 개척의 삶으로 시작

Chapter 2. 창업보다는 창직
창직으로 창업하다.
힘든 공부가 재미있는 일이 되다.

Chapter 3. '어쩌다 교수'의 비전
행복 인생 창업의 길을 제시하다.
퍼스널브랜드가 창업 밑천

성공하는 창직·창업 마스터플랜 전략

01

박남규
창업경영전문가/창업생태학자

공채로 입사한 대우전자 중앙연구소에서 6년간 3D CAD로 가전제품 설계를 하였으며, 설계부터 양산까지 제조공정을 경험했다. 세상을 공부하고자 2년간 보험영업사원, 운동처방 창업을 하였다, 첫 창업을 통해서 시행착오를 겪으면서 전문성과 네트워크의 중요성을 절감했다. 중소기업에 입사하여 8년간 로봇개발업무를 담당했다.

휴머노이드 로봇부터 디스플레이·반도체 공정로봇까지 총 200여 개의 다양한 로봇 영업, 설계, 조립, 납품을 담당하면서 창업 전반에 걸쳐 경험했다. 40대에 접어들면서 주도적인 인생을 살고자 두 번째 창업을 시작했다.

창업 교육을 통해 성공창업 이전에 충분한 운전 연수의 중요성을 알게 되었다. 실무라는 근육과 이론이라는 골격에 해당하는 척추·신경을 모두 갖추어야만 지속 가능한 창업을 할 수 있음을 확신하게 되었다.

평소에 접근성이 좋은 서울 서초구 서초동에 있는 호서대학교 글로벌창업대학원에서 석사와 벤처대학원에서 박사를 마쳤다. 창업에 특화된 수업을 통해 사업적으로 많은 영감을 받았으며, 같은 방향을 바라보는 선후배, 동기들과 힘든 시기를 잘 극복할 수 있었다.

현업에서 열심히 자신의 분야를 개척하고 다시 학생으로 순수하게 만났던 인연은 100세 시대 든든한 동반자가 되고 있다. 공부에 재미를 붙여서 나중에는 계획에도 없던 '어쩌다 교수'가 되었다. 호서대학교 글로벌창업대학원 졸업생으로서 처음으로 창업대학원 전임교수가 되었으며 후배들의 롤모델이 되고자 노력하고 있다.

경력
2019-현 호서대학교 글로벌창업대학원 창업경영학과 교수/학과장
2016-2018 삼육대학교 경영정보학과 교수
2010-2016 아톰로봇 대표
2003-2010 ㈜로봇앤드디자인 로봇설계
1994-2000 ㈜대우전자 가전 설계

학력
경희대학교 기계공학 학사, 석사
호서대학교 경영학 석사, 박사

자격
경영지도사, 기업기술가치평가사, 창업보육전문매니저

활동
한국벤처창업학회 상임이사
경기도 기술닥터(기술사업화 컨설팅)
창업진흥원 멘토(예비창업패키지)
블루오션벤처투자협회(액셀러레이션)

이메일/SNS
parknamgue@gmail.com
blog.naver.com/kinetherapy
facebook.com/n9park
유튜브 : 창업생태학자 박남규TV

집필 동기

2010년 창업한 지 12년이 지난 현재, 초심으로 돌아가 그동안 배운 점과 느낀 점을 중심으로 다음과 같은 주제를 이야기하고자 한다. 창업을 결심한 나와 비슷한 처지에 있는 창업자들에게 공감할 수 있는 나만의 이야기가 도움이 되었으면 한다.

첫째, 성공적인 창업을 위해서는 기본적인 로드맵이 있음을 말하고자 한다.

둘째, 성공적인 창업의 초석을 제공하는 여러분의 비전을 달성하는 지름길인 호서대학교 글로벌 창업대학원을 소개하고자 한다.

셋째, 창업보다 더 중요한 창직과 레퍼런스의 중요성에 대하여 알리고자 한다.

넷째, '어쩌다 교수'로서 소감과 미래 비전을 제시하고자 한다.

CHAPTER 1
인생의 갈림길에서

> 너희는 고난을 당하리라. 그러나 담대하라. 나는 세상을 이기었노라.
> 요한복음 16:33

● 중소기업 박 부장의 시련

항상 이렇게 살아야만 하는가?

30대 암흑의 인생 터널에 갇혀 있을 때, 고통의 시간이 계속될 것만 같았다. 난관이 시원하게 해결되지 않으니, 희망은 없었고 하루하루 숙제하듯 일을 처리하는 직장생활의 연속이었다. 끝이 보이지 않는 터널에선 사람은 더 쉽게 지치게 마련이다.

월요병이 있던 시절이 있었다. 월요일 출근은 지난 일주일간의 과제 결과물에 대한 점검회의로 시작한다. 지난주에 진행한 프로젝트에 대한 결과보고와 금주에 해야 할 일에 대한 계획을 보고한다. 금요일 오후에는 한 주간 했던 내용을 정리하는 데 시간을 할애하고, 월요일 오전은 추진했던 실적 보고를 해야만 한다. 주말 저녁의 경우 휴식보다는 월요일 보고할 내용에 대한 결과물을 만드느라 노트북과 설계프로그램을 끼고 살았다. 숙제하지 않은 학생과 같은 회사생활의 연속이었다.

친척 회사에 다니면 친척과의 소통이 잘 될 줄 알았던 착각

2003년 나는 1월 친척 회사에 입사했다. 친척이 오너로 있는 회사에 근무하는 것은 장점보다 단점이 더 많았다. 친척은 설립한 지 4년 된 회사의 오너였다. 그분은 이전에 함께 근무했던 직원을 대표와 연구소장으로 두고 경영했다.

친척은 S대에서 학·석사 학위를 받고, 국비유학으로 미국의 M대학에서 박사학위를 받았다. 그 후에 일본 세콤을 다니다가 한국으로 돌아와 삼성에서 근무했다. 그러다 IMF를 맞아 삼성전자 직원들과 로봇 회사를 창업했다. 나는 그 친척이 미국에서 대학을 다녔으니 선진적인 경영마인드를 가지고 있으리라 생각했다. 그러나 그건 착각이었다. 똑똑함과 경영자의 자질은 별개임을 깨닫게 되었다.

남의 스케줄에 나의 인생을 맞추어야 할까?

중소기업 특성상 모든 일을 다 해야만 한다. 친척이 운영하는 회사에서 해야 하는 업무영역은 구분이 없이 광범위했다. 로봇설계 부장은 5가지 역할을 해야만 했다.

① 로봇 과제수행을 통해 직원들의 월급을 해결해야 한다.
② 대기업 2차 하청업체로 자동화 장비를 개발해서 조립 및 납품을 한다.

③ 친척이 K대학 로봇학과 전임교수로 있는 연구실 대학원생의 로봇개발을 도와야 한다.
④ 영업이사의 교육과 영업도 도와서 대학이나 고등학교 로봇 교재 영업 및 시연을 책임져야 한다.
⑤ 미국 A사의 스테핑모터 국내 납품 및 AS를 책임져야 한다.

이런 5가지 일을 동시에 하는 일정은 계획 자체가 불가능했다. 하나도 해내기 어려운데 여러 가지 일이 겹치니 일에 집중하지 못하는 상황이 반복되었다. 회사로 출근하려다가 K대 대학원으로 출근해야 하는 경우도 비일비재하였다. 주 5일 동안 5가지 일이 산재해 있으니 하는 일은 많으나 결과가 없는 상황이 반복됐다.

설상가상, 굴러온 돌이 박힌 돌을 밀어내다.
회사가 성장함에 따라 성장통을 겪게 된다. 처음 10명 정도의 중소기업이 50명이 되면서 외부 인원이 보강되었다. 외부에서 영입된 인원들은 정치에도 능수능란하다. 중간에서 이간질할 때도 있었다. 때론 이들로 인해 억울한 누명을 쓰는 사람도 생겼다.
인원이 늘어나면 조직에서는 파벌이 생기고 정치하는 사람이 있기 마련이다. 자기 역할을 하는 것보다 직속상관의 비위를 맞추는 데 집중하는 사람도 생긴다. 특히 작은 조직에서 이런 사람이 한 명만 있어도 동료들의 근로 의욕은 저하된다.

J부장으로 인해 회사의 미래가 없음을 확신하다.

내 생각에 J부장은 전형적인 기회주의자였다. 나중에 불미스럽게 퇴사했다고 한다. J부장의 경우 자신이 맡은 일보다 연구소장의 집안일을 하면서 회사 일은 등한시했다.

그리고 마지막에 프로젝트 결과에 대한 책임을 주변 동료에게 전가하며 자신은 빠지는 미꾸라지 같은 행태를 보였다. 내가 회사를 퇴사한 이유는 J부장의 이러한 행태에 대해 누구도 제재를 가하지 않는 회사 분위기 때문이었다.

● 사육된 삶에서 개척의 삶으로 시작

노력이 쌓이면, 세상이 인정한다.

2010년 2월 어느 날이었다. 국제번호로 전화가 왔다. 홍콩에서 걸려 온 전화기 너머로는 한국 여자의 목소리가 들렸다.

"안녕하세요. 여기는 홍콩에 본사가 있는 리쿠르팅 회사입니다. 한국에 인터렉츄얼벤처스라는 특허소송회사를 설립하는데 당신을 아시아본부 기술 애널리스트로 리쿠르팅하기 위해 전화드렸습니다."

처음에는 귀를 의심했다. 어떻게 알고 전화를 했는지 궁금했다. 인텔렉추얼벤처스라는 특허괴물로부터 영입 제안을 받았다. 이 당시 인텔렉츄얼벤처스는 삼성전자를 상대로 특허소송을 진행하는 회사였다.

아시아 본사를 서울 한남동에 설립하면서 9명의 전문가를 영입하는 데 여기에 내가 후보로 포함되었다. 영광이었다. 어떻게 나를 리쿠르팅하게 되었냐고 물어보니, 한국에서 특허를 가장 많이 출원 및 등록하였으며 로봇 분야 전문가이기 때문이라고 했다.

면접은 전화로 진행되었으며, 싱가포르에서 국제전화로 진행되었다. 한편으로 나의 능력을 알아보고 외국에서 전화가 온 것에 대해 자신감이 생겼다. 한 분야에서 결과를 내면 누군가는 지켜보고 있다는 확신이 들었다.

리쿠르팅 대상자의 조건은 특허전문가, 로봇전문가, 영어 능통자 이 세 가지를 만족시키는 자로, 30만 달러 기본급에 실적에 따른 인센티브 조건이었다. 마지막 관문에서 네이티브에 준하는 영어가 부족하여 떨어지긴 했으나 좋은 경험이었다.

그리고 얼마 지나지 않아 협력하던 P사에서 스카우트 제의가 왔다. 평소 원자현미경 검사장비를 직접 개발하여 납품하였는데, P사로부터 하드웨어개발 연구소장직 제의를 받았다. 납품했던 정밀검사장비의 설계 능력을 인정받아 입사 제안을 받았던 것이다.

그 당시 이미 창업을 결심한 상황에서 파트타임으로 일하고 싶다는 의향을 전달했다. P사는 긍정적이었다. P사 대표와 식사하는 단계까지 진행되었다. 마지막에 근무 소속을 두고 의견이 맞지 않아서 같이하지 못하게 되었다. 그쪽 회사에서는 4대 보험을 회사소속으로 해야만 한다는 조건이었고, 나는 회사를 창업해야 하므로 그런 선택을 할 수 없었던 입장이었다.

이후 또 다른 입사 제의가 왔다. 삼성종합기술원이었다. 이때는 이미 창업을 결심하였기에 정중히 거절했다. 후에 알게 됐지만, 그땐 삼성종합기술원이 그렇게 멋진 곳인지 몰랐다.

정신 차려 보니 40세

나이 40세를 맞으면서 고민했다. 중소기업 부장으로 매일 같은 일을 하면서 언제까지 숙제하듯 일하는 삶을 살아야만 할까? 그 당시만 해도 내가 47살에 삼육대학교 전임교수가 될 것이라고는 상상하지 못했다. 막연히 누군가에게 나의 경험을 조언해 주는 삶을 살고 싶다는 생각만 하던 시기였다. 어느 책에서 읽은 교훈이 생각났다. "성공하려면 책을 쓰라!" 8년 만에 다시 상기되었다. 40살이 된 그 당시, 어떤 것도 이루지 못하고 생계형으로 살아가고 있는 나를 발견했다. 직장을 떠나서는 무엇도 할 수 없는 나 자신을 마주하고 있었다.

어떻게 해야 할까? 40살에 무엇을 시작하면 늦은 나이가 아닐까? 지금 책을 쓰면 될까? 책의 내용은 제품과 로봇설계 분야의 노하우로 하면 될까? 머리가 복잡했다. 현실적으로 당면한 풀리지 않는 가족 고민도 많았다.

100세 시대, 50세까지는 배우는 삶

70세 삶의 관점에서는 35세에 삶의 방향이 결정되는 것이 맞다. 그러나 100세 시대를 맞아 50세 이전까지는 방황을 통해 방향을 찾는 시대이다. 40세는 등산으로 치면 정상을 향해 올라가는 시간이었다. 50세 이전에는 배우는 삶이다. 47세에 삼육대학교 전임교수가 되었지만, 그때도 교수로서 만족하는 삶이 아니라 유능한 교수가 되기 위해 배우는 삶이었다.

2019년 3월 50세에 호서대 글로벌창업대학원 전임교수로 임용되면서 제대로 된 내 생각을 전달하는 교수가 되었다. 우연의 일치이겠지만 50세까지 배우는 삶이라면 50세 이후의 삶은 가르치는 삶이 되었다. 생각한 만큼 이루어진다는 말이 사실이 되는 순간이었다.

우연히 알게 된 창업보육센터

P사는 경기도 광교테크노밸리 내에 있는 나노팹센터에 있었다. 검사장비를 납품을 위해 자주 방문했다. P사가 있는 광교테크노밸리에는 다양한 창업지원 시설이 있다.

특히 창업보육센터라는 간판이 보였다. P사는 광교 경기중소기업종합지원센터와 같이 있었으며 창업보육센터 간판이 눈에 들어왔다. 그 당시에 창업보육센터가 어떤 역할을 하는지는 잘 몰랐지만, 나도 창업을 하고자 하는 마음이 있었으므로 창업보육센터 사무실로 담당자를 찾아갔다. 창업에 대하여 관심이 많은데 어떻게 하면 될지 알려달라고 했다.

회사 명함을 전달하고 나왔다. 얼마 후에 메일로 창업 교육 안내문을 받아보았다. 성남시에서 하는 창업교육프로그램 안내였다. 이때가 2010년 4월이었다. 일주일에 2번씩 저녁 6시 반부터 10시 반까지 창업교육이 진행되었다. 창업교육프로그램은 나에게 새로운 세상이었다. 창업교육을 받으면서 새로운 세계를 접하게 되었다. 사업계획서 작성, 사업타당성분석, 리더십, 기업가정신, 마케팅 등 평소에는 막연하게 알던 내용을 구체적으로 학습하는 계기가 되었다. 이 당시만 해도 창업이라는 단어가 낯선 시기였다. 우연이 필연이 되는 순간이었다.

Chapter 2
창업보다는 창직

네가 마음을 다하여 여호와를 찾으면 그가 네 길을 정하시리라.
- 잠언 3:6 -

● 창직으로 창업하다.

사람들은 '직'과 '업'을 혼돈하고 있다.

처음 직장은 대기업 연구소에서 시작했다. 직장은 사람들이 모인 조직이므로 직급체계가 있다. 그 당시에 연구소장은 상무이사였으며, 각 부서장은 부장이며 프로젝트별로 차장과 과장, 대리, 사원으로 구성된다. 조직상의 직급을 자기 능력이라고 착각하던 분들이 계셨다.

J차장은 자신의 직급이 '자격증'이라고 착각했다. 결재를 올리면 프로젝트의 본질보다는 기분에 따라 승인이 좌지우지되었다.

지금은 퇴사 후 구로공단에서 금형 관련 일을 하고 있지만, 그 이후에 존재감 없이 사라졌다. 퇴사 후에 누구도 J차장에게 도움을 주지 않았다. 이제는 자신도 지난날 자기 행동이 잘못되었음을 알고 있을 것이다.

직장을 자기 능력이라 착각하지 말자.

직장은 단지 자신이 활동하는 사회적 위치이다. 어떤 위치에 있다고 해서 능력이 생기지 않는다. 능력은 결과를 만들어내는 업에 해당한다. 직장에 다녀도 직업과는 일치하지 않는 이유이다. 직장은 회사에 종속된다면, 직업은 개인의 역량에 종속된다. 우리는 회사에서의 직장을 직업으로 착각하고 다닌다.

직(職)의 사전적 의미는 생계를 유지하기 위하여 자기 적성과 능력에 따라 일정한 기간에 계속해서 종사하는 일로 정의한다. 직(職)은 직장에 해당한다. 직장은 외형적이며, 보이는 것이다. 직장은 명함에 표현되는 자신의 역할이며, 회사에서의 위치이다. 자기 능력과 상관없이 조직에서 요구하는 역할이다. 축구에서는 포지션에 해당한다. 공격수 위치는 '직(職)'에 해당하며 공격포인트를 만드는 능력은 '업(業)'에 해당한다.

외형으로 보이는 직장(職場)은 단지 '자리'일 뿐이며 실적을 만들어내는 자신의 역량, 즉 '직업(職業)'이 중요하다. 사람들이 누구나 인정하는 기관이나 기업으로 가려는 이유는 직장이 사회적 위치를 보여준다고 생각하기 때문이다. 구매부서에 근무하는 A씨는 구매부장으로서 회사의 원가절감에 탁월한 업적으로 회사로부터 표창장을 받기도 했다.

A부장은 자신이 구매업무에 탁월한 능력이 있다고 생각하고 퇴사하여 구매대행 회사를 차렸다.

그러나 회사에 있을 때와는 전혀 다른 공급처의 태도에 당황했다. 현재 다시 회사에 취직을 알아보고 있으나 한 번 퇴사 후에는 재입사

조차 여의찮은 상황이다. A부장은 직장에서의 구매부장 직급이 자신의 능력이라고 잘못 생각했던 것이다.

운전 연수의 중요성

창업스쿨을 다니면서 다양한 정보를 접하게 되었다. 경기도 주관 창업스쿨 및 창업지원 프로그램에 지원하여 선정되었다. 6월에 퇴사하고 본격적으로 창업을 준비했다. 창업교육을 통해 알게 된 가장 중요한 점은 창업도 '운전'과 비슷하다는 점이다.

충분한 운전 연수를 통해 다양한 사고 상황을 가정하여 미리 경험함으로써, 사고를 예방하고 대처 능력을 학습한다. 창업을 통해 생계를 해결하는 것도 중요하지만, 더 중요한 것은 성공적이고 지속 가능한 창업을 위해서는 창업자의 역량이 우선 갖추어져야 한다.

이러한 깨달음으로 인해 창업을 준비하면서 오히려 창업 공부를 심도 있게 하게 되었다. 2000년 6월부터 창업교육에 참여한 시간으로는 800시간 이상이었다. 그러나 단기 창업교육에는 한계가 있다는 걸 느꼈다. 2시간 특강 중심으로 진행하니 체계적인 창업교육을 받기에는 한계가 있었다.

● 힘든 공부가 재미있는 일이 되다.

창업역량을 갖추기 위해 창업대학원을 가다.

창업스쿨을 다녔지만 연락되는 분은 손에 꼽을 정도이다. 왜 그럴까? 당시에 창업스쿨에 참여하여 모두 열심히 하였으며, 창업을 통해 자신의 꿈을 이루는 듯 보였다.

그러나 몇 년 지나지 않아 모두 흔적도 없이 사라진다. 이유가 뭘까? 창업을 전공한 관점에서 이유는 명확하다. '기업가정신'이 내재화되지 않았기 때문이다. 창업스쿨은 창업 아이템과 비즈니스모델의 완성도를 위한 사업계획서 작성이 중심이다. 물론 기업가정신 교육도 진행된다.

그러나 정작 성공적인 창업을 위한 개인 역량은 간과하고 있었다. 창업역량은 단기간에 갖추어지지 않음을 확인하게 된다.

최소 '1만 시간의 법칙'은 달성해야 한다. 기간으로는 짧게는 3년에서 길게는 10년 이상의 '업력'과 '연수 경험'이 필요하다. 단순히 아이템을 믿고 창업하는 것은 자신의 능력과 상관없이 로또에 도전하는 것과 같다.

나의 미션을 발견하다.

2011년 호서대글로벌창업대학원에 입학하면서 나는 지금의 창업진흥원에서 지원하는 시제품 지원사업인 예비창업패키지 지원사업에 선정되었다. 5,000만 원의 지원예산으로 창업자들이 테이블에서 제조공정을 구현할 수 있는 지금의 3D프린터와 비슷한 다용도 제조 장비를 개발했다.

5자유도의 위치를 만드는 장비인데, 장비 끝에 집게를 달면 조립공정을 수행하며, 비전 센서를 달면 검사장비, 스핀들 모터를 달면 CNC 가공기, 본딩기를 달면 본딩 장비가 되었다. 그러나 장비를 판매하고 싶은 생각보다는 창업자를 돕는 다른 일을 하고 싶었다.

뭐든지 하면 먹고 살 수 있다.

㈜아톰로봇를 통해 로봇개발 용역을 수행할 때다. 이 당시에 개발했던 30여 가지 프로젝트 중에는 '익투스'라는 4대강 물고기 로봇 하드웨어 개발용역도 포함되어 있었다.

2010년 6월 회사를 퇴사하여 퇴직금으로 버틸 수 있는 기간은 6개월 정도였다. 다행히 9월부터 한국생산기술연구원으로부터 제품개발 및 로봇개발 용역이 들어오기 시작하여 수입이 확보되었다. 퇴사할 때 친척이 했던 말이 기억난다.

"회사를 나가면 먹고살 수 있을 것 같으냐?"

다행히도 지금까지 정해진 매출처는 없어도 일정하게 매출이 일어나는 것이 신기했다. 수입이 없다면 대리운전이나 택시 기사도 할 각오가 되어 있었다. 대리운전이나 택시 기사도 나에게는 창업 안목을 길러주는 경험이 될 것이기 때문이다.

2013년에 소상공인시장진흥공단에서 지원하는 컨설팅 프로그램에서 대리운전 중계플랫폼을 개발하는 앱 개발 회사를 컨설팅하게 되었다. 이때 실제로 대리운전자의 삶을 체험했다면 더 많은 공감을 할 수 있었을 것이다.

일론 머스크는 30달러로 '한 달 살기' 실험을 하면서, 회사가 파산한다면 무일푼으로 살 수 있는지 스스로 실험하였다고 한다. 그는 하루에 바나나와 우유만을 먹고 살 수 있음을 확인한 후에 회사가 파산해도 맨손이므로 다시 재기할 수 있다는 확신을 얻게 되었다. 지금 테슬라, 스페이스X 등 상상할 수 없는 일을 벌인 원천은 일론 머스크의 이런 용기에 있다고 생각한다.

창업대학원은 나에게는 힐링 장소

2011년 창업대학원을 다니는 것만으로도 기존 조직과의 단절로 인한 대인관계에서 사회성을 유지할 수 있도록 큰 도움을 받았다. 낮에는 광교 창업보육센터 사무실로 출근하고, 오후 6시에는 서초동 창업대학원에서 저녁 11시까지 수업에 참여했다.

수업은 나에게 많은 영감을 주었다. 일반적으로 학위를 위해서라면 일주일에 2일만 출석하면 되지만 나는 월요일부터 토요일까지 매일 창업대학원에서 모든 수업을 청강했다. 방과 후에는 동기들과 티타임을 가지고 그날 있었던 에피소드나 창업 관련 정보를 교환했다.

글로벌창업대학원에 지원하다.

처음 창업대학원을 알게 된 것은 2010년 6월에 코엑스 창업박람회에서다. 부스에 마련된 전국 5개 국책창업대학원을 알리는 소책자를 집어 왔는데, 그때만 해도 창업대학원 존재를 몰랐다.

그리고 11월에 창업 관련 MBA 학위과정을 검색하던 중에 집에서 가장 가까운 곳에 호서대학교 글로벌창업대학원이 있음을 알게 되었다. 처음에는 고민했다. 창업대학원 자체가 생소할뿐더러, 호서대가 서울에 있는 것도 이상했고, 학위 장사를 하는 곳은 아닌지 의심되었다. 그래서 첫 학기만 다녀보고 판단하기로 했다. 국가에서 지원하는 대학원이라 등록금도 국립대 수준이어서 전문학원 다닌다는 생각으로 지원했다.

Chapter 3
'어쩌다 교수'의 비전

"내가 세상 끝날 때까지 너희와 항상 함께 있으리라."
- 마태복음 28:20 -

● **행복한 창업의 길을 제시하다.**

혹시나 나도 교수가 될 수도 있겠다!

인생 100세 시대를 맞아 '50세까지는 배우는 삶, 50세 이후에는 남들에게 가르치는 삶을 살자!'라는 생각을 하고 있었다. 막연하지만 그렇게 될 것만 같았다.

그리고 현재 실제로 교수로서 가르치는 삶을 살고 있다. 불과 40세가 될 때까지도 교수가 되리라고는 0.01%도 생각하지 못했다. 단지 막연히 내가 거쳐온 시행착오를 겪지 않도록 나와 같은 길을 따라오는 인생 후배들에게 지름길을 제시하는 것이 나의 미션이라고 생각했다.

첫 수업에서 환영합니다. 창업MBA에 오신 것을 환영합니다.

첫 수업은 지금은 국민대 창업대학원으로 옮기신 황보윤 교수님 수업이었다. "여러분 환영합니다. 창업MBA에 오신 것을 환영합니다" 라고 하셨다. 아 그렇구나. 이게 창업MBA구나! 막연한 기대감으로 흥분되는 느낌마저 들었다.

같이 참여한 학생들 나이대도 20대부터 60대까지 남녀노소 다양했다. 20~30대 10명, 30~40대 10명, 50~60대 10명으로 동기생의 나이도 다양했다. 나는 40대 초반으로 중간 위치였다. 황보윤 교수님은 나의 롤모델이었다.

교수님은 과거에 사업 실패로 방황하던 시절, 1년을 2호선 지하철에서 창업 관련 서적을 50권 정도 읽으셨다고 한다. 종일 2호선 순환선에서 앉아 책을 읽었다는 것이다. 그리고 2011년 교수님으로서 수업 강단에서 학생들에게 강의하고 계셨다.

창업대학원생들과 공동출판에 참여하다.

2011년 4월에 동기 대학원생들과 공동출판에 참여했다. 처음 출간이라 막막했다. 그러나, 쓰고 지우기를 반복하면서 내용이 정립되어 갔다. 글을 쓰면서 내 생각의 칼날이 예리하게 만들어짐을 느끼게 되었다.

그동안 막연하게 생각해 왔던 내용들이 출판을 통해 구조적으로 그물과 같이 촘촘하게 정리됨을 알게 되었다.

글쓰기와 출판을 통해 생각이 정리되는 원리를 깨닫게 되었으며, 글을 통해 생각이 정리되고 판단력이 올라감을 알게 되었다. 무엇보다 직접 출판을 목표로 글을 써봐야만 알 수 있는 깨달음도 얻었다.

블로그로 책을 쓰다.

책을 매일 쓰기는 쉽지 않다. 그러나 블로그를 쓴다고 생각하면 매일 할 수 있을 것 같았다. 창업을 준비하는 예비창업자에게 시행착오를 최소화할 수 있는 도움이 될 글을 쓴다고 생각하면 동기 부여가 됐다. 퇴근하면 습관처럼 노트북을 켜고 그날 기록했던 내용을 복사하고 붙여넣으면서 블로그에 채워나갔다.

블로그에 글을 올리고 다시 다듬는 과정을 통해 글쓰기 실력을 키울 수 있었다. 공개된 블로그에 수업 내용을 올리면 독자들이 댓글을 쓰고 '좋아요'를 눌러주었다. 덕분에 글쓰기에 재미가 붙었고, 반복된 작업으로 문장력을 향상할 수가 있었다.

수업을 같이 듣는 창업대학원생들이 블로그 수업 노트를 통해 복습한다는 피드백을 접하면서 의무감도 생겼다. 무엇보다 블로그를 통해 생각을 정리하면서 주변 사람들이 나를 바라보는 시각이 달라짐을 느꼈다.

이전에는 로봇설계자에 불과했던 나를 이제는 사람들이 창업전문가로 인정하기 시작했다. 창업대학원 수업을 들으면서 나만의 관점에서 요약 정리한 내용을 읽은 팔로워는 나를 학생이 아닌 창업분야 전문가로 인정해 주었다.

깨달음이 많다는 것은 오늘 하루를 열심히 산 결과물

어느새 블로그로 올릴 내용을 기록하기 위해 수업 중에 노트북을 켜고 타이핑하는 것이 자연스런 일과가 되었다. 노트북에 기록하는 시간은 세상을 향해 전달하고 싶은 콘텐츠를 만드는 시간이 되었다. 손가락이 움직이니 뇌에 자극이 되어 생각이 활성화되고 졸릴 틈도 없었다.

하루를 마치고 집에서 그날 기록한 내용을 보면서 '오늘 내가 이런 생각도 했구나!' 하는 보람도 있었고 성취감도 생겼다.

여러분도 기록하는 습관을 통해 배우고 느낀 점을 정리하는 습관을 지녀볼 것을 추천한다. 수업에서 느낀 점, 배운 점, 실천할 점을 노트북에 기록하고 블로깅 하는 습관은 자신의 관점을 SNS를 통해 홍보할 수 있고 추후 전문가로 인정받는 지름길이 된다.

블로그로 출근하다.

블로그는 불특정 다수가 보게 된다. 블로그는 나를 알리는 세상과의 통로로 생각했다. 마침 대학원 입학 동기가 SNS 전문가였다. 퓨처에이전트 양성식 대표는 나보다 10살 어린 나이지만 미래에 대한 명확한 비전을 가지고 있었다.

대학원 신입생 오리엔테이션 행사에 가는 관광버스에서 양 대표와 창업대학원에서 어떤 비전을 가지고 공부할지 시간 가는 줄 모르고 대화했다. 자신은 몇 년 안에 강의로 억대 연봉이 될 것이며 이를 위해서 SNS를 적극적으로 활용하고 있다고 설명했다. 특히 버스에서 같이 가는 동안 강사에이전트로부터 강의 요청이 오는 것을 보면서 나도 저렇게 나를 찾는 유명 강사가 되고 싶다는 꿈이 생겼다.

● 퍼스널브랜드가 창업 밑천

강사소개사이트에 강사등록을 했지만 한 건도 문의가 없다.

양성식 대표가 가입한 강사소개 사이트에 입회비를 내고 등록하였지만 한 건의 강의 요청도 없었다.

지금 생각해 보면 왜 그랬는지 알지만, 그 당시는 이유를 몰랐다. 이전에 강의한 경력이 전혀 없었기에 단지 나의 회사경력 및 학위만으로는 강의 요청이 없다는 게 오히려 당연했다.

네이버나 구글 인물검색에서 강의 경력이 없으니 강사에이전트 입장에서 나를 판단할 근거가 없는 것이다. 처음에는 누구나 초보자이다. 경력도 없다. 양성식 대표는 나와 같은 대학원 신입임에도 강의 요청이 많았다. 그와 나의 차이는 강의 경력이었다. 그러면 어떤 식으로 양성식 대표는 강의 경력을 만들었을까?

처음에는 누구도 초보 강사에게 돈을 내고 강의를 들으려 하지 않는다.

양성식 대표도 처음부터 돈을 받고 강의하지 않았다고 한다. 양 대표는 처음 강의 경력을 만들기 위해 자비로 장소를 임대하고 무료강의를 개설했다. 학생들이 모인 강의 사진과 반응을 자신의 블로그에 게시했다. 3자는 이러한 강의가 무료인지 알 수가 없다. 무료강의는 눈높이가 낮으므로 조금만 잘해도 칭찬 일색이다.

강의에 입문하는 사람은 먼저 봉사로 시작해야 한다. 누구도 초보 강사에게 돈을 내려고 하지 않기 때문이다. 시간과 노력을 투자하여 돈을 버는 것이 아닌, 경력과 경험을 얻는 데 투자해야 한다.

출판이 모든 것의 시작인 이유

2012년 4월 '성공 BIZ Consulting 노트'는 공동출판으로 나온 첫 결과물이다. 그리고 8월 '성공 BIZ 컨설팅 노트'는 두 번째 공동출판이었으며, 12월 '성공 프랜차이즈 컨설팅 노트'는 세 번째 공동출판이었다.

이를 통해서 2012년부터 한 달에 한 건 정도의 강의가 시작되었다. 처음에는 '이렇게 하는 것이 맞을까?' 싶을 정도로 드물게 강의 요청이 왔지만, 최선을 다해 강의 준비를 했다.

강의는 설계와 비슷

강의와 설계는 공통점이 있다. 창의적이어야 한다. 청중들에게 감동을 전달하기 위해서는 새로워야 한다. 평소 청중이 세상에서 접하지 못한 새로운 관점이 강의에 녹아있어야 한다.

차별화된 내용을 도출하기 위해서는 많은 자료조사를 해야 한다. 이 과정에서 강의 주제에 대한 전문가가 되는 것이다.

브랜드 강의를 하면서 브랜드를 공부하다.

처음 의뢰받은 강의는 '브랜드' 강의였다. 경기도여성능력개발센터에서 'IT브랜드 이미지 개발'을 강의 주제로 요구했다.

브랜드 개념을 이해하고 사업계획서에 브랜드전략을 반영할 수 있는 역량을 개발할 수 있는 강의였다. 그러나 나는 브랜드에 대해서는 생소했다. 우선 종로에 있는 교보문고에 가서 브랜드 관련 서적을 모두 조사했다.

100권의 책을 사서 한 달 동안 공부했다. 이때 알게 된 점은 100권의 책 중 키페이퍼는 5권 정도라는 점이었다. 나머지 95권은 그저 그랬다. 처음 5권을 정독하는 데 많은 시간이 소요되었다. 이후에 나머지 95권은 1시간이면 읽게 되었다. 기존 5권의 책과 차이가 나는 부분만 읽으면 되기 때문이다. 나머지 95권은 강의를 하면서 선물로 나누어 주었다.

세상이 나를 기억하는 이미지, 브랜드

기업의 가장 큰 자산은 '브랜드'다. 브랜드는 세상이 나를 기억하는 이미지이다. 성공한 사람은 자신의 이미지로 먹고산다.

자신의 이미지 확장이 기업인 셈이다. 이병철의 삼성, 정주영의 현대, 스티브 잡스의 애플, 일론 머스크의 테슬라, 마윈의 알리바바, 손정의의 소프트뱅크, 김봉진의 배달의 민족은 창업자의 브랜드가 기업에까지 영향을 미친다는 사실을 잘 보여준다. 창업주의 브랜드로 인하여 투자유치와 기업 이미지가 좋은 기업들이다.

기업에 투자하는 가장 큰 이유는 창업자의 기업가정신을 믿고 투자하는 것이다. 배달의 민족 김봉진 대표는 자신의 브랜드를 증명하기 위해 10년 동안 매일 독서 노트를 페이스북에 게시했다고 한다. 김봉진 대표는 본인 스스로 지방에 있는 전문대를 나와 자신의 지속 가능한 성실성과 마인드를 증명하기 위해 '보여주기 독서'를 했다고 밝혔다.

100% 성공하는 창업은 자신을 먼저 브랜딩하는 것

창업학을 공부하면서 알게 된 것은 아이템 창업 이전에 창업자의 역량이 필요조건이라는 사실이다. 지속 가능한 성공적인 창업을 위해서는 창업자의 역량을 갖추는 것이 우선이다.

그러나 이러한 역량을 증명할 수 있는 것은 세상이 공인하는 방식의 출판, 논문, 과제 결과물, SNS 자료, 학위, 언론 기사, 자격증이다. 모두 단기간에 창업자를 평가할 수 있는 객관적인 지표이다.

세상이 인정하는 방식으로 이런 레퍼런스를 갖추어야만 세상으로부터 인정을 받게 되며, 브랜드가 형성된다. 나 역시 이러한 사실을 알게 된 것은 40대 이후였다. 그전에는 능력만 있으면 세상이 알아줄 것이라는 막연한 기대감이 있었다. 그래서 45세 이전 공인 자격증이라고는 운전면허증만 있었다.

그러나 창업 성공 원리를 창업대학원에서 알게 되면서 남들에게 보이는 성공한 창업 이전에 자신의 브랜드를 위한 자격을 갖추는 것이 먼저라는 사실을 깊이 체감하게 되었다.

결국 핵심은 브랜드가 형성되어야 일감이 생긴다는 사실이다. 일을 통해 세상과 소통하며 다양한 경험을 하는 과정이 바로 컨설팅과 강의이다. 이러한 간접경험을 통하여 스스로 만든 실무테스트 과정을 완성할 수 있다. 이런 선순환 과정을 통해 자신이 창조한 브랜드로 성공적인 창업역량이 갖추어지는 전체 프로세스를 이해하는 것이 중요하다.

플레이어가 되고 싶은가? 플레이메이커가 되고 싶은가?

창업에는 두 가지 코스가 있다. 그것은 직접 창업해서 유니콘 기업이 되는 '플레이어'와 유니콘 기업이 되도록 돕는 '플레이메이커'이다.

슈퍼스타 손흥민이 되는 코스와 슈퍼스타를 지도하는 히딩크가 되는 코스이다.

모두가 손흥민이 될 수는 없다. 그러나 손흥민을 돕는 히딩크는 누구나 될 수 있다. 40대 나이가 되면 누구나 전공과 사회 경험을 가지게 된다. 다양한 실전 경험은 고객의 관점이나 공급자의 관점에서 예상되는 문제점과 해결책을 조언할 수 있게 만들어 준다.

창업자로서 실패 경험 역시 후배 창업자에게 타산지석이 될 수 있다. 과거 창업대학원은 창업자를 양성하기 위한 취지로 설립되었다. 그러나 졸업생 대부분은 창업자를 돕는 컨설턴트로 활동한다. 컨설턴트의 범위는 강의, 컨설팅, 멘토링, 프로젝트 수행 등이 포함된다.

성공하고 싶으면 컨설턴트로 시작하라.

처음부터 유능한 창업자는 없다. 해당 분야에서 다양한 경험을 축적한 결과물이 지금의 유니콘 기업이다. 그렇다면 처음부터 창업자는 어떤 준비를 하였는지 알아볼 필요가 있다. 남들과 다른 길을 걷는 것은 새로운 분야를 개척하는 것이다.

세상이 준비해 놓은 직업이 아닌 새로운 위치의 직업을 개척하는 것이다. 처음에는 누구도 새로운 아이템에 대하여 돈을 내지 않는다. 자신이 만든 직업에 대하여 알리는 과정이 창직 과정이며, 브랜딩 과정이다. 이러한 과정의 결과물이 출판, 논문, 과제 결과물, SNS 자료, 학위, 언론 기사, 자격증이다.

시간의 숙성기간이 최소 3년에서 5년은 지나야 세상은 나의 존재를 기억하게 된다. 예전의 나에 대한 망각을 통해 숙성의 시간을 가지며, 새로 거듭나는 시간이 '창직의 기간'이다. 목적이 이끄는 삶이 되어야만 한다. 그래야 시간과 노력을 투자하여 돈이 아닌 경험을 축적하고 세상이 나를 기억하게 만드는 수련의 기간을 가질 수 있다. 명확한 목적인 '미션'과 함께 목표인 '비전'이 있어야만 그것들이 나를 이끌어준다.

창직이 우선이다.

성공한 창업자는 올림픽 시상대에 올라간 최종 우승자들이다. 이러한 영광은 그 이전에 수많은 노력과 운의 결과물이다. 성공은 빙산의 일각이다. 세상은 성공적인 창업자를 통해 롤모델을 제시한다. 성공은 다양한 원인의 결과이며, 이러한 원인 일부가 노력과 능력임을 알게 된다. 따라서 성공적인 창업은 최종 결과물이며, 이전에 진인사대천명의 자세로 접근해야 한다는 걸 아는 것이 지혜이다.

창업자에게는 '일은 사람이 도모하되 결과는 하늘에 맡긴다'라는 겸손한 자세가 필요하다. 성공이라는 결과는 나의 의지대로 되지 않음을 알아야 한다.

나는 또한 독자들에게 성공을 위해서는 수많은 시도가 중요하다는 사실을 강조하고 싶다. 성공적인 창업에는 다양한 요인들이 작용하기 때문이다. 나의 의지, 노력, 능력 이외에도 외부 환경이 작용한다. 그 이전에 자신의 역량개발과 창직이라는 길고 지난한 시간이 필요하다.

100세 시대를 맞아 이젠 '직장'에 대한 관점도 달라져야 한다. 직장인이라면 이제 직장은 역량개발의 한 과정으로 인식해야 한다. 지금 회사에 근무한다는 건 월급을 받고 역량을 개발할 수 있는 소중한 기회라고 여겨야 한다. 그러니 직장에 다니는 시간을 감사하게 여기는 게 좋다.

현재 직장생활을 원대한 미래 계획을 이루기 위해 미리 경험하는 과정으로 인식해 보자. 내가 지향하는 목표를 위한 과정으로서의 직장이라 여기자. 이렇게 발상을 전환하면 다양한 분야에서의 직장 경험은 경쟁자와 차별화된 자신만의 포지셔닝을 창조하는 자양분이 될 것이다.

이런 생각을 기반으로 남들과 차별화된 브랜딩을 만들 수 있다. 시간과 노력을 투자해서 돈이 아닌 경험과 브랜드를 얻는다는 태도로 현재 직장생활에 임해야 한다.

그렇게 시간이 축적되면 입소문으로 새로운 분야의 일을 할 수 있다. 처음에는 봉사로 시작한 일들이라도 활성화되면 돈을 받으면서 자신의 분야에서 일할 수 있게 된다. 이렇게 돈을 받는 것이 진정한 초기 창업단계의 성공적인 모습이다.

세상에 나를 위해 만들어진 직업은 없다.

일한다는 건 둘 중 하나다. 세상에 만들어진 직업에 맞추어 취업하거나, 새로운 직업을 직접 만들어 창업하는 것이다. 만들어진 직장에서는 자신의 개성과 다른 일을 하게 된다. 직장에 취직하게 되면 직무에 맞도록 정해진 틀에 자기 팔다리를 자르고 맞추어야만 한다.

이렇게 정형화된 직업이 대한민국에는 1만2천 개가 존재한다. 그러나 자신의 생계를 위해 다녀야만 하는 직장은 평생직장이 아니다. 언젠가는 그만두어야 한다. 반면 평생직장은 나를 위한 직장이다.

내가 하고 싶은 일을 하면서 돈을 버는 직장이다. 스스로 이러한 직장을 만드는 것이 창업이다. 그러나 세상에 인정받는 직장을 만들기 위해서는 시간과 준비가 필요하다. 이 과정이 창직이다. 호서대학교 글로벌창업대학원은 이러한 평생 자신만의 직장을 만들 수 있도록 도움을 주는 곳이다.

레퍼런스가 중요한 시대

공식적인 자격을 갖추어야만 제대로 인정받는 시대가 되었다. 호서대 글로벌창업대학원에 입학하는 이유 중에는 '사업을 도와주는 컨설턴트 역할을 제대로 하기 위해서'가 있다. "열심히 컨설팅해 주었는데 술만 사주더라고요!" 열심히 도와줬지만 이에 대한 보상으로 고객은 향응을 제공할 뿐 금전적인 보상을 할 생각을 하지 않는다는 것이다.

이처럼 입학 이유는 다양하다. '실력은 있지만, 세상이 인정하지 않아서!', '알고 보니 호서대 글로벌창업대학원 출신들이 창업 분야에서 많이 활동하고 있어서!', '세상이 인정하는 방식의 자격을 갖추기 위해서' 등등 동기는 각양각색이다.

자격의 근거인 레퍼런스가 점점 중요해지고 있다. 레퍼런스란 세상이 인정하는 방식으로 개인에 대하여 평가할 수 있는 결과물이다. 나를 판단할 수 있는 공적인 근거자료라고 할 수 있다.

레퍼런스는 출판, 논문, 특허, 경력증명서, 인증서, SNS, 블로그, 유튜브 채널, 학위, 자격증명서, 언론 기사, 공공방송 출연 등이다. 레퍼런스의 특징은 누구나 인정하는 방식의 검증 과정을 거친 결과물이라는 점이다. 특히 국제적인 기준으로 통용되는 레퍼런스는 출판(ISBN), 논문(ISSN), 특허(ISPN)가 있다. 출판물은 국제표준도서번호(International Standard Book Number : ISBN)를 부여받아 발행된 도서로 국제적으로 표준화된 방법에 의해 전 세계에서 생산되는 각종 도서에 고유식별번호를 부여한다.

이렇게 부여되는 ISBN은 국제 ISBN 관리기구(Internation ISBN Agency)가 1972년 독일 프러시아 문화재도서관(현 베를린주립도서관)에 설치된 것을 시작으로 한다. 이후 2006년부터 현재까지 영국 런던의 EditEUR에서 ISBN 업무를 담당하고 있다.

논문은 국제표준연속간행물번호(International Standard Serial Number, ISSN)을 부여받아 발행된 간행물이다. ISSN은 전 세계에서 간행하는 학술지, 신문, 잡지, 연감 등 연속자료의 식별을 위하여 국제 표준에 따라 발행된 고유한 번호이다. 간행물의 ISSN 부여에 따른 서지정보 관리시스템은 국제센터에 등록하여 이를 국제적으로 상호 활용할 수 있도록 한 제도이다. ISSN의 경우 ISSN 국제센터(ISSN International Center)가 1972년 프랑스 파리에 설치되어 ISSN을 체계적으로 관리하고 있다.

대한민국에서는 국립중앙도서관 한국서지표준센터(nl.go.kr/seoji)를 간행물에 대한 국가관리기구로 지정하고 있다. 이곳에서는 1990년부터 ISBN, ISSN의 국내 번호 관리 및 데이터베이스 등 메타데이터를 구축하여 관련 정보를 제공하고 있다.

미래의 직업을 만드는 곳, 호서대 글로벌창업대학원

호서대학교 글로벌창업대학원에서는 출판, 논문, 사업계획서 교육을 통하여 대학원생들의 역량 강화에 실질적으로 도움을 주며, 다양한 창직을 통하여 성공모델을 배출하고자 한다.

창업대학원은 차별화된 교육프로그램을 통해 입학생의 미래를 준비하는 베이스캠프이다. 우선 입학생이 미션과 비전을 발견하도록 공동출판 과정을 가진다.

공동출판의 목적은 저자를 홍보함으로써 창업대학원생들을 외부에 알리고 강의, 컨설팅, 심사 요청이 오도록 하는 것이다. 책은 제안서보다 레퍼런스의 역할을 한다. 제안서는 종국에는 쓰레기통으로 가지만, 책은 책상 위에 보관되는 특성이 있다. 책은 특성상 쉽게 버리지 못한다.

그동안 〈퍼스널브랜딩 성공창업가이드〉 시리즈는 8명에서 11명이 한 팀이 되어 참여해 왔다. 호서대학교 글로벌창업대학원생은 총 35명이 참여하여 총 4권의 출판을 진행했다. 현재 10명이 참여하여 다섯 번째 책이 나오게 됐다.

창업대학원의 출판과 집필 과정은 이렇다. 1인당 30페이지 분량의 원고를 요구한다. 글쓰기 과정에서 자신의 생각을 정리하는 시간을 주고 스스로 명확한 방향성을 갖도록 했으며, 목적이 이끄는 학업과정이 되도록 하였다.

실제로 현재 출판에 참여한 대학원생에게 강의, 컨설팅, 심사 요청이 많이 들어오고 있으며, 자신이 처한 다양한 환경과 경력에서 수많은 난관을 극복하고 퍼스널브랜드를 확립한 롤모델로 활동하고 있다.

예로 '열한 가지 찐 창업 이야기-나는 나를 브랜딩한다'에 참여한 박채연 대표의 경우 공동 출간을 통하여 퍼스널브랜드를 '공간재생전문가'로 정했다, 이후 강원도 영월 여성일자리센터 및 인천 미추홀새일센터에서 '교육-공간 재생 인테리어필름전문가 창직과정' 140시간 과정을 개설하여 성공적으로 진행했으며, 이를 통해 '공간재생전문가'로서 자신의 영역을 만들고 있다. 박 대표는 "출간에 참여함으로써 자신을 돌아보는 계기가 되었다"며 현재 미래의 미션과 비전을 담은 '공간재생전문가'로서 새로운 일자리를 창출하고 있다.

호서대 글로벌창업대학원은 논문 준비에서도 출판과 연계 과정을 통해 차별화된 접근방법을 취한다. 논문은 또 다른 출판 과정으로 접근한다. 논문은 자신의 전문성을 뒷받침하는 수단이다. 출판으로 방향성이 결정되었다면, 그다음은 자신의 퍼스널브랜드를 뒷받침하는 논문으로 이론적 배경을 뒷받침하도록 한다.

논문에 참여하면서 터득하는 논리적인 글쓰기 전개 과정은 글쓰기 수준을 향상해 준다. 이 때문에 논문을 쓰기 전과 후의 글쓰기 능력이 달라진다.

논리적인 글쓰기 방법론을 알게 됨으로써 기승전결의 구성원리를 체득하게 되며, 주제의 '필요성-정보수집-가설-증명-평가'의 논리적 증명과 설득과정을 고려하는 마인드를 가지게 된다.

이외에 사업계획서 준비를 통하여 지원사업 수주가 가능하도록 권유하고 있다. 자신의 비즈니스모델을 통해 고객가치 발굴을 경험하도록 함으로써 컨설팅 진행 시 멘티로서의 경험을 갖도록 돕는다.

우리 창업대학원은 강의, 컨설팅, 멘토링, 심사를 통하여 세상과 소통한다. 사업계획서 작성부터 지원사업 수주, 사업화 및 판매 경험은 컨설턴트로서 경험 축적 및 강의, 컨설팅, 멘토링, 심사 역량을 강화시킨다.

나의 미션과 비전

나는 65세 은퇴까지 조력자로서 창업자와 창업컨설턴트를 배출하고 싶다. 그리고 은퇴 이후에는 축적된 경험과 네트워크를 활용하여 창업자로서 롤모델이 되고자 한다.

세상은 나의 마음대로 되지 않지만, 시도해야 성공이든 실패이든 결과가 생긴다. 시도에는 용기가 필요하다. 성공과 실패의 결과를 겸허하게 받아들이고, 성공할 때까지 시도를 멈추지 말아야 한다. 이러한 시도를 가능하게 하는 것이 자신의 미션과 비전이다.

호서대학교 글로벌창업대학원은 여러분의 미션과 비전을 찾아주는 곳이며, 이러한 역할을 여러분과 함께 수행하고자 한다.

Chapter 1. 대기업 부장과 임원들의 설 자리
1. 샐러리맨의 고민과 선택
2. 나의 고민과 선택

Chapter 2. 중소기업은 정글이야!
1. 야생 정글에서 살아남기 위한 나만의 고군분투
2. 파악(把握), 장악(掌握), 주도(主導)

Chapter 3. 나만의 창업학
1. 내가 생각하는 일 잘하는 리더
2. 나만의 창업학

대기업 김 부장, 중소기업 CEO로 살아남기

02

PROFILE

김경진
목적중심경영전문가
일 잘하는 리더, 워크자이너 : Worksigner(Work+Design)

해태제과, 아지노모도(AJINOMOTO), 풀무원에서 약 17년간 직장생활을 했다. 배송 탑차를 운전하는 말단 필드 영업사원으로 시작하여 국내 대리점 및 유통 채널 관리는 물론, 수출·수입 업무까지 다양한 영업 분야의 실무를 경험할 수 있었다.

여기에 10여 년간 풀무원에서 마케팅 업무 경험을 더해 사업부(Domain Manager)를 이끄는 수장으로서 제품의 라이프사이클을 관리하고, 새로운 시장을 만드는 업무도 경험할 수 있었다. 현재는 ㈜푸드존에서 전문경영 CEO로 재직 중이며, 중소기업을 중견기업으로 성장시키기 위해 모든 역량을 집중하고 있다.

경복고등학교, 경희대학교를 졸업하고 호서대학교 대학원 창업경영학과에 재학 중이다. 끊임없는 자기 계발은 물론, 타인의 성장과 변화를 돕는 일에 가치를 느끼고 있다. 목적중심경영과 마케팅 프로세스에 관한 강의 활동을 하고 있으며, 효율적이고 효과적이었던 나의 실전 경험, 즉 노하우를 정리하여 책으로 출간하는 작가로서 활동하고 있다.

경력

2021-현) ㈜푸드존 CEO(전문경영인)
2010-2021 풀무원
2009-2010 AJINOMOTO(주)
2004-2009 해태제과

학력

호서대학교 글로벌창업대학원 창업경영학과 석사
경희대학교 호텔조리학과 학사

활동

상명대학교 경영학부 특별강연
알파사이츠 (AlphaSights) 컨설팅/전문가
사회적 협동조합 사람과세상 전문 멘토
23년 한국디자인진흥원 '디자인 주도 제조혁신 컨설턴트'

이메일/블로그

ultrakjjp@naver.com
blog.naver.com/ultrakjjp

> 집필 동기

1. 대기업이라는 안정된 울타리를 벗어나 야생의 정글과 같은 중소기업 CEO로 부임하면서 대기업 사업 책임자가 중소기업 CEO로 안착하기까지 익힌 노하우(Knowhow)와 회사 경영 전반을 파악→장악→주도해 나가는 생생한 경험 8가지를 기술해 보았다.

2. 일 잘하는 리더로 끊임없이 자기 계발하는 나만의 창업학을 정리해 보았다.

3. 중소기업의 창업자, 경영자 그리고 창업을 고민하는 분들과 대기업에서 근무하는 분들도 이 책을 통해 중소기업의 경영전략과 도전 과제를 이해하고 자기 계발의 중요성을 이해하시길 기대한다. 또한 경영에 대한 다양한 경험과 노하우를 제공하므로, 경영 관련 전공을 공부하는 학생들에게도 유용한 자료가 되었으면 한다.

Chapter 1
대기업 부장과 임원들의 설 자리

"당신은 언제든지 더 나은 일을 할 수 있습니다.
당신 자신이 더 나은 일을 할 수 있다고 믿어야 합니다."
- 존 조지프 루이스(John Joseph Louis) -

● 샐러리맨의 고민과 선택

통계청의 2022년 5월 경제활동인구 조사 청년층 부가 조사 결과에 따르면, 사회초년생인 청년들이 첫 일자리를 그만두는 이유 중에서 가장 큰 비중을 차지한 것은 '보수와 근로 여건에 대한 불만족'이었다. 이는 전체 응답률의 45.1%를 차지할 정도로 큰 비율이었다.

내가 사회초년생이었던 그 시절, 나의 경험이나 주변의 사례도 최근 통계청 조사 결과와 크게 다르지 않았다. 특히 보수, 즉 연봉을 더 받기 위한 이직은 나에게도 해당하는 이유이기도 했다. 이외에 '출퇴근 거리가 멀어서', '회사 비전 혹은 직무적성이 자신과 맞지 않아서', '회사가 망해 없어져서' 등 역시 내 주변에서 흔히 들을 수 있던 이직 이유였다.

이후 지금까지 샐러리맨으로 근무하며 지켜본 두 가지 인상 깊은 이직 사례를 간단히 소개하려 한다.

첫 번째 사례는 2019년쯤, 남들이 부러워하는 대기업에서 약 3개월가량의 인턴 기간을 성공적으로 마치고 정규직으로 인사 명령 된 신입사원의 이직이었다.

그 사원은 '공무원을 하고 싶다'고 했다. 높은 경쟁률을 뚫고 좋은 회사에 어렵게 취직한 만큼, 나는 적어도 1년 정도는 사회 경험을 해보는 것이 좋다고 생각했다. 아직 젊은 사회초년생이니 대기업 생활이 정말 맞지 않으면 그때 가서 공무원을 시작해도 늦지 않을 것이다.

불과 1년일지언정 대기업에서의 사회경력이 향후 본인의 진로에 좋은 이력이 되어 다른 회사를 알아보더라도 도움이 되겠다는 생각도 있었다. 하지만 그 신입사원의 결정은 단호했다.

IMF 이후 평생직장의 개념이 사라지면서 그는 비교적 안정적인 공무원을 원한다고 했다. 당시 공무원 열풍은 가히 대단했다. 하지만 2023년 현재 공무원에 대한 관심이 많이 감소하여, 공무원 입시 준비 학원들이 경제적 어려움을 겪는다는 뉴스를 보노라면 새삼 격세지감(隔世之感)을 느끼게 된다.

두 번째 사례는 40대가 넘어서며 오랜 시간 함께 일해온 선배들이 이직하는 모습이었다. 요식업 프랜차이즈 창업을 하거나 중소기업에서 더 높은 직책을 맡아 이직하는 선배가 마치 나의 가까운 미래의 모습인 듯해 인상 깊었다.

'자신의 일을 하고 싶다'며 이직이나 창업, 창직을 하는 것은 어쩌면 40~50대 직장인들이 회사에서 설 자리를 잃어가는 쓸쓸한 현실을 반영한 것인지도 모른다.

그러나 한편으로 이런 선택은 새로운 인생 2막의 시작으로, '자신 일을 하고 싶다'는 열정적 설렘으로 대비되는 두 감정을 모두 함축하는 이직 이유이기도 하겠다.

● 나의 고민과 선택

샐러리맨으로 상사가 시키는 일을 차질 없이 묵묵히 해내며, 흘러가는 시간과 함께 경력이 쌓여 왔다. 회사 일이 나의 전부라 생각했던 나도 어느새 누구나 겪게 되는 40~50대 샐러리맨의 고뇌에 빠지기 시작했다.

다행스럽게도 내가 갓 40을 넘겼을 즈음 회사에서도 인정받고, 밖에서도 탐내는 인재로 스카우트 제의를 받는 좋은 기회를 얻기도 했다.

하지만 대기업에서 일하는 것에는 돈으로 따질 수 없는 많은 장점이 따른다는 것을 잘 알기에, 돈만 보고 중소기업으로 가는 게 맞는가 싶어 선뜻 이직의 결단을 내리지 못하고 40대 중반에 이르게 되었다. 일에 대한 개념과 분별력 그리고 아이디어가 명확해질수록 '자신의 일을 하고 싶다'는 이직 이유가 더 이상 남의 고민이 아니었다.

어느덧 열정적 설렘으로 생각의 변화가 일어나기 시작했다. '어차피 할 거라면 조금이라도 더 젊었을 때 해야지.', '실패해도 회사에서 인정받고 있고, 젊으니 다시 돌아오면 되지.', '사람이 하는 일인데 나를 도와줄 수 있는 사람들이 각 회사의 주요 보직에 있을 때 도전해 보는 게 좋겠다.', '내 돈 들이지 않고 내 마음껏 사업을 확장해 보는 경험을 오히려 돈 받으면서 해보자.'라는 마음을 먹기 시작하니 선택의 결정도 빨라졌다.

젊을 땐 사서 고생도 한다는 말이 있다. 내 돈 안 들이고 사업을 해볼 수 있고, 어차피 샐러리맨이라면 내 시간에 대한 대가로 더 많은 월급을 받을 기회를 잡는 것이 좋겠다는 생각이 들었다.

그리고 무엇보다 나의 가치를 알아봐 준 Owner에 대한 고마움으로 나는 약 17년간 몸담았던 대기업을 떠나는 결정을 했다. 드디어 야생의 세계로 들어서게 됐다.

> **Tip : 스카우트 계약서 작성 및 공증**
>
> '사의지기자사'(士爲知己者死 : 선비는 자기를 알아주는 사람을 위해 목숨을 건다.)
> 나의 가치를 알아봐 주고, 높이 평가해 주는 누군가를 만난다는 것은 참으로 복된 일이다. 스카우트 제의라는 게 제안하는 사람도 받는 사람도 모두에게 절대 쉽지 않은 일이다. 이렇게 복되고 쉽지 않은 일이 여러분에게 일어나 그 제의에 양쪽 합의가 이루어진다면 합의내용을 반드시 문서로 작성하여 공증받을 것을 권한다.
> 이는 두 입장 간의 약속을 공고히 하는 것이므로 '우리 사이에 이런 거 굳이 필요 없어'라는 생각은 절대 금물이다. 합의문서를 작성한다면 고용주와 고용인 간에 협의가 이뤄진 내용을 항목별로 또 구체적으로 기재한다.
> 나의 경우를 예로 들어 설명하면 다음과 같다.
> 첫째. 고용인에 대한 회사 내 직함 및 권한을 분명히 하고, 그에 따른 연봉과 처우를 기재했다.
> 둘째. 계약기간 및 사업 평가 기준에 따른 단기 연봉 인상안과 회사에서 기대하는 장기적 목표와 그에 따른 성과 보상과 옵션을 명시했다.
> 셋째. 계약기간 내 퇴사(해직)의 경우 그에 대한 보상안을 기재했다.
>
> 이렇게 작성된 계약서는 공증인(공증인가 법무법인 등 포함)을 통해 공증받아 두면 계약에 대한 법적 증거 효력과 공증사무실을 통해 문서보관을 효과적으로 할 수 있다.

Chapter 2
중소기업은 정글이야!

"당신이 성공하려면, 당신이 할 일이 무엇인지 알아야 한다.
그리고 그것을 하면 된다."
- 톰 후퍼 (Tom Hooper) -

● 야생 정글에서 살아남기 위한 나만의 고군분투

담대한 포부와 결정이라 생각했던 나의 이직은 한순간 후회로 밀려왔다. 지하철과 연결된 번화가에 있는 대기업의 오피스로 출근하던 나는 어느 변두리 산업단지에 있는 제조공장으로 출근하게 되었고, 근무 환경부터 완전히 달랐다.

맡은 회사의 경영역량 4M(Risk Management, 위험관리)은 당연하게 여기고 누렸던 대기업 역량과는 너무나 큰 차이가 있었다. 실수가 잦으면 실력이라고 했다. 잦은 실수가 당연하다는 듯한 사람(Man)에 대한 실망감, 열악한 제조환경에서 체계적이지 못한 임기응변식 기술(Method), 다가오는 월급보다 부족한 회사통장의 자금(Money), 신제품을 출시해도 판로가 없는 판매(Marketing) 등 하나부터 열까지 모든 것을 일일이 파악하고 상황과 직원들을 장악해 일을 주도해야 하는 것이 전문경영 CEO(chief executive officer, 최고 경영자)로서 나의 역할임을 금세 깨달을 수 있었다.

대기업에 있을 때는 있는지도 몰랐던 자연스럽고 소소한 일들이 이제는 모두 일일이 챙겨야 할 일이란 걸 알았을 때 '대기업 울타리'의 진정한 의미와 그 편안함을 다시 한번 느낄 수 있었다. 하지만 손에서 놓아버린 것에 관한 아쉬움보다 새롭게 손에 쥔 것에 만족하고, 새로 쥔 것을 더 값지게 만들어 보기로 결심했다.

● **파악**(把握), **장악**(掌握), **주도**(主導)

"숫자로 파악하고 조직 근육을 강화, 효과적인 업무문화로 장악하여 자신의 색깔로 주도하세요!"

1) 손익계산서와 현금흐름 파악

CEO로 취임한 첫 출근 날, 회사 현황을 파악하고 이해하기도 전에 며칠 뒤 직원 월급날이 돌아온다는 것이 머리를 아프게 했다.

인계받은 통장 잔고는 월급도 다 지급하지 못할 정도였다. 최악의 현금흐름(Cash Flow)인 상황을 당연히 최대 주주가 인지하고 있을 것이라 믿고, 운영자금을 넣어 주길 마냥 기다리는 건 초보 CEO인 내게는 너무나 초조하고 낯선 시간이었다.

이에 최대 주주에게 현재 현금 보유 상황을 상기시키고 논리적으로 운영자금 투입의 필요성을 어필하고자 재무구조에 대한 세부 파악에 집중했다.

  전년 1월부터 현재까지 법인통장의 모든 입출금 명세를 확인하여 손익계산서(Profit & Loss, 이하 P&L)를 월별로 작성하기로 했다. 하지만 통장의 입출금 명세만으로는 마감 기준이 모호하여 어떤 달에 반영되어야 하는 비용인지 구분하기가 막막했다.

  이에 홈택스에서 매입과 매출 세금계산서를 모두 확인, 대조하고, 이를 거래업체별로 계정 분리하는 작업을 진행했다. 월별로 매출, 매입, 물류비, 노무비 등과 같이 설정한 계정에 따라 분류하여 정리하니 영업이익을 확인할 수 있는 P&L 표가 완성돼 갔다.

  기타 현금 및 (세금)계산서가 발행되지 않은 카드 거래 대금 등은 세부 명세를 별도 정리하여 보정 작업을 했고, 드디어 전년 1월부터 현재까지 월별, 세부 계정별로 확인할 수 있는 P&L 수치를 확인할 수 있었다.

  재무회계 분야에 정통하지 못해 오차가 있을 수 있겠으나, 드디어 그동안 많은 투자금이 들어갔음에도 항상 적자에 허덕이던 상황의 이유를 수치를 갖고 최대 주주와 커뮤니케이션을 할 수 있게 됐다. 어떤 비용이 비이상적으로 사용되었고, 어떤 부분이 문제인지 확인할 수 있어 향후 관리 포인트를 최대 주주가 한눈에 알 수 있게 한 것이다.

  이에 최대 주주는 속이 다 시원하다는 소감과 함께 드러난 관리 포인트의 비용계정에 대한 관리를 당부했다.

  아울러, 현금흐름(Cash Flow)으로 업체별 지급해야 할 금액과 지급 일정 및 계획을 정리하고 현재의 자금 상황을 명확한 숫자로 확인시켜 현시점에서 필요한 운영자금 규모를 최대 주주에 확인시킬 수 있었다.

비록 분석한 숫자의 의미가 회사의 위험 신호임에는 분명했으나, 한편으로 인지된 리스크는 더 이상 리스크가 아니라는 말처럼 관리 포인트의 명확한 도출은 곧 회사가 건강해질 수 있다는 희망을 동시에 확인하는 것과 같았다. 지금까지 숫자 분석을 명확히 보지 못했던 최대 주주는 대단히 흡족해하는 눈치였다. 이에 최대 주주는 그 자리에서 단기 운영자금을 기분 좋게 입금해 주었고, 추후 추가 투입을 약속했다.

2) 분석(Analysis), 계획(Plan), 실행(Act), 리뷰(Review)를 반복하는 조직 근육 강화

나는 앞으로 무엇을 할지에 대한 고민에 앞서 지금까지 무엇을 어떻게 해 왔는지 알아야 했다. 다시 말해 지금까지의 실적에 대한 분석이 시급하다고 판단했다. 본인의 입사 이전에도 존재했던 회사였던 만큼 실적이라는 결과물이 있었고, 이에 대한 면밀한 파악이 선행되어야 향후 무엇을 어떻게 해야 할지 방향을 정리할 수 있겠다는 판단이 들었다.

이에 내외부 환경, 채널·품목 그리고 협력 이해관계 등 다양한 관점에서 현황을 분석하고, 이를 토대로 실행 계획을 구체적으로 수립해 나갔다. 또한, 과거 시점(전년 동기, 최근 3개월) 대비 달성하고자 하는 목표를 숫자로 계획했다. 우리가 달성해야 할 목표를 구체적으로 설정한 것이다. 이를 통해 조직원 모두 일사불란하게 같은 생각과 움직임을 보이도록 했다.

조직원이 '왜 이 일을 하는지?(Why we work?)'를 이해하게 하여 스스로 고민하고, 업무에 통찰력을 갖도록 하고 싶었다. 실적을 분석(Analysis)하고, 인사이트를 반영하여 계획(Plan)하고 실행(Act), 그 결과를 리뷰(Review) 하는 과정을 반복하는 톱니바퀴 업무수행 방식을 도입해 조직원이 성공적으로 일을 해낼 수 있도록 조직 근육을 강화한 것이다.

> **Tip : 숫자를 해석하세요!**
> 도출된 숫자는 그 해석을 어떻게 하느냐에 따라 성공과 실패의 결정적인 원인이 될 수 있다. 우리는 많은 부분에서 수치화를 통해 업무를 분석, 평가하고 그에 대한 대책 및 새로운 활동으로 회사의 비전을 실현하기 위한 일을 하게 된다.
> 경영에 있어 매출·손익 목표라는 숫자는 이를 어떻게 달성할 것인가의 고민이자 각 영업, 마케팅, 구매, 생산, 인사 등의 총체적 조직 전반의 KPI(Key Performance Indicator, 핵심성과지표)로 이를 실행하게 하는 전략 및 전술과 연계된다.
> 또한, 생산에서의 누적된 데이터는 그 수치 해석에 따라 각 공정의 효율적 생산 및 운영 계획 수립의 기초가 되기도 한다. 숫자를 제대로 해석하지 못한다면 현재의 위치와 성장을 위해 개선해야 할 구체적 실행 계획 수립과 그 확인이 어려울 것이다.
> 그래서 숫자를 해석하는 능력이 필요하다. 이런 능력을 키워 목표 설정, 실행, 개선하고 그 결과를 확인할 줄 아는 기획자야말로 우리 시대가 필요로 하는 진정한 전략가이다.

3) 조직 및 인사체계 구축

똑똑!

"대표님, 저는 엑셀도 못 하고 나이도 많아 대표님 하시는 일에 민폐가 될 것 같아요. 그래서 이번 달까지만 하고 그만두려고 합니다.",
"대표님, 생산 인원 중에 일 잘하는 직원이 있는데, 같이 일하는 나이 어린 직원보다 입사일이 늦어 월급이 십만 원 적은데 올려 주시면 안 될까요?"

입사하여 조직 근육 강화를 시도하다 보니 불과 한 달도 안 되어 사무직 세 명이 사직 의사를 밝혔고, 상상도 못 했던 건의나 불만 사항을 다수 듣게 되었다. 어쩌면 대기업에서는 당연한 업무이자, 상위자에 쉽게 말 꺼내기 어려운 얘기들이 여기서는 너무 쉬웠다.

하루에도 몇 번이고 갈아입혀야 하는 신생아의 기저귀처럼 수시로 들고나는 인력구조의 분위기인 중소기업. 이곳에서 나는 '대기업을 경험하지 못한 개인 경험의 차이와 그동안 하지 않았던 생소한 업무 부담이겠지!'라고 이해하고, 그 부담까지 다독여야 하는 것이, 내 몫임을 알게 됐다. 한편으로 '혹시, 이 사람들이 돌아가며 나를 간 보는 건 아닌가?'라는 불편한 생각도 들었지만, 그래도 한 명 한 명 면담을 통해 최선을 다해 다독이고 경청했다.

여러 의견을 듣다 보니 개선할 일도 보였다. 아무리 작은 기업이라도 다수가 모여 일하는 만큼 조직체계와 목표 달성에 따른 보상이 연계되는 인사체계의 필요성을 느낄 수 있었다.

이에 여섯 개 레이어(Layer, 조직계층)로 회사 조직체계를 구축하고, 업무에 최적화한 세 개 부서로 통합한 뒤 직책과 직급을 두어 인사 명령했다. 성과 평가에 따라 레이어 승진과 동일 레이어 내에서의 승급을 두어 연봉 인상률이 반영되게 했으며, 직급에 따른 연봉 테이블 또한 정리하여 회사 인사 규칙을 조직원들이 이해하게 했다.

이러한 조직 및 인사체계 구축은 성과 평가는 물론 그에 따른 연봉 인상(%) 면담 시 조직원의 불만을 해소하는 순기능 효과까지 덤으로 얻게 됐다.

4) 회사의 정체성 찾기

개인에게도 강점(Strength)이 있고 삶을 살아가는 가치관(Value)과 목적(Purpose) 그리고 꿈(Dream)이 있듯이 회사 역시 유사한 개념의 핵심 역량(Core Competency), 핵심 가치(Core Value), 기업사명(Mission) 그리고 비전(Vision)이 있다. 이는 회사의 정체성과 조직 공동체의 진정한 의미를 알게 하고, 각 구성원이 팀워크를 이루어 하나 되게 하며, 크고 작은 의사결정의 기준이 된다.

또한, 고객에게는 차별화된 존재의 회사로 인식하게 하는 매우 중요한 정의가 되겠다. 따라서 아무리 작은 중소기업이라도 직원들은 '우리 회사가 무엇을 하는 회사인지? 우리 회사의 시장 고객은 누구이며, 우리 회사가 고객에게 제공하고자 하는 궁극적인 가치는 무엇인지?' 반드시 정의하고 설명할 수 있어야 한다.

이때 회사 목표와 방향성이 일맥상통하여 조직원 스스로가 왜 이 일을 하는지, 우리가 어떤 분야에서 어떤 존재, 어떤 기업으로 기억되길 바라는지에 대해 명확하게 알 수 있어야 했다. 나는 이러한 고민을 홈페이지를 개편하면서 담아 보기로 했다.

홈페이지는 기업의 명함으로 보이는 디자인적 요소도 중요하다. 하지만 앞서 설명한 핵심 역량, 핵심 가치, 기업사명 그리고 비전이 명확히 담겨 있어야 한다고 생각한다. 비록 아직은 작은 기업이지만 뼈대가 튼튼해야 살이 단단히 붙을 수 있다는 생각으로, 정말 많은 고민과 정성을 들인 경험이었다.

5) 효과적인 업무문화 주도하기

① 회사 계정의 이메일 도입

"대표님, 명함 신청하려고 하는데 이메일 주소를 알려주실 수 있을까요?" 경영지원 담당 직원의 요청이었다. "이메일 주소는 제 이름 영문 이니셜과 성을 조합한 kjkim으로 해 주세요"라는 내 대답에 담당 직원은 아직 더 확인할 게 있다는 듯 난처한 표정으로 질문을 이어 나갔다. "그럼, @naver.com, @gmail.com, @hanmail.net 중 어떤 걸로 하면 될까요?" 회사 이메일 계정이 없었던 것이다.

일부 중소기업에서는 대부분 직원이 개인 메일을 업무용으로 겸하여 사용하곤 한다. 이것은 회사 차원에서는 비용적인 부담이 있거나 혹은 오너가 회사 계정 이메일의 필요성과 중요성을 인식하고 있지 못하기 때문이다. 보안 경영체제(Security Management System)의 구축은 유수의 유통사와 협업 파트너가 되기 위한 필수 점검 사항이기도 하다. 특히, 전산 보안을 위해서는 전산 시스템 및 자료 보안 절차의 기준 수립과 운영을 포함하고 있어 이메일 계정에 대한 중요성 인식은 보안 차원에서도 꼭 필요하다.

또한 회사 대 회사 대표로 주고받는 명함에서 이메일 주소가 회사 계정이 아니라면 해당 회사를 더욱 작은 회사로 인식하게 한다. 이에 모든 조직원이 회사 이메일 계정을 생성하게 하여 명함은 물론 내외부 커뮤니케이션을 회사 이메일로 진행할 수 있도록 업무문화를 바꾸어 나갔다.

② 기업 자원 관리 프로그램 도입

A품목의 월간 생산 효율을 점검하기 위해 당월 매출에 대한 실제 사용 원·부자재 및 재고 관계를 분석하기로 했다. 수기로 작성한 각 담당자의 제각각 자료로 원·부자재 사용 명세와 재고를 정리하느라 여러 사람이 분주한 모습이었다. 그렇다고 도출된 결과 보고에 대해 몇 가지 질문을 하면 어리둥절한 표정과 눈빛으로 서로를 쳐다보기 바빴다. 이런 확신 없는 태도는 보고서는 물론 업무 신뢰성에도 문제가 있는 모습이었다.

이러한 문제의 원인을 확인해 보니 '품목별 BOM'(Bill Of Materials: 제품의 생산에 필요한 부품이나 재료의 목록)조차 정리되어 있지 않았고, 담당자들의 기록 방식 차이와 수기 작성에 따른 오기가 보고서의 신뢰성을 떨어뜨렸기 때문이란 사실을 알게 됐다. 전산 관리를 위한 'ERP'(Enterprise Resource Planning: 기업 경쟁력을 강화하는 역할을 하는 통합 정보 시스템) 도입이 시급했다.

ERP는 조직이 회계, 조달, 프로젝트 관리, 리스크관리와 규정 준수, 공급망 운영 등 일상적인 비즈니스 활동을 관리하는 데 사용하는 소프트웨어 유형으로, 기업 전체의 자원을 통합적으로 관리하고 경영 효율화를 기하는 수단이다. 다시 말해 이 시스템은 생산, 구매, 판매, 자재·재고, 재무·회계, 인사·급여 등의 정보 통합을 통해 회사의 모든 자원을 최적의 상태로 관리할 수 있게 도와준다.

예를 들어 ERP에 품목정보를 입력하고 당월 생산 출고의 이력을 기록하면 매출에 필요한 원재료의 사용량이 등록한 BOM 정보에 따라 자동 산출 확인할 수 있다. 이를 통해 원·부자재 구매 입출고 및 재고를 확인하면 월간 생산 효율을 간단히 확인할 수 있다.

이러한 이력 관리는 모든 업무의 흐름을 보고 싶은 관점으로 그때그때 확인할 수 있게 하여 경영 전반의 의사결정을 ERP 분석 데이터 기반으로 고민하고 결정할 수 있도록 한다. 나는 이 시스템을 즉시 도입하기로 하고 모든 조직원이 ERP에 익숙해질 수 있도록 교육 및 사용 모니터링을 수시로 진행하도록 했다.

> **Tip** : 회사 계정 이메일 및 ERP는 인터넷 포털 검색창 검색을 통해 다양한 서비스 업체들을 확인할 수 있다. 각 업체의 서비스를 비교하고 나의 회사에 맞는 서비스와 저렴한 비용으로 제공하는 업체를 선택하여서 활용하면 된다.
>
> - 이메일 계정 : 회사 계정 이메일 서비스 업체는 회사 계정 메일 생성 수를 구간 선택(20 계정, 100 계정 등등)하여 '2년간'과 같이 기간을 선택하여 계약할 수 있다. 용량 무제한, 2GB 대용량 파일 첨부를 포함하여 각종 공지사항의 게시가 가능한 게시판 기능과 전자결재 그리고 (개인·공용) 캘린더 기능을 부가 기능으로 기본 사용할 수 있어 비용 대비 가성비가 좋다.
> - ERP 도입 : ERP 서비스 업체는 경리·회계 혹은 생산&제조관리 등 서비스 업체별 특화 영역이 있다. 활용도가 높을 기능에 대한 특화 서비스 업체를 선택하면 되는데, 어떤 업체라도 기업자원관리를 위한 본연의 목적 정보를 관리하게 함으로 사용 편의성을 고려하면 된다. 무엇보다 ERP 제공정보가 신뢰도 높은 기업자원 정보가 되기 위해서는 사용하는 조직원의 지속적인 ERP 정보입력 관리와 숙련도를 높이는 것이 중요하다.

6) 작은 것부터 회사 소속감과 통일감 있게~

보기 좋은 떡이 맛도 좋다고 했던가? 회사 내에서 공유되는 문서 및 자료의 양식이 작성자마다 개성을 뽐내고 있어, 마치 내용보다는 보기 좋게만 만드는 데 시간을 뺏기는 것 같다는 생각이 들었다.

업무를 수행하는 모든 조직원이 회사에 대한 소속감이 생기도록 통일감이 있도록 하면 좋겠다는 생각이 들었다. 유니폼 효과처럼 문서와 자료에서도 회사의 유니폼으로 공통 양식을 두어 소속감과 통일감 있는 한목소리를 유도하고자 했다.

이에 회사에서 사용할 공용 서체 및 폰트크기를 지정하여 메일 및 보고서 작성이 이루어지게 했다.

또한 PPT 자료 작성 시 템플릿 양식을 통일하게 하여 괜한 시간을 낭비하지 않게 했다. 서체는 회사가 자체 개발한 서체라면 좋겠으나, 아직 그 정도의 규모는 되지 못해 무료 서체 중 회사 특성에 가까운 느낌의 서체를 주관적인 판단으로 지정했다.

PPT 기본 양식은 회사 CI를 우측 상단에 표시한 심플한 디자인으로, 슬라이드 너비와 높이를 설정했다. 이렇게 통일된 양식으로 작성된 자료는 회사 내부에서의 공유와 편집이 용이했다. 게다가 외부에서 고객을 대상으로 자료를 공유하거나 발표할 때도 우리 회사만의 색깔과 소유임을 명확히 전달할 수 있어 회사 신뢰도와 이미지 제고에 큰 도움이 되었다.

7) 불필요한 비용 절감하기

나는 손바닥 뒤집듯 매출 증가 성과를 기대하기보다는 내실을 다지는 것부터 시작하기로 했다. 마침 P&L 분석을 통해 회사의 어떤 계정에서 돈이 새고 있는지 확인할 수 있었기에 불필요한 비용을 세부 구분하고 어떻게 절감하여 효율성을 꾀할지 목표를 세웠다.

생산에서는 계획 없는 생산이 아닌 생산 스케줄 수립을 통해 라인별 생산 효율성을 향상할 수 있도록 했다. 이를 위해 공정별 설비운영(Operating) 시간과 이에 따른 투입필요인력 인수 그리고 인당 생산성

관리를 진행했다. 이렇게 생산 수율을 매일 관리하게 하자 관리를 한다는 것만으로도 생산성은 향상되고, 인건비는 절감되는 놀라운 성과를 금방 확인할 수 있었다.

또한 구매와 재고 관리에서는 원가절감=CR(Cost Reduction) 목표를 구체적으로 설정했다.

우선, 실제 재고의 움직임을 ERP 데이터와 일치하도록 관리했다. ERP를 통해 원·부자재의 입고, 생산, 출고 후 재고를 확인할 수 있게 한 것이다. 그랬더니 해당 데이터 분석을 통해 어떤 과정에서 얼마만큼의 로스가 발생하는지를 명확히 확인할 수 있었다. 해당 과정에서 로스율 개선을 목표로 설정하여 개선해 나갔더니 결국 비용 절감을 수치로 확인할 수 있었다. 이러한 원가절감 활동은 당연히 품질에 영향이 없는 것을 전제로 한 활동이었다.

또한 원가 경쟁력 확보를 위해 원, 부자재 공급업체의 원가 변동을 수시로 모니터링하고 가격조사와 업체별 네고 활동도 게을리하지 않았다.

이러한 관리 활동의 성과는 중소기업에는 다소 부담이 되었을 전문경영 CEO의 인건비를 충분히 감당하고도 남는 성과가 되었다. 역시 전문경영 CEO 채용은 분명히 남는 장사이다.

8) 신제품 출시는 선택이 아닌 필수, 마케터로서 고민하기!

마케팅은 어떤 업무를 수행하는 것일까? 서점에 가보면 관련 책들이 수두룩하다. 인터넷 녹색 검색창에 검색해 보면 '생산자가 상품 또는 서비스를 소비자에게 유통하는 것과 관련된 모든 체계적 경영활동'으로 요약하고 있다.

한국마케팅학회에서는 '조직이나 개인이 자신의 목적을 달성시키는 교환을 창출하고 유지할 수 있도록 시장을 정의하고 관리하는 과정'으로 그 해석과 정의를 확인할 수 있다. 또 마케팅의 아버지라 불리는 필립 코틀러 등 다수의 마케팅 거장은 각자의 책들을 통해 다양한 관점으로 마케팅을 설명하고 있다.

이렇게 마케팅이 다양한 관점으로 설명되고 있는 것은 어쩌면 그 범위가 대단히 넓기 때문일 것이다. 그렇다면 마케팅을 실행하는 마케터는 과연 어떤 업무를 하는 사람들일까? 넓은 범위만큼이나 마케터의 업무도 매우 다양하다. TV 광고를 만드는 일을 하는 사람, 어원처럼 시장을 만드는 사람(Market+er) 혹은 (신·구)제품의 시장에서 성공 확률을 높이는 사람 등 마케터 또한 업무 롤에 따라 다양하게 정의될 수 있다.

나는 이중 제품의 '라이프 사이클'을 관리하는 업무 담당 마케터를 '제품이 시장에서 성공할 확률을 높일 수 있도록 차별성 있는 아이디어로 지속 가능한 매출과 수익을 확보해 나가는 지식작업자'로 정의한다.

이 관점에서 나는 우수한 마케터가 되기 위해 해당 카테고리의 트렌드, 법적 사항 그리고 품질 등에 대한 폭넓은 이해와 지식 역량이 필수적이라고 생각한다. 라이프사이클 관리 마케터는 '생산'을 목표로 선행적 마케팅 활동을 펼쳐야 한다. 이들은 시장 조사, 제품설계, 타깃시장 선정, 포지셔닝과 관련한 업무를 수행하고, 후행적 마케팅 활동으로 광고, 홍보, 판매, 가격결정, 고객 관리 등을 수행하여 세상에서 성공할 수 있는 제품이 될 수 있도록 관리하게 된다.

그러한 업무의 시작인 '신제품 개발 프로세스(NPD: New Product Development)'를 통해 조금 더 세부적으로 들여다보자. NPD 업무의

6단계 과정은 다음과 같다.

1단계 : 시장정보 수집(Market Intelligence, 판매를 위해 현재 또는 장래 예측에 관한 정보수집)

시장정보 수집 단계에서는 시장을 이해하고 있어야 한다. 성공적인 마케터가 되기 위해 꼭 확보해야 하는 것이 바로 '시장 조사' 단계이다.

혹여 부족하거나 어설프면 시장 기회 포착과 위험 대처에 어려움이 따를 수 있다. 또한 정보의 유통과 축적을 통해 과거 실패를 반복하지 않게 하는 과정이기도 하다.

이러한 조사 역량을 얻기 위해서는 개인의 능동적인 자료수집과 시장에 관한 관심 정도가 중요하다. 시장 조사 기법에 관해서는 다양한 사례가 있고, 각종 서적과 학자들이 설명하고 있어 이를 참고하기를 바란다.

다만, 외부 환경분석을 통해 고객을 이해한 마케팅전략을 수립하기 위한 시작으로 Consumer(소비자), Competitor(경쟁자), Company(회사), Collaborator(협력자) 그리고 Context(환경)의 5C를 정리하고, 내부 환경분석으로 Strength(강점), Weakness(약점)를 외부의 Opportunities(기회) 및 Threats(위협)와 대응시켜 목표 달성 전략을 수립할 수 있도록 'SWOT 분석'을 꼭 활용해 볼 것을 권한다.

2단계 : 아이데이션(Ideation, 아이디어 생산을 위해 행하는 활동 혹은 아이디어 생산 자체)

아이데이션 단계에서는 시장을 이해하며 성공 가능성이 있는 아이디어를 시장에서 '누구에게?', '어떤 가치?'로 전달할 것인가를 고민하는 단계이다. '누구에게?'는 Targeting의 개념을 그리고 '어떤 가치?'는 Positioning과 Differentiation의 개념에서 일맥상통하게 아이디어가 유효한지 정리되어야 할 것이다.

3단계 : 콘셉트

콘셉트 단계에서는 아이데이션을 통해 마케터가 구현하려는 방향을 한 장의 장표(One page)로 작성해 보는 단계이다. 정리된 장표를 '콘셉트 보드'라 한다. 콘셉트 보드는 향후 모든 홍보 활동의 근간으로 고객이 이 제품을 갖고 싶게 만드는 가치 설명 장표이다. 콘셉트 보드에는 아래 내용들이 기본으로 정리될 수 있어야 하겠다. (양식 참고)

```
                                                              Example
┌─────────────────────────────────────────────────────────────────────┐
│         ❶ 네이밍 설명 : One Point Statement (product name 의 1/2배 크기)  │
│ 브랜드                                                         회사CI  │
│         ❷ 제품명 : Product name (one point statement 의 2배 크기)        │
├──────────────────┬──────────────────────────────────────────────────┤
│ ❸ Product 참고 Image │ ❺ 제품 설명                                       │
│                  │                                                  │
│                  │                                                  │
├──────────────────┤                                                  │
│ ❹ 가격, 단위, Spec. │ ❻ Benefit 근거                                    │
│    등 정보 사항     │                                                  │
│                  ├──────────────────────────────────────────────────┤
│                  │ ❼ 주의사항                                        │
│                  │                                                  │
└──────────────────┴──────────────────────────────────────────────────┘
```

마케터가 생각하는 방향성으로 정리된 콘셉트는 객관적인 검증이 꼭 필요하다. 즉, 마케터 자신만의 주관적인 생각이 아닌 소비자들이 원하는 객관적 Wants나 Needs인지에 대한 검토이다.

콘셉트 보드에 대한 객관적 검증은 타깃 소비자의 설문 조사를 통해 가능하다. 이를 통해 마케터가 편향된 사고를 하는 것이 아닌지, 혹은 아직 인지하지 못한 소비자 니즈는 없는지 등을 확인할 수 있다.

이때 마케터가 가정한 'TOWBAP'(Target, Occasion, Want, Benefit, Attitude, Positioning)에 대한 검증이 가능하도록 설문 내용을 준비해야 한다.

또한 콘셉트 제품에 대한 설문 대상자의 최종 구매 의향, 새로움 그리고 독특성 평가를 통해 다음 단계로 넘어갈지 혹은 보완이 필요할지를 확인하여 성공 확률을 높이는 작업을 진행해야 한다.

4단계 : 상품화

상품화 단계에서는 '4P'(Product=가치 창출, Place=가치 전달, Promotion=가치 소통, Price= 가치 획득)을 구체화하고 실현하기 위해 연구(R&D), 구매, 생산 그리고 영업 등 유관부서의 본격적인 협업 업무가 시작된다.

5단계 : 출시

출시 단계에서는 신제품의 시장 반응에 대한 가설에 대해 객관적 검증을 할 수 있도록 마켓 테스트와 같은 '소프트 런칭'을 진행한다. 이를 통해 얻은 결과를 확인하고 또 보완하여, 본 출시를 위한 수요예측 및 물량 대응 최적 시기를 고려하면서 임팩트 있게 시장에 진입하는 '하드 런칭'을 진행하게 된다.

6단계 : 출시 후 관리

출시 이후에는 매출과 손익 그리고 시장 반응을 모니터링하고, 성장과 유지를 위한 활동을 진행한다. 성과 평가에 따라 확장(Extension), 개선(Renewal), 단종(Deletion)으로 추후 운영 방향을 결정할 수 있다.

마케터가 생각하는 이상적인 제품이 꿈(Dream)에 해당한다면, 그 꿈을 이루기 위한 프로세스는 아이디어를 검증하고 유관부서와의 협업 행동(Action)을 통해 출시라는 Vision이 완성되는 과정이라 할 수 있다.

다시 말해 NPD 프로세스는 개인이 꿈을 꾸고, 그 꿈을 이루기 위해 행동하며 그 행동의 결과가 개인의 Vision이 되는 과정과 유사하다.

NPD 프로세스를 참고하여 마케터가 어떤 일을 하는 사람이냐는 질문으로 다시 돌아간다면 '마케터는 성공할 수 있는 방향을 목표(Dream)로 명확히 제시하고, 함께 일하는 유관부서에 그 일을 왜 해야 하는지 설득과 공감을 얻어 목표 달성을 위한 일(Action)을 해 나가게 하는 Vision 설계자'라고 할 수 있다.

Chapter 3
나만의 창업학

"당신이 지금까지 해온 일은 당신을 지금의 당신으로 만든 것이다.
하지만 당신이 지금부터 하는 일은 당신을 미래의 당신으로 만들 것이다."
- 앤소니 로빈스(Anthony Robbins) -

● 내가 생각하는 일 잘하는 리더

조직에서 모든 일을 혼자 다 해낼 필요는 없다. 특히, 조직 리더는 더욱 그렇다. 내가 생각하는 일 잘하는 리더의 조건은 이렇다. 첫째, 왜 그 일을 하는지 이해하고, 둘째, 일을 스스로 만들 수 있어야 하며, 셋째, 문제 발생 시 해결 능력이 뛰어나야 한다.

여기서 '왜 그 일을 하는지 이해한다'라는 것은 목적의식을 의미하며, 목적 달성을 위한 변화 및 응용으로 스스로 판단할 수 있는 능력을 의미한다. '일을 스스로 만든다는 것'은 무분별하게 일을 만들어내는 사고뭉치가 아니라 통찰력과 상황 분별력을 바탕으로 세상의 수많은 정보 중 내 것으로 경험하고 지식화함으로써 어떤 결과물을 만들어내는 것을 의미한다. 즉, 조직에 비전(Vision)을 보이는 능력이다.

'문제 발생 시 해결할 수 있는 능력'은 일에 대한 책임감(Ownership)에 대한 의미로, 끝까지 일해내기 위한 해결책을 찾아내는 능력이다.

이러한 능력을 보이기 위해서는 세상에 떠다니는 정보에 의미를 부여할 수 있는 분석력이 필요하다. 이를 토대로 리더는 해야 할 일의 계획을 수립하고 실행하여 사업적으로 엮어낼 수 있는 능력이 필요하다. 또 그 결과를 리뷰하는 일까지, 일련의 과정을 톱니바퀴 돌듯 반복 수행할 수 있는 역량을 갖춰야 한다.

나는 이러한 업무수행 가능 리더를 '일 잘하는 리더, 워크자이너: Worksigner(Work+Design)'라고 정의한다.

● 나만의 창업학

Dream + Action = Vision

이 공식은 꿈을 가지고 그 꿈을 실현하기 위한 행동을 하면 그것이 비전으로 이어진다는 의미를 담고 있다. 즉, 꿈만 꾸지 말고 동시에 행동해야 비전을 구체화할 수 있다는 것이다. 또한 자신의 꿈과 열정에 대해 끊임없이 고민하고 발전시켜 나가야 한다는 메시지도 들어 있다.

사실 나는 20대 중반까지만 해도 임원이나 CEO를 꿈꾸지 않았다. 지금 돌이켜 보면 주어진 상황에 그저 치열하게 살다 보니 운도 따르고, 꿈이라는 것도 생긴 셈이다. 그리고 조금씩 이뤄내는 과정에서 나도 모르게 그것이 나의 비전이 되어 있었다.

순서를 바꿔 행동하고 났더니 꿈이 생기고 그 결과물이 나만의 비전이 된 경우라고 할 수 있겠다. 순서가 어떻든 나의 비전은 여기서 끝이 아니다.

나는 아직도 치열하게 행동하고 있다. 지금의 이 치열함이 또 어떤 꿈으로 연결되어 내 인생의 비전이 되어 있을지 기대된다. 곧 나의 치열함의 결과물이 나의 비전을 담은 업(業)이 되어 나를 스스로 빛나게 하기를 기대한다.

나는 단기적인 결과물로 중소기업 경영 CEO로서 사업적 성공을 이뤄낼 것이다. 그러한 여정을 책으로 펴내 ISBN(International Standard Book Number)을 결과물로 얻으려 한다. 또 창업경영학과 관련한 자격증과 학위 취득을 위해 끊임없는 자기 계발이라는 행동을 지속해 나가려 한다.

그러다 보면 어렸을 적 한낱 꿈에 불과했을지도 모를 누군가의 스승으로 내 경험을 가르치는 업을 비로소 갖게 될 것이라 믿는다. 나는 이렇게 지금 나를 창업(創業)하고 있다.

Action + Dream = Vision

나는 행동하여 꿈을 이뤄 자신의 비전을 만드는 '목적중심경영 전문가/워크자이너' 김경진이다.

Chapter 1. 내가 해왔던 일을 영원히 할 수는 없다!
1. 나를 돌아보게 했던 고비가 나를 구해주는 기회로
2. 생각의 변화와 개인 구조조정을 통한 새로운 인생 설계의 시작

Chapter 2. 내가 쌓아왔던 역량을 최고의 창업 자산으로 삼자!
1. 징검다리 창업의 장점
2. 본업을 바탕으로 창업에 성공한 실제 사례

Chapter 3. 끊임없는 개인 구조조정으로 지속적인 발전을 꾀하라!
1. 1년마다 새로운 개인 구조조정을 행하라!
2. 나의 최종 목표는 내가 만든 직업에 몰입하는 것!

안전하고 확실한 징검다리 성공창업 비밀노트

PROFILE

한태희
교육창업경영전문가/입시컨설턴트

대치동 스터디브릭스 학원, 우림학원에서 고등부 사회탐구영역 강사로 활동하며 대원외고, 외대부고 등 최상위권 학교의 전담반 지도를 맡았다. 22년간 학생들을 지도했으며, 서울시립대학교에서 국사학 석사과정을 수료한 후 지금은 '한태희 사회탐구교실'을 열어 70여 명의 젊은 강사를 양성하며 직접 운영하고 있다.

아울러 호서대 창업경영대학원 석사과정을 이수하면서 그동안 쌓아왔던 교육 관련 역량을 기반으로 성공적인 창업을 준비하고 있다. 현재 다른 은퇴예정자들의 시행착오를 줄일 수 있는 발전적 아이디어를 연결하기 위해 본업에 기반을 둔 창업 강의를 하며 관련 저서 활동을 진행하고 있다.

경력

2008~현) 한태희 사회탐구교실 대표
2020~현) 대치동 우림학원 고등부 사회탐구영역 강사
2019 중앙대학교 부속 고등학교 통합사회 강사
2015~2019 대치동 스터디브릭스 학원 고등부 사회탐구영역 강사
2008~2014 중계동 이정스터디 고등부 사회탐구영역 강사

학력

호서대학교 글로벌창업대학원 창업경영학과 석사
서울시립대학교 국사학과 석사

자격

중등 교원 자격증 (일반사회)

활동

중앙일보 '공부의 신 프로젝트' 세계사 파트 담당 멘토
국립고궁박물관 '우리문화재 디지털귀향전' 자문 활동

이메일/SNS

hani1021@naver.com

집필 동기

100세 시대가 도래하면서 우리의 삶은 이전과 크게 달라졌다. 노년까지 젊은 시절의 직업을 이어 갈 수 있는 사람은 극히 드물다. 예전에는 청장년 시절을 돌아보며 그동안 준비해 온 연금을 활용해 노후를 보낼 수 있었지만, 수명이 길어진 100세 시대인 오늘날 은퇴자들에게는 앞으로 살아온 만큼 남아있는 인생의 길이가 큰 위기가 된 것이 현실이다.

많은 은퇴자와 은퇴예정자들은 이 위기를 극복하기 위해 제2의 인생을 지켜줄 새로운 직업 마련에 힘쓴다. 그들은 이제 창업이나 창직을 선택이라기보다 필수라고 생각한다. 그러나 전성기를 넘긴 후의 창업은 성공하기 쉽지 않다. 오히려 창업 과정에서의 실패는 노후의 위기를 더욱 크게 만들 수 있다.

'에이징 커브'(Aging Curve, 일정 나이가 되면 활동 능력이 저하되며 기량 하락으로 이어지는 현상)의 위기는 열정적으로 일했던 사람에게도 찾아온다. 대형 학원의 입시 강사로 일에 몰두하던 나에게도 예외가 아니었다. 그 위기는 나의 경우 격무로 인한 건강 문제로 다른 사람보다 일찍 찾아왔다.

1년 365일 일해도 지치지 않는 체력과 열정이 있었고, 일을 하면 아프던 사실도 잊을 수 있었던 패기는 어느새 서서히 사라졌다. 남은 것은 약해진 체력, 건강의 문제, 그리고 그로 인한 자존감의 하락이었다.

그 모든 것이 나에게 현실을 깨닫게 했다. 새롭게 등장하는 젊은 경쟁자들에게 자리를 내줘야 할 때가 왔음을 알게 됐고, 그건 위기였다. 그것도 심각한 위기였다.

"이제 나는 어떻게 대응하고 맞서야 할까?" 갑작스럽게 닥친 이 상황에, 나의 머릿속은 수많은 물음표로 가득 찼다. 직업을 유지하지 못한다는 것은 나의 경력단절뿐만 아니라, 가족들에게도 위협을 미치는 것이었다.

나는 새로운 방법을 찾아야 했다. 내가 쌓아온 경력을 활용하며, 안전한 창업을 통해 시간을 확보해야만 했다. 이는 더 나은 목표를 달성하며, 더 큰 기회를 부여받는 징검다리가 되었다.

나는 이것을 '징검다리 창업'이라 부른다.

나에게 벌어졌던 위기는 누구에게나 일어날 수 있다. 이러한 위기를 벗어나고 안전하게 새로운 나의 일을 만들어 갔던 노하우 사례를 공유한다면, 비슷한 상황에 있는 독자들에게 큰 도움이 될 수 있다고 생각한다.

특히, 시간과 체력 때문에 제2의 인생을 준비하지 못하고 있는 노동강도가 높은 직업군의 독자들은 나의 이야기를 통해 다음을 준비하는 데 필요한 용기와 동기 부여를 받을 수 있을 것이다. 자! 이제부터 나의 이야기를 시작해 보겠다.

Chapter 1
내가 해왔던 일을 영원히 할 수는 없다!

"실패한 결정 10개 중 8개는 판단을 잘못해서가 아니라
'제때' 결정을 못 내렸기 때문에 실패한 것이다."
- 짐 콜린스 -

● 나를 돌아보게 했던 고비가 나를 구해주는 기회로

나는 30대까지 비교적 원만한 삶을 살아왔다. 사람마다 원만하다는 기준은 제각각 다르겠지만, 나에게 있어 원만한 삶이란 꾸준히 성장하고 나아가는 삶이었다.

나는 사회탐구 분야에서 강사로 경력을 쌓으며 꿈꾸던 지역의 명문 고등학교에서 학생들을 가르쳤다. 수업 일정은 일주일 내내 하루도 빠짐없이 빽빽하게 채워졌다. 학생 수는 계속해서 늘어났고, 이에 따라 강의 수입도 꾸준히 증가했다.

주 7일 하루 10시간 이상을 근무하는 빡빡한 일정이었다. 하지만 일에 대한 애정과 열정으로 힘든 줄 모르고 일했고, 그로 인해 큰 보람도 느낄 수 있었다.

과로가 잦았고 때때로 건강상에 작은 신호가 오기도 했으나, 학생들과 함께하는 시간에는 언제 그랬냐는 듯 그 모든 것을 잊고 완전히 몰입했다. 그 결과 일을 더욱 즐기게 되었다. 그렇게 몰입하며 보냈던 30대는 나에게 큰 만족감을 주었다.

40대에 접어들었음에도 내가 일하는 스타일은 크게 변하지 않았다. 수능 시험까지 단 2개월이 남은 시점이었다. 마지막까지 총정리 수업을 하며 하루에 10시간 이상을 일하는데, 갑자기 한쪽 눈동자의 시야를 가리는 점 하나가 거슬리기 시작했다. 처음에는 약간 불편하다고만 느꼈고, 크게 신경 쓰지 않았다. 그러나 그 점은 점점 커져, 일주일 후에는 한쪽 시야를 완전히 가려버렸다.

병원에서는 황반변성이 의심되는 중증 안질환으로 진단했다. 황반변성은 망막의 기능 장애로 중요한 부분이 손실되어 실명을 초래할 수 있는 질병이다. 다행히 최종 진단은 황반변성은 아닌 중심성 망막증으로 판명되었고, 현재는 완치된 상태이다.

학원은 학생이 원하는 강사를 직접 선택하여 수업을 들을 수 있는 시스템이라, 해당 강사가 아니면 안 되었다. 그러나 "이대로 계속하면 실명 위험이 있다"라는 의사의 경고를 받게 되자, 긴급한 조치가 필요했다.

이에 많은 수업을 취소하고, 가깝게 지내는 강사들의 도움으로 일부 수업은 대체했다. 하지만, 많은 학생이 수업을 중단했다. 이런 상황은 학원의 신뢰도에 큰 타격을 주었고, 그 영향은 다음 해까지 이어졌다. 15년 동안 정성껏 쌓아온 학원의 명성이 나의 건강 문제로 하루아침에 모래성처럼 빠르게 무너지는 것을 보며 암담함과 두려움이 몰려왔다.

"지금까지의 일을 할 수 없게 된다면, 다른 일로도 지금과 같은 수준의 삶을 유지할 수 있을까?" 지금까지 고민해 보지 않았던 질문이었다. 그 질문은 나에게 큰 깨달음을 주었다. 이를 통해 나는 미래에 대한 현실적인 고민과 새로운 기회 탐색의 필요성을 깨달았다.

지금까지 해온 일을 더 이상 할 수 없게 된다고 해서 미래의 행복과 성공이 사라지는 것은 아니다. 새로운 일과 역할을 통해 다양한 경험을 얻고, 그 과정에서 성장하고 발전할 수 있기 때문이다. 실제로 많은 사람이 자신의 전문 분야에서 성공적인 경력을 쌓아왔다고 하더라도, 언제든지 예기치 않은 변화에 부딪힐 수 있다. 이러한 상황에 대비하기 위해, 나는 '안전하고 확실한 징검다리 성공 창업 사명서'라는 주제로 비밀 노트에 생각을 정리해 보았다.

첫째. 내가 지금까지의 쌓아온 경험과 성취는 어느 분야에서든 가치 있는 자산이 될 수 있다.

이전의 업적과 기술을 바탕으로 다른 분야나 직무에서 새로운 가능성을 발견하는 것이 중요하다. 그러므로 나는 끊임없는 자기 계발에 힘쓰고, 새로운 분야에 관한 연구와 학습에 탐구를 꾸준히 한다.

둘째. 의미 있는 그룹의 네트워크는 새로운 기회를 찾는 데 중요한 역할을 한다, 기존의 업무와 관련된 그룹만이 아니라, 다양한 분야의 사람들과 소통함으로써 새로운 기회를 만들어낼 수 있다. 예컨대, 창업대학원에서 다양한 전공의 학우들과 교류하며 나는 보다 폭넓은 시각을 얻을 수 있다. 그들의 대화와 조언은 나에게 새로운 관점을 제공해 준다.

셋째, 나는 현재의 일을 계속하기 어려워진다고 해도, 지속적인 학습과 자기 계발을 통해 새로운 도전을 받아들이고 적응하는 능력을 키울 수 있다. 따라서, 나는 삶의 다양한 영역에서 성공과 만족을 이루어 낼 끝없는 가능성을 가지고 있다.

● 생각의 변화와 개인 구조조정을 통한 새로운 인생 설계의 시작

나는 끊임없이 현재의 일에만 몰두하면서 자신을 소모하는 대신, 내가 갖춘 역량을 기반으로 새로운 기회를 모색할 시간을 확보해야 한다고 생각했다. 그러나 동시에 생계를 유지해야 하는 부담감도 무겁게 느껴졌다.

이에 나는 현재의 일을 계속하되 시간을 보다 효율적으로 관리하는 방법을 찾게 되었고, 그 기반 위에서 더 큰 꿈을 실현하기 위한 계획을 세우기로 마음먹었다.

내가 가장 중점을 둔 부분은 개인 구조조정이다. 이를 통해 핵심 역량을 강화하고 불필요한 부분을 제거하려고 노력하고 있다. 나는 1년을 주기로 '개인 구조조정'을 하기로 했다.

이 과정에서 나쁜 습관을 고치고, 중요한 역량을 발전시키기 위해 노력해 나간다. 개인 구조조정에 대해서는 파트3에서 더 구체적으로 설명하겠다.

Chapter 2
내가 쌓아왔던 역량을 최고의 창업 자산으로 삼자!

"꿈과 목표, 자신의 신념을 실현하는 유일한 방법은 행동이다."
- 피터 드러커 -

● **징검다리 창업의 장점**

창업은 우리 삶의 방식을 재설정하고 새로운 가능성을 모색하는 과정이다. 그러나 성공하지 못하면 큰 부담이나 위험이 따를 수 있다. 우리는 종종 자신이 좋아하는 일을 찾아가기 위해 여러 번의 시행착오를 겪게 되고, 창업 초기에는 자금 문제에 직면하기도 한다.

특히 자녀를 둔 가장으로서 새로운 사업을 시작하는 것은 중대한 의사결정이다. 성공이 보장되지 않으면 더 큰 부담이 될 수 있기 때문이다. 이런 문제를 해결하기 위해 나는 '징검다리 창업'이라는 전략을 고안했다. 이 방식은 보유한 기술과 경험을 바탕으로 안정적으로 창업의 리스크를 줄이는 방법이다. 말 그대로 예비 창업을 통해 우리는 기존의 경험과 실무 노하우를 재배치하면서 안전하게 창업의 준비를 할 수 있으며, 이를 통해 시간과 자금을 확보하며 독립적인 창업을 추구할 수 있다.

나에게 징검다리 창업 전략은 이전에 강남지역 대형 학원에서 사회탐구 강사로 일하며 쌓은 경력과 역량을 최대한 활용하여 창업의 단계를 안정화하는 것이었다. 다음 글에서는 내가 이 경험을 바탕으로 어떻게 창업을 했는지에 대한 과정을 공유하려 한다.

● 본업을 바탕으로 한 안전한 창업

나는 대형 학원에서 고등부 강사로 경력을 쌓았다. 하지만 건강 악화로 인해 발전 가능성이 제한되고 있었다. 이에 따라 새로운 직업을 통해 자유롭고 독립적인 생활을 유지할 수 있는지에 대해 고민하게 되었다. 궁극적인 목표를 설정하기 위해 먼저 내가 잘하는 일의 목록을 작성하기로 결심했다. 대학교와 교육 기관에서 습득한 기술, 부모님이나 지인들을 통해 얻은 기술, 이전 직업에서의 경험, 그리고 책이나 강의를 통해 얻은 지식 등이 내가 능숙하게 할 수 있는 일의 범위를 찾는데 중요한 단서가 될 수 있다.

나는 대학에서 역사학을 전공하고 교직 과정을 이수한 후에 경영학을 복수 전공으로 공부했었다. 학원 강사로 일하면서 역사학만 활용했으나, 복수 전공한 경영학으로 교육 대상의 폭을 넓힐 수 있다는 생각이 들었다. 경영학 공부를 완성하기 위해 호서대학교 글로벌창업대학원에서 경영학 석사과정을 이수하였고, 현재 창업보육 전문가로서의 진로를 준비하고 있다. 그러나 창업보육 전문가가 되기까지는 시간이 걸리고, 그동안 안정된 수입 유지가 필요하다는 현실적인 문제에 직면하게 된다.

이에 나는 '징검다리 창업'이라는 개념을 도입하여 나의 재능을 극대화하고 행복을 추구하면서도 금전적인 요구를 충족할 방법을 모색했다. 나에게 있어 징검다리 창업은 초중고 학생들을 대상으로 하는 인문 사회 분야의 학원을 학원 밀집 지역이 아닌 경기도의 신도시에서 운영하는 것이었다. 학원 사업은 내가 가장 잘 알고 있는 분야이기에 강사 경험을 최대한 활용할 수 있었다.

그러나 직접 강의를 맡게 된다면 또다시 시간 확보를 하지 못하게 되기 때문에 경영 분야에 집중하기로 하고, 합리적인 비용으로 우수한 선생님을 모집하는 방법을 찾아보았다. 이 부분이 징검다리 창업의 핵심 요소라고 할 수 있겠다. 학원 운영에 집중하기 위해서는 실제 수업을 진행할 수 있는 고급 역량을 갖춘 선생님을 확보해야 한다. 학원 밀집 지역에서 벗어난 지역에서 최고 수준의 강사를 구하는 일은 그리 쉽지 않을 수 있다. 그러나 방법이 없는 건 아니다.

우리 사회에는 미래를 준비하기 위해 전문직 자격증을 취득하는 고급 역량을 갖춘 인재들이 많이 존재한다. 분야에 따라 차이가 있을 수 있지만, 2~5년의 자격증 취득 기간을 거쳐 미래를 준비하는 사람들이 많이 있다.

<8대 전문직 자격시험 평균 준비 기간>

(출처 : 부자독학 블로그 https://allaboutwealth.tistory.com/174)

변호사	4~5년 (로스쿨부터 변호사 시험까지)
변리사	4~5년
법무사	2~3년
공인노무사	2~3년
공인회계사	3~4년
세무사	2~3년
관세사	2년
감정평가사	3~5년

■ 헌법재판소 공무원 평정 규칙 [별표 4] <개정 2013.12.10>

해당 직급에 관련된 자격증 구분표(제23조 제1항 관련)

(일반직)

직렬 \ 계급	5급	6급 · 7급	8급 · 9급
법원사무 · 검찰사무 · 행정	변호사, 공인회계사, 법무사, 관세사, 세무사, 변리사, 감정평가사, 공인노무사		
사서	1급정사서	2급정사서	준사서
전산	기술사(정보관리, 전자계산조직응용, 전자계산기, 정보통신)	기사(정보처리, 전자계산기조직응용, 전자계산기, 정보통신)	산업기사(정보처리, 전자계산기조직응용, 전자계산기, 정보통신, 사무자동화, 정보기술)
기계	기술사(공조냉동기계, 기계안전, 전자응용, 전기응용, 정보통신)	기사(공조냉동기계, 열관리, 산업안전, 전기, 전자, 전자계산기, 전파통신, 무선통신) 기능장(기계정비, 배관, 용접, 보일러, 전기기기, 전자기기, 통신설비, 가스)	산업기사(공조냉동기계, 열관리, 산업안전, 전기, 전자, 전자계산기, 전파통신, 무선통신, 기계정비, 배관설비, 용접, 보일러, 전기기기, 전자산업, 정보통신)

전 기	기술사(전기응용, 전기안전)	기사(전기, 전기공사, 산업안전) 기능장(전기기기, 전기공사)	산업기사(전기, 전기공사, 산업안전, 전기기기)
토 목	기술사(토질 및 기초, 토목구조, 토목시공, 조경)	기사(토목, 조경, 건설안전)	산업기사(토목, 조경, 건설안전, 측량 및 지형공간정보, 건설재료시험)
건 축	기술사(건축구조, 건축전기설비, 건축시공, 건설안전) 건축사	기사(건축설비, 건축, 실내건축, 건설안전, 소방설비) 기능장(건축일반시공, 건축목재시공)	산업기사(건축설비, 건축, 실내건축, 건설안전, 소방설비, 건축일반시공, 건축목공)
농 업	기술사(종자, 시설원예, 농화학)	기사(종자, 시설원예, 식물보호, 유기농업)	산업기사(종자, 식물보호, 유기농업)
방송통신	기술사(전자응용, 정보통신)	기능장(전자기기, 통신설비), 기사(전자, 정보통신, 무선설비, 방송통신, 정보처리)	산업기사(전자, 정보통신, 무선설비, 방송통신, 정보처리)
보 건	기술사(축산, 수산제조, 품질관리, 포장, 식품)	기사(축산, 수산제조, 품질관리, 포장, 식품)	산업기사(축산, 수산제조, 품질관리, 포장, 식품)

(출처: 헌법재판소 홈페이지 https://www.ccourt.go.kr)

나는 나의 징검다리 창업 대상지인 신도시 지역 학원 운영 영역에서 함께 할 수 있는 자격증 취득을 준비하고 있는 인재들을 '교사 임용고시 준비생'이라고 판단했다. 교사 임용고시는 보통 2~5년 정도의 준비 기간이 필요한 시험이다. 준비 기간이 긴 시험을 봐야 하는 예비 수험생들은 용돈을 벌면서 시험 준비를 돕는 단기직 강사 근무를 찾는 경우가 많다.

적합한 조건이 갖추어진다면, 이들은 큰 금전적인 보상을 요구하지 않아 학원 운영 비용 중 큰 부분인 강사 급여 문제를 해결할 수 있다. 위의 표에서도 볼 수 있듯이, 여전히 다양한 분야의 자격증을 준비하는 사람들이 많이 존재하며, 이들을 징검다리 창업 과정에서 필요한 고급 인재로 확보하여 강사와 학생 양쪽에게 합리적인 조건으로 연결하는 좋은 방법이 되었다.

물론 자격증을 준비하는 사람들은 근무 기간이 짧고, 시험에 합격하면 갑자기 일을 그만두게 될 수 있기에 운영자들에게는 어려움이 있을 수 있다. 그러나 이 문제는 한 근무자에게 많은 업무를 집중시키는 대신 작은 작업을 분담하는 것으로 대비할 수 있다.

자격증 준비자들은 큰 금액보다는 용돈 정도의 수입을 원하므로 출근 일수의 감소는 문제가 되지 않는다. 게다가 자격증 준비와 학원 수업이 관련이 깊은 경우에는 업무 처리 능력도 우수해서 많은 수의 강사를 채용하더라도 스스로 수업을 준비할 수 있는 역량을 가진 사람들이 많아 강사 교육의 부담이 적었다.

우리 학원은 주로 초등학생을 대상으로 교육을 진행하였고, 이러한 운영 방식은 초등학생의 학부모들로부터 매우 긍정적인 반응을 얻었다. 초등학생을 대상으로 기초적인 강의를 진행하면 중등 임용고시를 준비하는 강사도 부담이 적고, 중등 교육 역량을 기반으로 더욱 고급화된 수업을 할 수 있었기 때문이다.

그러나 검토해야 할 문제는 아직 남아있었다. 현재 초등교육 분야는 학령 인구 감소로 인해 어려움을 겪고 있으며, 서울의 일부 지역에서는 학생 수가 급격히 감소하여 초등학교 폐교나 주변 학교와의 통합이 발생하고 있다. 그러나 다행히 신도시 지역에서는 이러한 문제에서 그나마 자유로운 편이었다.

교육부 통계에 따르면 2022년 서울시 초등학교의 학교별 학생 수는 평균 650명 정도로 감소 추세에 있지만, 내가 운영하는 경기도 신도시의 초등학교 규모는 1,500명을 넘는 경우가 많아 아직도 교육 수요가 상당히 많은 편이다.

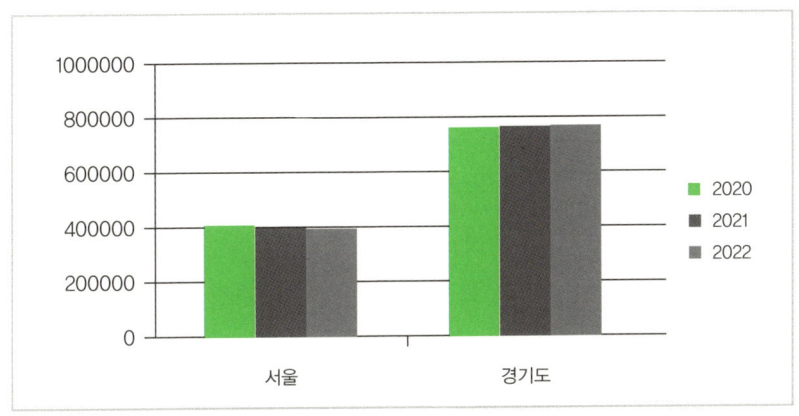

<2022 서울 경기 초등학생 수 통계자료. 통계청 www.kosis.kr>

초등학생 대상의 학생들은 중간고사나 기말고사와 같은 시험 대비가 없어 한꺼번에 몰려드는 수요는 없지만, 한 번 들어오면 꾸준히 유지되기 때문에 운영상의 변동이 적었다. 우리는 국어와 역사 중심의 인문 사회 영역 학원으로 수업을 진행했으며, 이 부분은 나의 전공과목과 연계되었지만, 영어와 수학에 비해 학원 수가 적어 경쟁도 적고 강사 채용도 원활했다.

나는 항상 강사 고용 사이트에 강사 채용 공고를 게시하고, 거의 매일 강사 면접을 진행하여 더 좋은 강사를 찾았다. 이런 점은 근무를 원하는 사람들이 많이 있어 가능했으며, 공고를 게시하면 많은 근무 희망자들이 채용 이력서를 제출했다.

주요 강사를 확보한 후에는 저절로 교육이 진행된다. 이렇게 인력 관리까지 성공적으로 마치게 되면서 나는 현재 징검다리 창업의 단계를 통해 내가 가장 원하는 미래를 준비할 수 있는 '시간'을 얻게 됐다. 신도시 지역에서 두 곳의 학원을 운영하면서 내가 직접 수업을 진행하지 않아도 되어 나만의 시간을 확보하면서 충분한 경제적 수입을 얻을 수 있게 된 것이다.

이제는 학업 창업과 운영상의 노하우를 어느 정도 쌓았다. 그래서 궁극적인 목표인 창업보육 전문가로 나아갈 준비를 할 수 있는 여유를 얻었다. 이것이 내가 제안하는 징검다리 창업의 가장 큰 장점이다.

나는 징검다리 창업을 준비하는 이들에게 나를 대신할 수 있는 고급 인력 확보가 가장 중요하다는 점을 강조하고 싶다. 고급 인력 확보했으면, 그러한 인재들이 가능한 긴 시간 동안 근무할 수 있는 여건을 마련해 주어야 한다. 젊은 인재들에게는 금전적 보상만큼 중요한 것이 업무의 내용이 자신의 발전에 도움이 되느냐의 여부다.

자신이 준비하고 있는 자격증 시험에 연결되는 업무를 주면 젊은 인재들도 직장에서 금전적 보상뿐 아니라 미래를 준비하는 데 큰 도움이 될 수 있다.

Chapter 3
끊임없는 개인 구조조정으로 지속적인 발전을 꾀하라!

"잘못된 전략이라도 제대로 밀고 나가면 성공할 수 있다. 반면 뛰어난 전략이라도, 꾸준히 밀지 못하면 반드시 실패한다."
- 스콧 맥닐리 -

● **1년마다 새로운 개인 구조조정을 행하라!**

이제 나의 최종적인 목표에 도달하는 성공적인 창업을 이루기 위해 나에 대한 개인 구조조정을 행할 단계이다. 여기서 [1]'개인 구조조정'은 나 자신에 이미 갖춰져 있는 능력을 파악하고 재배치하는 과정으로 의미 지을 수 있겠다.

대부분 사람은 하나 이상의 영역에서 전문가의 능력을 갖추고 있는 경우가 많다. 그것이 내가 해왔던 직업의 영역에서 갖춰진 것이 아닐 수도 있고 내가 전공을 했던 영역이 아닐 수도 있다. 내가 기존에 가지고 있었던 성향으로 가지고 있는 나만의 전문적 능력이 갖춰져 있

---

[1] 크리스 길아보 〈두 번째 명함〉

을 수 있다.

어떤 재능이 숨겨져 있거나 기존 직업 시장에서는 가치를 인정받지 못했을 수 있지만 변화하는 지식 정보 사회에서 이제는 더욱 주목받거나 돈이 되는 경우를 우리는 종종 볼 수 있다.

나는 이렇게 재능 발견하기를 세계적인 창업경영 인플루언서인 크리스 길아보(Chris Guillebeau)가 제시한 방법을 인용하여 개인 구조조정의 구체적 방법론을 설명하고자 한다.

첫째, 내가 잘하는 일들의 목록을 적어보자.

내가 할 줄 아는 모든 일을 '재고 목록'처럼 나열해 본다. 학교에서 얻은 지식, 기존 직업을 통해 전문화된 기술, 부모나 주변 지인들을 통해 습득한 기술, 책이나 인터넷 강의를 통해 얻어낸 기술 등을 모두 적어보는 것이 좋다. 이 과정에서 발견된 나의 귀중하고 독특한 기술이 나의 성공적인 창업에 의외로 큰 역할을 해낼 수가 있다.

둘째, 내가 싫어하거나 잘하지 못하는 일들의 목록을 만들어 보자.

사실 창업에서 성공하기 위해서는 일을 그냥 잘해서도 안 되고, 굉장히 잘해야 할 필요가 있다. 나의 큰 약점이 강점으로 변하는 일은 잘 일어나지 않는다. 설령 극복하려 한다고 하더라도 나의 강점을 더욱 키우는 것이 기회비용 상으로도 훨씬 유리할 가능성이 크다.

통계상 우리나라의 5년 차 창업기업 생존율은 29.3%에 지나지 않는다고 한다. 3곳 중 한 곳은 유지조차 못 한 채 사라지고 있다는 것이다. 나의 강점을 살리는 창업이 이뤄져야 이런 상황에서 생존할 가능성을 높일 수 있다.

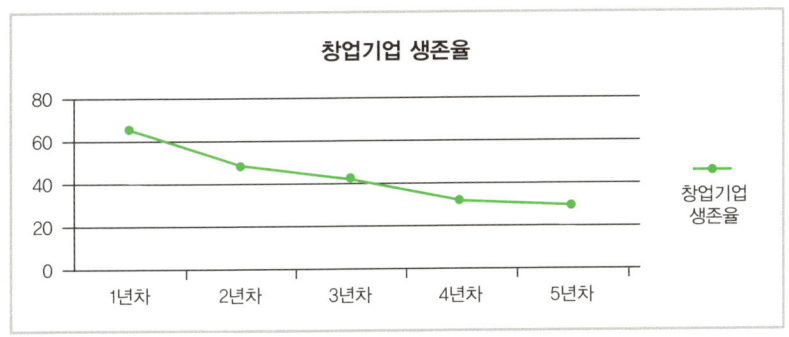

5년 차 창업기업 생존율. 대한 상공회의소, 2022

셋째, 글쓰기와 말하기 능력을 향상해 보자!

반드시 전문적인 작가 수준까지 능력을 갖출 필요는 없다. 대부분의 창업 과정에서 나의 역량을 제대로 설명해야 하는 일은 꼭 찾아오게 된다. 이때 상대방을 설득할 수 있는 글을 쓸 수 있고 말을 할 수 있어야 한다. 간략하면서도 흥미를 유발할 수 있는 글을 쓰고 말을 할 수 있도록 준비가 되어 있어야 한다.

아이폰의 성공에는 스티브 잡스의 2007년 아이폰 제품 소개를 했던 40여 분의 프레젠테이션이 결정적인 역할을 했다는 평가가 많다. 큰 성공을 거둔 창업자들의 성공 요소 중에는 자신에 대한 훌륭한 표현이 따르는 경우가 많다.

그들의 글쓰기와 말하기에서 나타나는 특징은 설득력 있고, 흥미롭고, 자신감을 갖추고 있는 공통적인 모습을 찾을 수 있다. 그렇게 하기 위해서는 직접 많은 글을 써보고 활발하게 모임을 하며, 자신의 발언 능력을 성장시키는 연습을 지속해야 한다.

● 나의 최종 목표는 내가 만든 직업에 몰입하는 것!

    나는 새로운 사업을 계획하는 일을 매우 흥미롭게 생각한다. 창업보육에 대한 수요는 앞으로도 계속 양적으로 커질 것이다. 교육창업경영전문가는 내가 그동안 해왔던 교육 사업 활동과도 접점을 찾을 수 있는 부분이 많다고 보고 있다.
    목표를 세우는 과정에서 자신이 좋아하고 자기 삶을 유지해 줄 수 있으며 자신이 정말로 잘할 수 있는 것을 찾아 누구나 성공적인 창업을 이루기를 소망한다.

Chapter 1. 사주 명리를 만나다
1. 사장이 될 사주
2. 내 사주는 돈과 건강이 반비례한다고?
3. 사주 명리 공부를 본격적으로 시작하다.

Chapter 2. 창업과 사업에도 활용 가능한 사주 명리
1. 사주 명리와 사업과의 관계
2. 사주 오행 각각의 특성
3. 색채로 치유하는 색채
4. 사주 명리와 색채

Chapter 3. 나의 직업은 돈과 행운을 부르는 색채명리전문가
1. 색채명리전문가가 하는 일
2. 기억에 남는 상담사례
3. 나의 사명은 망하지 않는 창업을 돕는 것

명리학과 색채의 만남: 당신의 성공을 위한 개인 맞춤 컬러

PROFILE

김현주
색채명리전문가

롯데 총무부 입사 후 신입사원의 단순한 사무업무에 지루함을 느끼고 진취적인 일을 해보고 싶어 대기업을 나와 개인 인테리어 회사에 입사했다. 수출 무역 업무 등을 배우며 경력을 쌓는 도중 부모님의 소원인 결혼을 급하게 진행하게 되면서 사회생활이 끊겼다.
결혼 이후의 경력단절이 재취업에 큰 장벽임을 실감하고 사업을 시작하게 되었다. 커피 유통, 중국어 학원, 브런치 카페, 프랜차이즈 치킨 가게 등 다양한 사업을 운영하며 경험을 쌓았다.
여러 직원을 경험해 본 후 직원 채용을 위해 명리학 공부를 시작했고, 직원 채용 및 경영에 명리학을 접목해 사업을 운영하다 보니 좋은 결과가 따라오게 되었다.
이러한 경험과 지식을 바탕으로 현재는 호서대창업대학원 창업컨설팅학과에서 '기업가정신을 매개변수로 하는 사주 구조가 창업 의지에 미치는 영향에 관한 연구'라는 논문을 작성하였고, 우수논문상을 받았다.
현재는 명리학과 색채를 접목해 개인의 사주 명리를 해석하고 본인에게 필요한 컬러의 액세서리나 주얼리를 제안하는 타워퀸을 운영하고 있다.

경력
2022-현 타워퀸(주얼리) 대표, 타워퀸사업명리연구소 운영
2015-2019 본스 앤 비어 대표
2012-2015 치즈 팩토리 브런치 카페 대표
2009-2012 왕박사 중국어 학원 대표
2004-2019 커피 앤 라이프 대표

학력
호서대학교 글로벌창업대학원 창업경영학과 석사
호서대학교 벤처대학원 벤처경영학과 박사과정

자격
사회복지사, 청소년 교육 및 멘토 자격증, 한양대 명리학 자격증

활동
안양상권활성화센터(전문가 강사)
서울신용보증재단(멘토)
호서대학교 창업중심대학(멘토)
창업진흥원(평가위원 후보단)

저서
열 한가지의 찐 창업이야기
기업가정신이 창업 의지에 미치는 영향에 관한 연구(논문)

이메일/SNS
towerqueenofficial@gmail.com
https://www.instagram.com/towerqueenofficial/
http://pf.kakao.com/_xgPvcxj
https://blog.naver.com/towerqueen

집필 동기

사업가로 여러 사업을 진행하면서 어려운 시기를 겪다 보니 미래에 대한 두려움과 사업 실패에 대해 불안함을 느꼈다. 이러한 두려움을 극복하기 위해 사업 성공에는 무엇보다 함께하는 사람들이 중요하다는 사실을 깨달았고, 직원 채용을 위해 '명리학'을 공부하게 되었다.

명리학 교수님과의 만남을 통해 앞으로 사업이 번창하고 행복해질 것이라는 긍정적인 전망을 듣게 되었고, 이로 인해 미래에 대한 두려움 대신 희망과 기대가 생기며 내면의 변화가 일어났다. 이러한 내면의 변화는 사업에 임하는 태도에도 반영되었다. 사업은 번창하고 희망과 기대로 하루하루를 열심히 사는 모습으로 나타났다.

명리학을 10년가량 공부하면서 사업가로 성공하게 된 노하우를 다른 사람들에게 전달할 방법을 고민하다 '색채'를 접하게 되었다. 사주 명리는 우리의 개성, 성향, 감정 등을 이해하고 삶을 조율하는 데 도움을 주는 도구이다. 또한 색채는 색상의 힘을 활용하여 정신적, 감정적, 신체적으로 삶의 질을 향상하는 대체요법이다. 나는 이 둘을 결합하여 성공을 위한 개인 맞춤 컬러를 제안할 수 있게 됐다.

우리 주변에는 준비 없이 창업에 뛰어드는 사업가들이 많이 있다. 이런 경우 대부분 힘든 시기를 보내거나 사업 실패로 이어진다. 이러한 분들께 도움이 되고자 사업가들의 사주 명리를 해석하고 색채를 통해 사업 성공에 필요한 색상을 안내하고자 한다.

나는 창업을 준비하거나 사업을 하면서 힘들어하는 분들에게 포기하지 않고 꿈을 향해 나아가면 사업가로서 성장하고 삶의 질이 달라질 수 있다는 희망과 동기를 전하고 싶다. 이 글을 통해 어려움을 겪는 분들에게 용기와 희망을 줄 수 있기를 바란다.

Chapter 1
사주 명리를 만나다

"우리 인생은 우리들이 노력한 만큼 가치가 있다."
- 프랑수아 모리아크(Francois Mauriac) -

● 사장이 될 사주

　사주 명리는 한국 전통 학문으로, 생년월일과 태어난 시간을 이용하여 음양오행을 통해 기질과 성격을 분석하는 방법이다.
　미래 대비 대비책을 세우는 재미있는 학문이다. 자기 이해와 인간의 완성을 추구하는 데 중요한 역할을 하고, 4개 기둥으로 팔자를 만들어 미래를 준비할 수 있다. 사주 명리는 자기 삶을 이해하는 데 도움이 되는 학문이다.
　나는 과거에 사주가 미신이라 생각했고 인간의 노력으로 안 되는 것은 없다고 생각했다. 하지만 사업을 할 때 꼭 사주를 확인해야 한다는 생각이 들게 하는 사건이 있었다. 친한 지인의 아버지가 사주 상 사업 규모를 줄여야 할 시기에 성장하고 있던 사업을 더 확장하기 시작했다.

그러다 예상치 못한 사고와 손실로 인해 가족이 보유하고 있던 집 열 채를 모두 날리고 말았다. 이 때문에 가족 모두 큰 어려움을 겪게 되었다. 부유한 생활을 하던 지인은 가족을 부양하기 위해 대학도 포기하고, 단칸방에서 생활하며 밤낮없이 일해야 했다. 그 모습은 내게 굉장한 충격을 주었다.

그 사건 이후, 사업은 실패했을 때 개인뿐 아니라 가족도 위험에 빠트릴 수 있다는 것을 알게 되었고, 사주에 더욱 대해 관심을 가지기 시작했다.

그때까지만 해도 나는 사업을 하게 될 것이라고는 생각지 않았다. 하지만 이상하게도 사주를 볼 때마다 '사장님 될 사주'라는 말을 듣곤 했다. 그리고 얼마 후, 나는 실제로 사장이 된 자신을 발견하게 되었다.

● 내 사주는 돈과 건강이 만비례한다고?

가까운 언니의 아버지가 사업을 시작할 때 사주에서 받은 경고를 무시하고 진행했다가 결국 열 채의 집을 잃게 된 사건이 있었다. 나는 사업을 시작할 때 꼭 사주를 살펴봐야 한다고 생각하기 시작했다. 그때부터 나는 사업을 시작하기 전에 사주를 확인하는 습관을 갖게 되었다.

나의 경우 처음으로 시작한 자판기 유통 사업은 예상보다 잘 진행되었다. 욕심이 크지 않아 한 달에 백만 원을 벌어도 행복했다. 그러나 사업이 커지면서 혼자서는 버거운 상황이 되었고, 직원을 고용하지 않으면 안 되게 되었다.

그러나 당시에는 겁이 많아 직원을 관리한다는 건 생각조차 못 했다. 결국 사업을 가족에게 넘기고, 다른 사업을 찾다가 우연한 기회에 학원 운영을 추천받아 친구와 함께 시작하게 되었다.

학원 사업을 시작할 때도 역시 사주를 확인했는데, 남에게는 좋은 일이지만 나에게는 남는 게 별로 없는 사업이라는 이야기를 들었다. 그런데도 시작한 학원이었다. 이리 뛰고 저리 뛰며 학생 수는 많이 늘고 국민은행 등 기업강의도 많이 늘었다. 하지만 열심히 일해도 중국 출신의 선생님들과의 업무 과정에서 많은 어려움이 발생했다. 외국어 학원이다 보니 발음이 좋아야 한다는 교육 사명감 때문에 베이징대학과 칭화대를 나온 선생님으로 구성하다 보니 급여가 상당히 높았다. 학원 선생님들 월급을 맞추기 위해 여기저기 학원 전단을 뿌리고 학교 앞에서 전단을 뿌리거나 현수막을 걸다 벌금을 내는 경우도 종종 발생했다.

학원 선생님이 바뀌면 학부모님이 싫어한다는 것을 이용한 몇몇 중국인 선생님의 도를 넘는 월급 인상 요청이 잦았고, 그렇게 급여, 월세, 세금 등을 빼고 나면 남는 게 없는 상황이 반복되었다. 결국 선생님들과 학부모 사이에서 모두를 만족시키려다가 남는 돈도 없이 다른 분께 학원을 넘기고 말았다. 사주가 맞아떨어진 셈이다.

하지만 보람도 있었다. 학원에서 수업을 들었던 학생들이 목표로 하던 대학에 입학하는 것을 보며 나의 소신이 헛되지 않았다고 생각했다.

직원들로 인해 힘들었던 뒤라 되도록 혼자서 할 수 있는 일을 찾았고, 카페창업에 관심을 가지게 되었다. 계약까지 마친 이후에 사주를 보러 갔을 때 대부분은 사주가 안 좋은 시기라 망할 수 있다고 만류했다. 그러나 유일하게 한 곳에서 비록 힘들겠지만, 이번 사업이 씨앗이 되어 다음 사업이 성공할 수 있을 것이라 이야기했다. 나는 후자의 말을 믿고 싶었다.

호기롭게 시작한 카페는 생각보다 더 만만치 않았다. 매출이 0원인 날도 부지기수였고, 직원이 근무 중에 잠적해서 진땀을 흘리기도 했다. 이른바 '진상 손님'이 있으면 회의감마저 밀려왔다. 하지만 항상 웃음을 지으며 문제를 해결하려고 노력했다. 힘들었지만 그럴수록 웃으면 복이 온다는 말을 가슴에 품고 일하니 생각이 현실이 되는 일이 발생했다.

평소 많은 사람이 탐내는 카페 옆의 목 좋은 자리를 인수할 우선권이 내게 왔다. 하지만 가게 월세가 너무 높아서 선뜻 인수할 엄두가 나지 않았다. 하지만 사주 상 돈을 많이 벌어 빌딩도 살 수 있는 자리라는 말을 믿고, 운영해 보기로 결심했다. 정말 운이 풀리는지 많은 손님이 찾아왔다.

가게 분위기는 붐비는 손님들로 인해 전쟁터 같았다. 매일 전쟁터와 같은 일상을 보내면서 이전에는 상상도 못 했던 매출을 올리고 있었다. 하지만, 호사다마라고 건강이 점점 나빠지기 시작했다. 내 사주에 따르면 돈을 많이 벌수록 건강이 악화한다던데, 실제로 여러 건강 문제가 생겨나기 시작했다. 몸속에 1mm 미만이었던 혹이 17cm까지 커져 수술하지 않으면 목숨이 위험할 수도 있는 상황까지 이르렀다. 결국 성황리에 운영 중이던 가게도 직원에게 인계하고 하던 일을 멈추게 되었다.

이때 건강이 나빠질 거란 걸 알고 있었는데도 건강을 미리 챙기지 못한 걸 무척 후회하게 되었다.

● 사주 명리 공부를 본격적으로 시작하다.

사주 명리학은 미래를 예측하고, 그것을 토대로 노력하고 준비하여 내 삶을 만들어 나가는 학문이다. 사주는 개인의 생년월일, 시간, 장소 등을 기반으로 그들의 운명을 파악하는 데 사용되는 도구이다.

전 재산이었던 5천만 원으로 시작한 카페와 치킨 체인점사업은 힘들었지만 웃으면서 열심히 일했다. 치킨 체인점을 차려 장사를 시작했고 성공했지만, 동시에 건강이 나빠지기 시작했다. 다행히 수술은 성공적으로 마무리되었다. 비록 이 사업으로 건강은 악화했지만, 강남과 분당에 내 집을 갖게 되었다.

어린 시절 할아버지에게 명리학과 관상을 배우고, 중학교 때 한문 선생님께 주역과 사주와 손금 배운 경험이 있다. 나는 그 시절부터 사주를 봐주기 시작했다. 신기하게도 모두 잘 맞는다고 했다.

어느 날 아버지 사주를 보다가 아버지는 오십을 넘길 수 없을 것 같아서 무섭고 걱정되는 마음에 어머니께 말씀드렸더니 다른 곳에서는 '벽에 똥칠할 때까지 산다더라' 하셨다며 걱정하지 말라고 하셨다. 난 그 말만 믿고 대수롭지 않게 여기고 잊고 살았는데, 그로부터 3년 뒤 내가 고3 때 갑자기 아버지가 교통사고로 돌아가셨다. 아버지의 부재로 집안을 책임지는 가장이 된 나는 일에만 전념하면서 명리학 공부를 멈추게 되었다.

그 이후 사업을 하면서 다시 명리학을 공부했고, 학당과 복지관에서 명리학 수업을 꾸준히 접하며 많은 경험사례를 쌓았다.

어느새 나는 사주 명리학의 풀이가 신기하게도 현실과 일치한다는 것을 확신했다. 돈을 벌면 몸이 아픈 사주라는 말이 실제로 나의 상황과 부합했다. 이것이 우연이든 아니든, 이 경험은 나에게 사주 명리학에 대해 더 깊은 관심을 가지는 계기가 되었다.

여러 상황을 겪고 난 뒤, 사주 명리학에 더해 체계적으로 공부하고 싶다는 생각이 들어 한양대에서 명리학을 공부하고, 이어 실패 없는 사업가를 만들기 위하여 호서대학원에 입학하여 명리학과 창업경영학을 연계하는 공부를 시작하게 되었다.

사주가 미신이라는 인식은 아직 강하다. 하지만 명리학은 통계학이라는 인식도 많아졌다. 경영학에도 통계가 적극적으로 활용되고 있다. 나는 '통계'를 공통분모로 명리학과 경영학을 연계하여 새로운 솔루션을 제시할 수 있다고 생각했으며, 이를 바탕으로 지금 사업하시는 분들께 다양한 조언을 드리고 있다.

Chapter 2
창업과 사업에도 활용 가능한 사주 명리

"운이 좋은 사람이라 해도 꾸준한 노력을 중요시하라. 노력 없이는 행운은 미래로 이어지지 않는다."
- 로렌스 J. 피터(Lawrence J. Peter) -

● 사주 명리와 사업과의 관계

"개인의 사주를 통해 운이 좋은 때를 파악하고 그 시기에 사업을 시작한다면 성공할 확률이 높아진다." 이 말은 일반적으로 사주 명리학에서 주장되는 관점 중 하나이다. 운이 좋은 시기를 잘 이용하여 창업에 따른 위험을 줄일 수 있다면, 이는 창업자들에게 큰 도움이 될 것이다.

일반적으로 창업은 많은 위험을 동반한다. 통계에 따르면 10개의 창업 중 9개는 실패한다고 한다. 사주를 통해 운을 파악하고 그에 맞춰 결정을 내리는 것은 개인의 선택이며, 명확한 과학적 근거를 갖춘 방법은 아니다. 그러나 사주 명리학은 많은 사람에게 용기와 동기 부여를 줄 수 있는 도구이며, 그들이 더 나은 결정을 내릴 수 있도록 도와줄 수 있다고 생각한다.

나는 창업대학원 석사 논문을 쓸 때 '기업가정신이 창업 의지에 미치는 영향에 관한 연구: 사주 구조의 조절 효과를 중심으로'라는 주제로 연구한 바 있다. 연구 결과, 태어난 계절이 창업 의지에 영향을 미친다는 사실을 확인하게 되었다.

● 사주 오행 각각의 특성

사주의 오행을 알아보자. 오행은 명리학의 기본 원리 중 하나로, 나를 구성하는 자연의 원소들을 나타내는 개념이다.

이 오행은 나를 이루는 기본 성질을 나타내는데 천, 지, 수, 화, 목 다섯 가지로 구성돼 있다. 태어난 연도와 시간에 따라 이 오행이 결정되며 이를 통해 개인의 기질과 성격을 파악하고, 미래에 대비할 수 있다. 사주는 자기 이해와 성장을 돕는 지침으로 활용될 수 있다.

1) 나무(목)

나무는 성장하는 성질을 가지고 있어 성장과 명예를 상징한다. 나무 목이 많은 사람은 대인관계가 원만하고 적응력이 뛰어나며 자신의 의견과 생각을 자신 있게 표현한다. 그들은 새로운 일에 도전하는 것을 좋아한다. 하지만 시작한 일을 제대로 마무리하지 못하고 복잡하고 세부적인 것을 싫어하며 독립적이고 자유로운 것을 선호하는 경향이 있다.

나무 목에 어울리는 직업으로는 성장과 발전을 위한 교육 분야나 음식과 영양에 관련된 분야가 적합하다. 또한, 창의적인 아이디어를 발휘하고 실현할 수 있는 기획 분야나 창조적인 분야, 건축 및 토목 분야도 잘 어울린다.

이러한 직업들은 나무의 성장을 상징하는 특성과 일치하여 나무 목을 가진 사람들이 성공적이고 만족스러운 경력을 쌓을 수 있게 도와준다.

2) 불(화)

불, 또는 화라는 사주의 특징은 정열과 열정을 상징한다. 화가 많은 사람은 활동적이고 적극적이며 계획한 일을 자신 있게 처리하는 경향이 있다.

이들은 예술 분야에서 재능을 발휘하며 실천력이 강하고 변화를 좋아하며 화려하게 자신을 표현하는 것을 선호한다. 그러나 끈기가 부족하여 한 가지 일을 오래 하지 못하고, 자존심이 상하거나 원하는 일에 장애물이 있으면 쉽게 분노를 표출하는 경향이 있다.

화에 어울리는 직업으로는 불과 꽃을 의미하는 특성 때문에 전기, 전자, 통신 분야와 관련된 직업이 있다. 이 분야에서는 변화를 빠르게 일으키는 기술과 혁신이 중요하며 활동적인 역할을 할 수 있다. 또한, 빠른 변화와 열정을 요구하는 분야인 필설, 교육, 화학 등도 화에 어울리는 직업 분야이다.

3) 흙(토)

토는 사주에서 고집과 끈기를 상징한다. 토가 많은 사람은 믿음직

스럽고 은근한 고집이 있어 어떤 일이든 잘 해낼 것이란 믿음이 있다. 그들은 포용력이 있으며 겸손하고 중후하며 관대한 성격을 지니고 있다. 또한 수용적이며 인색하지 않아 타인을 포용하고 자신의 의지대로 살아가려는 경향이 있다. 그러나 때로는 고집이 센 편이라 다른 사람을 무시하는 행동을 보일 수도 있다. 또한, 토에 해당하는 사주를 가진 사람은 감정을 쉽게 표현하지 않고 보증이나 돈거래와 관련하여 어려움을 겪을 수도 있다.

토가 완전 무성함을 의미하기 때문에 원예나 재배와 관련된 직업이 잘 어울린다. 또한 장사, 부동산, 컴퓨터, 건축, 토목 등 다양한 직종과 관련이 있는 오행 사주이다. 토의 특성에 따라 꾸준한 노력과 끈기가 요구되는 분야에서 성과를 내는 경향이 있다.

4) 쇠(금)

금은 사주에서 황금을 상징한다. 금이 많은 사람은 겉과 속이 일치하며 맺고 끊는 것에 있어 정확하고 판단력이 빠르다. 외부로는 냉정해 보일 수 있지만, 내면에서는 따뜻하고 정이 많은 편이다. 대인관계에서는 분명한 맺음과 끊음을 지니고 의리를 중요시한다. 그러나 비판적인 성향이 강하며 자기 생각대로 되지 않으면 강요하거나 잔소리를 할 수 있어 독불장군의 기질을 보일 수 있다.

금에 어울리는 직업으로는 금이 열매를 상징하므로 무겁고 큰 물건을 다루는 직업이 맞다. 예를 들어 금속류나 식품 가공, 의료, 세무,

금융, 자동차, 조선, 항공 등과 관련된 직업이 적합하다. 이러한 직업에서는 물건을 다룰 때 정확성과 신중함이 필요하며, 금의 특성과 잘 부합한다.

5) 물(수)

수는 사주에서 욕망이나 본능을 상징한다. 수가 많은 사람은 지혜롭고 총명하며 두뇌 회전이 빠르다. 안정적인 성향으로 모험보다는 안정을 추구하며 재치가 있고 처세에 능하며 아이디어도 풍부하다. 그러나 잔재주가 많고 상상력과 생각이 과도하여 자신만의 생각에 갇혀 살기도 한다. 또한 실천보다는 생각에 치우쳐 움직이고 주관적인 판단을 선호하며 과도한 욕심으로 인해 문제가 생길 수 있다.

수가 씨앗을 땅에 심어 자라게 하는 특성이 있다. 이 때문에 해외 수출입 분야, 해외 사업 분야, 외교 분야와 관련된 직업이 잘 어울린다. 수는 차가운 성질을 상징하기도 하므로 냉동식품 관련 분야나 눈에 드러나지 않는 물건을 다루는 약물 분야, 숙박, 임대업과 같은 직업 선택도 적합하다.

6) 오행의 상생과 상극

모든 사람에게 일반화되지는 않지만, 사주 오행에 따라 적성에 맞는 직업이 다를 수 있다. 따라서 직업이나 직장을 선택하기에 앞서 사주를 보며 자신에게 맞는 직업군을 참고할 수 있다. 때로는 부족한 오행을 보완하기 위해 개명을 선택하는 때도 있으며, 자신이 부족한 오행을 갖추고 있는 배우자를 만나 부족한 부분을 보완할 수도 있다.

　사람 사이의 궁합은 사업을 포함한 모든 관계에서 매우 중요하다. 특히 사업을 하는 사람들에게는 부하직원이나 파트너와의 관계가 성과에 직접적인 영향을 미치고 사업의 성패를 결정할 수도 있다. 따라서 사주를 통해 자신과 잘 맞는 사주와 상극인 사주를 확인하는 것은 관계 설정에 큰 도움이 될 수 있다.

　자신과 잘 맞는 사주는 서로의 성향과 가치관이 조화를 이루는 경우이다. 비슷한 성향과 가치관을 가진 사람들은 의사소통이 원활하고 상호 간의 이해와 협력이 쉽게 이루어질 수 있다. 이는 사업을 진행하거나 협력 관계를 유지하는 데 매우 중요하다. 예를 들어, 창의적이고 독립적인 사업가가 파트너로서 비슷한 성향과 열정을 가진 사람과 만나면 아이디어의 공유나 협업이 원활할 수 있다.

　반대로 상극인 사주는 서로 다른 성향과 가치관을 가진 경우를 의미한다. 이 경우 의견 충돌이나 갈등이 발생할 가능성이 커지며 의사소통과 협력이 어려울 수 있다. 예를 들어, 창의적이고 독립적인 사업가와 안정적이고 보수적인 사람이 파트너로서 협력한다면 의견 충돌과 방향성의 불일치가 발생할 가능성이 커진다.

　따라서 자신과 잘 맞는 사주와 상극인 사주를 참고하여 사업이나 다른 관계를 구성할 때는 상대방의 성향과 가치관을 고려하는 것이 중요하다. 이를 통해 원활한 의사소통과 협력을 구축해야만 좋은 결과를 끌어낼 수 있다.

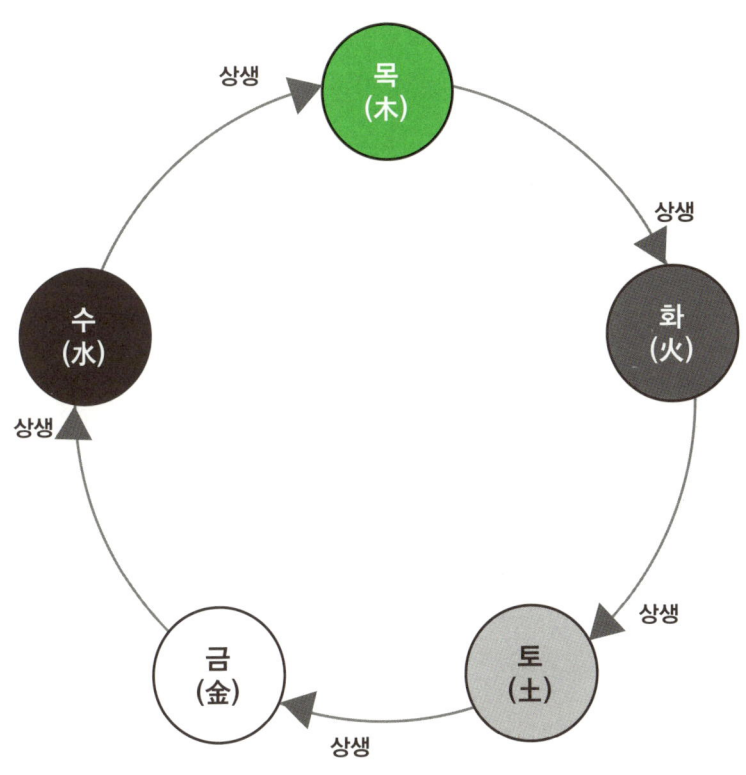

출처 : 《명리학통론》 정창근

● 색채로 치유하는 컬러 테라피

컬러 테라피는 색깔의 힘과 영향을 이용하여 사람의 신체와 마음을 치유하고 균형을 맞추는 치료 방법이다. 이는 색깔이 우리의 감정, 기분, 에너지 수준 등 심리적, 생리적 상태에 영향을 미친다는 믿음에 기반한다. 주로 대체 치료법으로 사용되지만, 보조적인 의학적 치료와 함께 사용되기도 한다.

컬러 테라피에는 여러 가지 형태와 접근법이 있다. 일부 방법은 빛을 이용하여 색깔을 살피는 것이며, 이러한 방법은 '색광 치료' 또는 '색조명 요법'이라고도 불린다. 색깔로 만든 빛을 적절하게 사용함으로써 우리의 신경계와 뇌에 영향을 미쳐 심리적인 변화를 유도하거나 건강에 긍정적인 영향을 미치도록 도와준다.

또 다른 방법은 컬러 테라피를 이용하여 개인의 감정이나 심리적인 어려움을 다루는 것이다. 각 색깔은 특정한 의미와 효과를 가지고 있으며, 이러한 의미를 활용하여 사용자의 감정을 조절하거나 특정한 심리적인 이슈를 해결하는 데에 도움을 준다.

컬러 테라피는 현재 다양한 이론과 철학적 배경을 바탕으로 하며, 신체적, 정신적인 이점을 얻을 수 있다고 주장되고 있다. 하지만 이러한 접근법은 의학적으로 인정받은 치료법이 아니기 때문에, 전문가의 지도를 받거나 의료상의 문제가 있다면 의료 전문가의 치료를 받는 것이 중요하다.

컬러 테라피는 다양한 색깔과 그들의 특성에 주목하여 사람들의 신체와 마음의 균형과 행복을 촉진하는 데 도움을 주는 매력적인 치료 방법이라 할 수 있다.

● 사주 명리와 색채

사주의 오행은 나무(목), 불(화), 흙(토), 쇠(금), 물(수) 다섯 가지 원소로 구성되며 각기 특정한 색상과 연관되어 있다. 나무(목)는 청색, 불(화)은 적색, 흙(토)은 황색, 금(금)은 백색, 물(수)은 흑색의 기운을 갖고 있다. 사람들은 출생 연도와 시간에 따라 각기 다른 오행을 가진다. 이때, 부족한 오행의 속성을 색채를 활용하여 채워줄 수 있다.

1) 나무(목)

나무는 청색과 연관되어 있다. 나무가 부족한 사람은 청색을 활용하는 색채를 통해 균형을 찾을 수 있다. 청색은 진정하고 안정적인 느낌을 주며, 긴장을 푸는 데 도움을 준다. 실내 장소에 녹색 식물을 두거나 자연에서 푸른색을 많이 보는 활동을 추천하며, 청색 계열의 액세서리를 추천해 주고 있다.

2) 불(화)

불은 적색과 연관되어 있다. 불이 부족한 사람은 활기와 열정을 불어넣는 적색을 활용하여 에너지를 회복할 수 있다. 적색은 에너지를 느낌을 준다. 적색의 액세서리나 옷을 사용하거나 적색을 강조하는 환경을 조성하는 것이 도움이 될 수 있다.

3) 흙(토)

흙은 황색과 연관되어 있다. 흙이 부족한 사람은 따뜻한 황색을 통해 안정과 안정감을 얻을 수 있다. 황색은 활기차고 명랑한 느낌을 주며, 창의성과 집중력을 증진할 수 있다. 주변에 황색 액세서리나 장식을 두고 일상생활에 황색을 풍부하게 포함하는 것이 도움이 될 수 있다.

4) 쇠(금)

금은 백색과 연관되어 있다. 금이 부족한 사람은 백색을 활용하여 정화와 균형을 찾을 수 있다. 백색은 깨끗하고 순수한 느낌을 주며, 진정과 평온을 준다. 주변에 밝고 깨끗한 흰색을 사용하거나 흰색으로 향하는 느낌을 강조하는 장소를 만드는 것이 도움이 될 것이며 백색 계열의 액세서리를 착용하는 것이 좋다.

5) 물(수)

물은 흑색과 연관되어 있다. 물이 부족한 사람은 흑색을 통해 안정과 균형을 찾을 수 있다. 흑색은 심리적인 안정과 힘을 주는 데 도움을 준다. 흑색 가구나 액세서리를 사용하거나 흑색을 강조하는 공간을 조성하여 안정적인 분위기를 조성할 수 있다.

이처럼 우리는 각 오행에 부족한 색상을 색채를 활용하여 균형을 찾고, 마음과 정신의 안정을 도모하는 것이 가능하다. 이러한 방법들을 적절히 조화시켜 개인의 필요와 취향에 맞게 적용함으로써 더욱 효과적인 결과를 얻을 수 있다.

Chapter 3
나의 직업은 돈과 행운을 부르는 색채명리전문가

"행운은 노력 없이 오지만, 행운을 유지하려면 노력이 필요하다.
노력은 행운의 동반자이다."
- 벤자민 디즈렐리 (Benjamin Disraeli) -

● **색채명리전문가가 하는 일**

나는 창업 및 미래에 대해 고민을 하는 사람들에게 명리 상담을 제공하는 상담센터를 운영하고 있다. 이를 위해 이메일이나 전화 상담을 통해 고객들의 궁금증을 해결해 주고 있다.

명리 상담은 고객들의 개인적인 사주 정보를 바탕으로 그들의 창업 또는 현재 진행 중인 일에 대한 조언과 안내를 제공하는 것이다. 명리는 오행과 사주를 기반으로 한 학문으로 개인의 사주를 분석하여 그들의 특성, 성향, 잠재력, 그리고 미래에 대한 예측 등을 알려준다.

고객들에게 창업이나 현재 진행 중인 일에 대한 고민을 상담해 주기 위해서는 먼저 고객들의 사주 정보를 수집하고 분석해야 한다. 그 후에는 그들의 특성과 잠재력을 고려하여 창업 방향성, 팀 구성, 마케팅전략 등에 대한 조언을 제공하게 된다. 이는 고객들이 더 나은 결정을 내릴 수 있도록 도움을 주는 것이며, 그들이 미래에 행복하고 성공적인 결과를 끌어낼 수 있도록 지원하는 것이다.

이메일이나 전화 상담을 통해 이루어지는 명리 상담은 고객들의 궁금증을 해결하기 위한 상세한 분석과 조언을 포함한다. 전문적인 지식과 경험을 바탕으로 고객들의 사주를 분석하고, 그들에게 최적의 조언을 전달하여 창업이나 현재 진행 중인 일에 대한 방향성을 제시하는 역할을 한다.

고객들은 자신의 사주에 기반한 명리 상담을 받음으로써 미래를 예측하고 더 나은 결정을 내릴 수 있게 되며, 그들의 창업이나 현재 진행 중인 일에 대한 성공을 도모할 수 있게 된다.

● 기억에 남는 상담사례

창업은 많은 도전과 위험이 따르는 일이다. 많은 사람이 창업하면서 큰돈을 잃고 극단적인 선택을 하는 경우가 있다. 이는 영화 '기생충'에서 보인 것처럼 현실적인 사례이다.

운이 좋지 않은 상황에서 창업한다면 망하기 쉽다. 예를 들어 천재지변이나 계속해서 사건과 사고가 발생하는 등의 악재가 계속해서 찾아올 수 있다. 이러한 사례 중에서도 특히 기억에 남는 사례들이 있다.

강남지역에 호텔 내에 미용실을 오픈한 대표님의 경우, 호텔은 망하지 않을 것이라고 믿고 큰 비용을 투자했다. 그러나 해당 호텔에 대한 부정적인 보도가 언론에 공개되면서 호텔이 부도가 나고 말았다. 이로 인해 미용실 대표님은 큰돈을 잃게 되었고, 이후에는 강남에서 유흥업소 종사자들을 대상으로 미용업을 이어갔으며 손님들로부터 무시를 받으며 어려운 생활을 하게 되었다.

   미용실 대표님은 사주 상으로 관이 많은 사람을 대상으로 사업을 하는 것이 맞는다는 조언을 드렸지만, 그를 내 조언을 받아들이지 않았다.

   그 후 5년 뒤에 대표님을 다시 만났을 때, 그때의 조언에 감사하다고 말하며 자신을 지옥에서 구제해 주었다고 말했다.

   그의 말에 따르면, 처음에는 받아들이기 힘들었던 조언이었지만 이후에 잠원동에서 작은 가게를 오픈하여 하루에 2~3명의 손님만 예약제로 운영하게 되었는데, 수익은 높아지고 손님들의 태도도 좋아서 보다 인간다운 생활을 즐길 수 있게 되었다고 한다. 지금은 체인점사업도 하시면서 행복하게 사시고 계신다고 한다. 그렇게 그 미용실 대표님은 저를 평생의 은인이라고 말씀하셨다.

   또 다른 예로 요가 학원을 개원하려는 대표님이 계셨는데, 사주 상으로 그 해보다는 다음 해에 개원하는 것이 좋다는 조언을 드렸다. 하지만 그분은 내 조언을 받아들이지 않으셨다. 결과적으로 몇억 원의 손해를 보고 학원은 오래가지 못하고 문을 닫게 되었다. 이후에는 우울증을 앓고 약을 먹게 되셨는데, 한 번 기회를 놓치면 이후 10년은 힘들어진다는 것을 알 수 있었다.

모든 일은 시기에 따라 결과가 달라질 수 있다는 점을 강조하고 싶다. 분양된 집의 매매에 대한 사주 상담을 받으러 오신 분께 지금은 매매 시기가 아니고, 입주 시기에 집값이 상승할 것이라고 말씀드렸다.

그분은 입주 자금을 마련하지 못할 것 같아서 어느 정도 이익을 보고 팔고 싶다고 말씀하셨다. 하지만 입주 시기까지 기다려 보라고 조언을 드렸고, 그분은 기다려 보기로 마음먹으셨다. 결국 3억 원에 분양한 아파트를 15억에 매도하여 큰돈을 벌게 되었다.

이 이야기의 핵심은 적기에 집을 사고팔아야 하는 것처럼 사주 상의 창업 시기를 정확히 파악해야 한다는 점이다. 그리고 더 중요한 메시지가 있다. 우리는 평소에 운을 위한 준비를 해야 한다는 것이다. 아무리 좋은 운이더라도 아무 준비도 하지 않는 사람에게 그 운은 아무 소용 없기 때문이다.

또 다른 예도 있다. 대학원 생활을 하면서 만난 너무 좋은 선배가 있었다. 너무나 자상하고 진취적이라 학교에서 인기가 많은 정말 멋진 선배님이셨다.

어느 날 선배님 사주를 보고 너무 놀라서 위암이나 대장암을 조심하셔야 할 것 같으니 모든 사업을 접고 건강관리만 하라고 말씀드렸다. 선배님께서는 건강검진 상 아무 이상이 없었다며 말도 안 되는 소리 말라고 하셨다.

하지만 2년 후 선배님은 위암 말기 판정을 받으셨고 항암치료를 받으셨지만 운명하셨다. 그 소식을 전해 들었을 때 너무 속상해 잠을 잘 수도 먹을 수도 없었다. 2년 전 선배님께 더 강하게 말씀드렸다면 어떴을까 하는 생각에 한동안 자신을 질책했다. 이런 일을 겪은 이후로는 건강 부분에 대한 상담을 진행할 때는 더욱 단호하고 강하게 조언해 드리고 있다.

본인의 직업을 숨긴 작곡가께서 사주를 보러 온 적이 있었다. 돈 항아리를 가지고 있어 돈이 항상 들어올 것이고 심혈관질환으로 갑자기 쓰러질 수 있으니 조심하라고 조언해 드렸다. 상담 내용을 다 들으시곤 본인의 직업을 말하며 저작권료가 들어온다는 것과 심혈관질환에 대한 가족력이 있으며 본인도 심혈관질환으로 쓰러진 적이 있다고 말씀하시며 신기해하셨다.

● **나의 사명은 망하지 않는 창업을 돕는 것**

"기다릴 줄 알고 때를 잡는 자가 내 일생을 내 것으로 할 수 있고 승자로 남을 수 있다. 누구나 부자가 될 수 있다."

이 말은 성공과 부의 실현은 시간과 기회를 기다리며 적절한 순간을 잘 파악하고 대비하는 사람에게 주어진다는 의미이다.

"기다릴 줄 알고 때를 잡는 자가 내 일생을 내 것으로 할 수 있다"라는 말은 성공을 위해 인내하며 적절한 기회를 찾고 대비해야 한다는 것을 강조한다.

성공은 단기적인 이익을 추구하는 것보다는 장기적인 목표를 위해 기다리고 준비하는 사람에게 주어진다. 때가 되면 적극적으로 행동하며 기회를 잘 활용하는 사람은 더 나은 미래를 만들어 갈 수 있다. 경제적인 풍요와 행복한 미래는 그것을 원하는 누구에게나 가능한 것이라는 믿음을 갖고 준비하는 것이 중요하다.

이러한 말은 성공적인 창업을 위해서도 매우 중요한 원리이다. 창업자는 어떤 분야에서든 시장 동향을 지켜보고, 경쟁 상황과 기회를 파악하기 위해 시간을 투자해야 한다. 그리고 적기에 행동하여 현명한 결정을 내려야 한다. 창업에 성공하기 위해서는 기다림과 행동 사이의 균형을 잘 맞추는 능력이 필요하다.

하지만 기다림만으로 성공이 보장되는 것은 아니다. 기다림과 동시에 노력하고 준비를 해야 한다. 그리고 자신의 역량을 향상하며 지속적인 성장을 추구해야 한다. 부자가 되기 위해서는 금전적인 지식과 재무관리 능력을 습득하고, 미리 사업에 대한 전문성과 창의성을 갖추는 것이 중요하다.

앞으로 나는 명리학과 색채의 조화를 통해 사람들에게 개인적인 성장과 성공을 돕고자 한다. 이 두 분야를 활용하여 사람들이 자기 내면을 탐구하고, 자신에게 필요한 에너지와 균형을 찾을 수 있도록 도와주고자 한다. 개인의 사주와 특성에 맞는 퍼스널 컬러를 찾아내어 그들의 의지와 열정을 불어넣고, 미래에 대한 불안을 해소하여 더 나은 결정을 내리는 데 도움을 주고 싶다.

"나는 네 마음을 자유롭게 해줄 것이다. 하지만 나는 그곳으로 가는 문까지만 보여줄
수 있다. 그 문을 통과해야 하는 것은 바로 너 자신이다."
- 영화 매트릭스

"자비로운 마음과 영혼의 평화는 명리학의 가장 강력한 형태이다."
- 마기스터 아이엔 다하우스

Chapter 1. 아픔과 고민
1. 준비 없이 맞은 시련
2. 나만의 극복 탈출 전략

Chapter 2. 나를 찾아가는 여정
1. 자아실현을 위한 내면 탐구
2. 나만의 강점과 역량 파악
3. 말하는 대로 이루어진다.
4. 인사관리도 컨설팅하라!

Chapter 3. 새로운 시작! 인생의 전환점
1. 선생님이 되다 : 모든 경험을 쓸모 있게 만들어 보자.
2. 교수가 되다 : 준비된 자에게 오는 행운
3. 학생으로 돌아가다 : 배움엔 끝이 없다.

Chapter 4. 성장과 성취
1. 서로 연결되는 경험 고리 : 선한 영향력을 꿈꾸다.
2. 나는 'N잡러'입니다.
3. 페르소나로 사는 법

인생의 4가지 터닝포인트:
아픔, 탐구, 전환 그리고 성장

05

PROFILE

정수정
융합경력컨설턴트

공채로 입사한 삼성물산 유통 부문에 10년간 백화점 영업 및 서비스 리더로 활동했으며, 애경그룹(AK PLAZA)으로 인수합병 된 후 인사팀에서 5년간 근무했다.
퇴사 후 취미로 예쁜 손글씨를 배우기 시작하면서 열 과목이 넘는 공예 과목들의 라이센스를 취득했다. 중학교 동아리 수업을 시작으로 학생들과 만나고, 마을 공동체 활동을 하며 지자체 행사에 참여했다.
송파여성문화회관 프로그램 과정 중 스마트폰 영상편집을 배우기 시작하면서 온라인 마케팅, 스마트폰을 활용한 영상편집, 유튜브 강의 등을 진행하게 되었다. 성남시상권활성화재단에서 운영하는 상인대학 강사를 시작으로 공부를 더 해야겠다는 생각에 창업경영학을 공부하기 시작했다. 현재 다양한 분야와 융합할 수 있는 기회를 얻고자 박사과정 중이다.

경력

2023~ 現) 글숨캘리연구소 대표
2019~ 現) 성남시상권활성화재단 상인대학 강사
2022~2023 관악구 상인대학 강사
2014~ 現) 한국기우예술협회 수석강사
2007~2012 애경그룹 AK PLAZA 인사팀
1998~2007 (주)삼성물산 유통부문

학력

호서대학교 글로벌창업대학원 창업경영학과 석사
호서대학교 벤처대학원 융합공학과 박사과정

자격증

유통실무사, 캘리그라피지도사, POP지도사, SNS마케팅전문가, 방과후교사, 바리스타1급, 청소년미래설계지도사, 1인 크리에이터전문가

집필 동기

"당신은 회사를 그만두거나 하고 있던 일을 그만두면 무얼 가장 먼저 하고 싶으신가요?"

준비되지 않은 퇴사로 나의 정체성이 모호하게 느껴질 때, 바쁜 직장생활을 하다 그만두니 내가 아무것도 아닌 것처럼 느껴지는 시점에 우울증이 찾아왔다. 안정된 대기업 여성으로 살다가 주부의 역할을 하려다 보니 모든 게 낯설고 도망가고 싶었다.

아마도 결혼 후 육아로 인한 퇴사 경험이 있는 여성이라면 공감할 것이다. 육아에 대한 큰 부담 없이 시부모님 또는 친정 부모님이 양육을 도와주는 워킹맘을 부러워하며, 퇴사를 할 수밖에 없는 현실을 원망할지도 모른다.

하지만 모든 경험과 시련은 내가 성장할 수 있는 큰 자산이 되기도 한다. 어떤 일을 하더라도 그만큼의 가치가 있으며 쓸모없는 경험이란 없으니 자신을 믿고 버텨보자!

언젠가는 그 쓸모없는 경험, 힘든 시련을 겪은 만큼 더 많은 기쁨으로 되돌아오리라 생각한다.

이 글이 경력단절로 힘들어하고 무엇을 해야 할지 고민하는 여성들에게 길라잡이가 되길 원한다. 아이들이 크고 성장하듯 엄마도 성장했으면 한다.

가슴이 뛰는 일, 재미있는 일, 온전히 몰두할 수 있는 일을 찾아 남편이나 자식에게 의지하지 않고 노년을 슬기롭게 생활할 수 있길 원하는 여성들에게 도움이 되었으면 하는 바람이다.

Chapter 1
아픔과 고민

"인생에서 가장 아름다운 꽃은 가시와 함께 피어난다."
- 겔러트 알토니 -

● 준비 없이 맞은 시련

퇴직 준비를 하더라도 세상은 내가 생각하는 것처럼 뜻대로 흘러가지 않는다. 그건 누구나 아는 상식이다. 내 의지와 상관없이 나는 어느 날 15년 직장생활의 마침표를 찍게 되었다.

둘째 출산 후였다. 문득 지금, 이 순간이 더할 나위 없이 너무 행복하다는 생각이 들었다. 나는 대기업에서 인정받는 워킹맘이었고, 아이는 시어머님이 돌봐주셨기 때문에 육아에 대한 걱정 없이 직장생활에 몰두할 수 있었다. 게다가 한없이 자상한 남편과 걱정 없는 결혼생활을 누리고 있었다.

그러나 어느 순간, 평온한 삶이 흔들렸다. 시련은 쓰나미처럼 연이어 밀려오기 시작했다. 남자아이 둘을 도맡아주셨던 시어머님이 암 판정을 받은 후 온 가족은 망연자실할 수밖에 없었다. 그 이후 행복하기만 했던 내 삶과 직장생활도 송두리째 무너져 내렸다.

어느 날 남편은 내게 회사를 그만두는 게 어떻겠냐고 제안했다. 삼형제의 장남인 남편은 그동안 아이들을 맡아주신 어머님께 죄송함이 컸다. 아이들 양육하느라 편찮으신 건 아닌가 하는 죄책감 때문이었다. 당장 아이들은 돌봐줄 사람도 없고, 편찮으신 시어머님도 누군가의 손길이 필요했다. 남편은 내가 그만두면 시어머님도 돌봐드릴 수 있고 아이들도 남에게 맡기지 않아도 된다고 나를 설득했다. 주위에선 만류했지만, 남편의 뜻을 저버리기엔 쉽지 않았다. 앞으로 함께 살아갈 날들과 아이들을 위해 나는 어쩔 수 없이 15년의 직장생활을 마무리할 수밖에 없었다.

그 후 시부모님과 합가, 시아버지의 알코올중독 치료, 시동생의 잦은 사고 해결은 언제나 남편의 몫이었다. 정말이지 세상 모든 시련이 한꺼번에 나에게 몰려오기 시작했다. 남편은 12시가 넘어서야 겨우 퇴근했다. 낯선 동네로 이사 온 나는 주변에 마음 나눌 지인 한 명 없었다. 서툰 집안일에 시부모님 간호는 온전히 내 몫이었다. 전업주부로 살다 보니 어느새 내 이름보다는 누구의 엄마로 불리게 되고, 내 이름을 불러주는 사람은 아무도 없었다.

그나마 숨 쉴 공간은 주변 엄마들 모임이었다. 그러나 어느 날부터인지 엄마들의 커피타임이 스트레스 해소가 아닌 스트레스로 다가왔다. 지나친 자녀들에 대한 학구열과 타인의 험담, 시부모님에 대한 불평불만이 대화 내용의 주를 이루었다. 문득 나는 '이 귀한 시간을 효율적으로 사용할 방법은 없을까?' 하는 생각이 들었다. 그래서 '아이도 크고 나도 성장하는 기회를 찾아보자!' 라고 다짐했다.

과거 대기업을 다녔거나 전문직 여성이었다 하더라도 직장을 그만두니 나는 그냥 그저 평범한 아줌마가 되어 있었다. 아이가 뭘 잘하는지 어떤 재능이 있는지 이것저것 시켜보듯 나도 내가 뭘 잘하고 어떤 재능을 가졌는지 경험해 보기로 했다. 그동안 하고 싶었던 일들을 하나하나 생각하며 작은 도전부터 시작했다.

● 나만의 극복, 탈출 전략

"집안일과 아이들에게만 시간을 보내지 말자! 나에게 온전히 할애할 수 있는 일들이나 운동, 공부 또는 휴식할 시간이 필요하다." 그 어떤 것이든 상관없었다.

첫째, 체중조절을 한다면 본인 몸무게의 5% 수준으로 감량목표를 잡고 산책로를 걷거나 등산을 하자. 헬스장 연간 이용권은 등록하더라도 가는 횟수는 아주 적기에 매우 비효율적이다. 기구를 이용한 운동이나 악기라면, 자치구에서 운영하는 센터를 추천한다. 가장 저렴하고, 검증된 선생님들이 계시기 때문이다.

둘째, 악기를 배운다면 최소 한 곡 이상 연주할 때까지 배워 보자. 수영을 한다면 1년 이상 접영까지 배우기를 권한다.

셋째, 어학이나 자격증 공부를 한다면 우선 검색을 통한 정보습득 및 유튜브 시청을 권한다. 무작정 강의 등록보다 여러 가지 경로로 나에게 맞는 공부법을 찾아보자.

　직장생활에 못 했던 운동을 시작으로 무에타이, 헬스, 수영, 줌바, 요가, 필라테스, 골프까지 안 해본 운동이 없다. POP(예쁜 손글씨), 캘리그라피 및 바리스타 자격증까지 퇴직 후 10개가 넘는 자격증을 취득했다. 유튜브 크리에이터 교육을 통해 영상공모전에 당선도 됐으며, 인문학 교육, 연극 활동 등 나만의 평생학습관을 스스로 세웠다. 이는 스스로 나를 알아가기 위한 몸부림이었는지 모른다.

　이렇게 나는 자기 계발이 시작되었다.

Chapter 2
나를 찾아가는 여정

"당신이 어떤 사람인지는, 어떤 상황에서 있는지가 아니라
어떻게 대처하는지에 따라 결정된다."
- 루이스 L. 헤이 -

● **자아실현을 위한 내면 탐구**

나는 삼성물산 유통 부문으로 입사해 삼성플라자(現 AK PLAZA) 백화점 식품 팀으로 발령받았다.

내 업무는 매장 관리였다. 매일 재고조사 후 상사에 보고해야 했고, 가장 먼저 출근하고 가장 늦게 출근하는 사원이었다. 규율이 엄격하고 규정이 많아 선배들의 무언의 압력과 괴롭힘으로 매일 사직서를 가슴에 품고 다녔다. 하지만 첫 직장을 이렇게 그만두고 싶지 않았다. 여기에서 무너지면 다른 직장을 가더라도 금방 포기할 것 같은 생각과 지는 거란 생각에 버티고 또 버텼다.

주말에도 근무하는 유통 영업 특성상 로테이션 근무와 매일 분주하고 바쁜 날들의 연속이었다. 팀의 리더로 50명이 넘는 인원들의 스케줄 관리와 하루에도 몇 번씩 일어나는 고객 불만으로 머리를 조아리며 사과 전화를 해야 했다. 상품 포장 과정에서 빠진 것이라도 발견되면 직접 배송하는 때도 비일비재했다. 매일 고객들은 붐비고 정신이 없는 하루하루였다. 어느 날은 고객이 많아 출입문을 닫은 일도 있었다. 지금 생각하니 20년 전부터 있었던 오픈런이나 매장인원 제한이 현재의 명품관에 그대로 적용된 듯하여 신기한 느낌도 든다.

● **나만의 강점과 역량 파악**

나는 직원들이 최대한 힘들어하지 않을 수 있도록 고객 컴플레인을 줄이기 위해 유관부서와 소통을 많이 했다. 고객 응대 도중 여러 가지의 품목을 계산하다 보니 두 번씩 계산되는 경우가 많았고, 근무 숙련도에 따른 속도 차이가 심했다. 전산실 직원에게 계산 시 두 번이 찍히는 경우 기존 소리와 다르게 하거나 같은 물건이 계산되었을 경우 빨간색 글씨로 표시되게 해달라고 요청했다. 당시 나는 그런 아이디어가 컴플레인을 해결할 수 있는 유일한 방법이라 생각했다. 쉬운 일은 아니었지만 시스템이 개발된 후 정말 컴플레인이 감소하였고 이런 변화는 상사의 신임을 얻을 수 있는 계기가 되었다.

매장에서 근무하는 직원들에 비해 나이는 어렸다. 하지만 관리 감독하는 위치에 있다 보니 책임감이 커져만 갔다. 감정 노동으로 스트레스 강도가 높은 직원들이 온전히 업무에만 열중할 수 있도록 유관부서와 지속해서 체계적인 개선의 방향을 찾아갔다.

20년이 훌쩍 지난 지금도 그때 일을 기억하며 이야기해 주시는 분들이 간혹 있다. 그럴 때마다 뿌듯하고 자긍심을 느낀다.

● 말하는 대로 이루어진다.

마음으로 생각했다면, 행동으로 실천하자.

입사 후 삼성건설기술원에서 약 한 달간의 합숙 교육이 진행된다. 팀별 모범이 되는 직원을 선발하여 조별로 신입사원을 담당하는 지도 선배를 배정한다. 선배들은 출중한 미모와 당당함, 언변을 갖고 후배들을 리드하고 포용하는 넓은 마음을 갖고 있었다. 입사 때 합숙 교육을 받으면서 나도 언젠가 저런 선배가 되고 싶다고 마음속으로 생각했다. 맡은 업무에 최선을 다해 일했고, 그 결과로 포상 휴가도 다녀왔다.

그리고 2년 후, 과거 생각했던 그 꿈이 이루어졌다. 최연소 지도 선배로 나는 후배들의 합숙 교육에 참여하게 된 것이다.

지도 선배의 역할은 만만치 않았다. 이른 새벽부터 일어나 교육 준비와 후배들의 건강 상태 및 교육 태도 평가, 동기 간의 관계까지 신경 쓰는 일이 여간 힘든 일이 아니었다. 합숙 교육이 끝나면 5킬로는 빠질 정도로 고된 과정이었다. 하지만 지금 생각해도 보람되고 뿌듯한 순간이었다. 그 시절을 떠올릴 때마다 나도 모르게 미소가 지어진다. 두 해 연속으로 교육 담당을 하고 나니, 회사에서는 나를 모르는 후배가 거의 없을 정도였다. 그 당시 신입사원 교육을 받았던 후배 중 개그맨 강유미도 있었다.

그렇게 나는 후배들에게 인정받는 선배가 됐고 회사에서도 내 능력을 인정받아 동기들보다 승진이 빨랐다. 물론 누군가에게 시기 질투의 대상이 되기도 했지만 말이다.

● **인사관리도 컨설팅하라!**

인사팀으로 발령 후 나는 지원 직군에 대한 인사 채용을 담당하게 되었다. 모든 직장생활의 기본은 '관계'이다. 인성을 중요시하는 회사 중에서는 삼성을 빼놓을 수 없다. 심지어 면접 때 관상이나 명리를 본다는 이야기도 있을 정도였다. 인사팀에 근무할 때, 나는 전문 직군들의 전체적인 채용부터 퇴직까지 전 과정을 담당했다.

채용 공고를 올리고, 일부 직군은 파견업체에 도움을 받아 다양한 경로를 통해 직원을 채용했다. 10년 가까이 사람을 상대하며 직원들의 성향과 근무태도를 지켜보면서, 점점 사람을 파악하는 안목이 생겼다. 면접을 보면 그 사람의 성격이나 인성이 대략 파악이 되었다. 단순 직무에 대해서는 학력이나 스펙이 높은 사람보다는 인성이 우수하고 직무에 적합한 사람인지를 중점적으로 보았다. 사전인터뷰를 통해 인성을 파악하고, 그 후에 직무에 대한 적합도를 판단했다. 그 결과 채용된 사람들은 내가 예상한 대로 잘 근무하였고, 이전에 비해 퇴사율이 눈에 띄게 낮아졌다.

또한 반복되는 교육과 업무 프로세스 개선을 위해 매뉴얼을 만들었다. 상급자가 자리를 비우더라도 기본적인 답변을 제공할 수 있는 기본서로 인사담당자가 신입사원에게 기본적으로 교육해야 할 내용을 모두 담았다.

인사이동 하는 후배를 설득 시 회사의 비전과 미션을 설명하고 그에 따른 장점들을 상세히 설명해 주었다. 비서직 발령 후 미숙한 업무와 기본 지식 없이 힘들어할 때는 비서직 관련 서적을 추천하며, 기본적인 비서 업무를 수행하기 위한 지식을 익히도록 돕고, 관련 자격증을 취득해 볼 것을 권했다. 그리고 다른 사람들과 차별화된 비서 업무를 수행할 방법을 함께 고민하도록 유도하였다.

　그 결과, 힘들다고 했던 후배들이 지금은 하나같이 모범직원으로 평가받고 있어 정말 뿌듯하다. 이처럼 내가 맡은 업무에 관한 판단이 옳다는 확신과 결과물이 나올 때마다 나의 자존감도 올라갔고, 업무에 대한 만족도도 높아졌다.

Chapter 3
새로운 시작! 인생의 전환점

"행운은 능력과 기회의 만남이다."
- 존 브라이언트 -

● 선생님이 되다: 모든 경험을 쓸모 있게 만들어 보자.

어느 날 무작정 아이의 홍보 피켓을 만들어 주고 싶은 마음에 주민센터의 자치 교육프로그램에 등록했다. 과목명은 'POP(Point Of Purchase) 예쁜 손글씨'였다.

입사 시 마케팅팀에 디자이너가 막힘없이 쓰는 손글씨에 감탄하며 막연하게나마 배우고 싶다고 생각한 적이 있다. 그땐 취미생활을 할 수 있는 시간적인 여유가 없던 터라 지나칠 수밖에 없었다. 그렇게 생각만 하는 일들을 회사를 그만두면서 하나하나 배우기 시작했다. POP를 가르쳐주던 선생님의 도움으로 자격증을 취득하고 동시에 중학교 수업에 참여하여 학생들을 가르치게 되었다. 그렇게 우연한 기회로 취미가 직업이 되어갔다.

사실 나는 어릴 적 꿈이 선생님이었다. 나에게 선생님이란 선망의 대상이었고, 언제나 저 높으신 분이었다. 그런 내가 선생님이라고 불린다는 생각에 어깨가 무거웠다. 하지만 동시에 자신도 있었다. 새로운 직업 그것도 교육의 세계에 도전할 수 있었던 가장 큰 원동력은 15년의 직장생활에서 했던 업무와 교육 경험들이었다.

내가 만난 학생들은 모두 내 자식들 같고 너무 사랑스러웠다. 수업시간에 특히 다른 행동을 하거나 집중하지 못하는 아이들을 보면 아이들의 내면을 먼저 생각했다. 그러면 아이의 성향과 행동에 따른 심리상태를 가늠할 수 있었다.

관심이 필요한 아이들, 수업 시간 화장을 하는 여학생 등 정말 아이들 유형은 다양했지만 그들의 장점들을 찾아 끄집어내 칭찬해 주고 관심을 보여주면 어느새 수업 태도가 변해 있었다. 이렇게 아이들을 지도하면서 나 또한 배워나가고, 다양한 문제의 해답을 찾아내기도 했다. 이것이 내가 청소년 수업을 즐겁게 나가는 이유이기도 하다.

● **교수가 되다: 준비된 자에게 오는 행운**

상인대학 교수가 되다!

POP과목으로 학교 출강을 나가던 중 옛 직장 동기가 포트폴리오를 보내달라고 했다. 성남시에서 지원하는 상인대학 프로그램 과정에 POP 강의를 지원해 보라는 동기의 권유였다. 나는 상인대학 강사에 최종 합격하여 출강하게 되었다.

상인대학의 강의를 하자 소상공인들을 가까이 보게 되었다. 그들을 좀 더 깊이 이해하게 되었고, 상권 활성화 방안에 대한 교육들에 관심이 가기 시작했다. 더 배우고 싶어 상인대학 진행자와 교수를 겸임하며 다른 교수님의 강의를 듣게 되었다. 분야별 교수님들의 이력을 보자 90% 이상은 박사 학력을 가지고 계셨다.

POP 강의는 학습이라기보다 실습 위주의 수업이다 보니 학벌보다 라이선스와 강의 경력만으로 강사 풀에 등록이 될 수 있었다.

그때 만났던 책임교수의 말씀이 아직도 생생하다.
"계속 강사 활동을 할 생각이세요?"
"남편 돈 벌어요?"
"그럼 최소 석사까진 하세요!"

그때 해머로 맞은 것처럼 멍하니 교수님을 쳐다보았다. 기분이 썩 좋진 않았다. 그동안 이렇게 나에게 직설적 화법으로 이야기하는 사람이 없었던지라 아직도 그날의 상황과 교수의 억양이 잊히질 않는다.

하지만 항상 배움에 대한 열망은 가지고 있었기에 그동안 생각으로만 갖고 있었지만 실행하지 못했던 일들에 도전해 보고 싶었다. 더 배우고 싶다는 생각은 늘 해왔었다. 계속 강사 활동을 할 생각이냐는 물음은 사실 환경과 여러 가지 요인들을 생각하다 보니 미루고 미뤄왔던 나에게 명확한 목적과 의미를 부여해 주는 결정적 질문이었다.

현재는 그렇게 질문하고 방향을 제시해 주신 그 교수님에게 감사한 생각이 든다. 그리고 항상 열정적이신 그분의 모습을 본받기 위해 노력 중이다.

현재 성남시는 상인대학이 매우 활성화되어 있다. 상인대학은 지자체별 소상공인을 대상으로 기본 교육과 심화 교육으로 이루어져 있다. 소상공인은 상인대학 이수 시 지자체별 다양한 혜택을 주거나 지원사업의 가점이 부여된다.

이런 지원사업을 통해 소상공인들은 지역 상권 활성화 및 마케팅, 환경개선 등 다양한 측면에서 내 가게를 발전시킬 수 있는 효과를 얻을 수 있다.

● **학생으로 돌아가다: 배움엔 끝이 없다.**

어느덧 내게 또 하나의 목표가 생겼다. 상인대학의 책임교수와 대화 이후 머리가 복잡해졌다. 다시 공부할 것인가? 과연 아이들의 교육비에 생활비에 내 학비까지 비용을 감당할 수 있을까? 이리저리 생각하다 내 마음이 이끌리는 대로 하기로 했다. 대학원에 입학하자!

판단이 서자 곧바로 남편에게 통보했다. 내 학비는 내가 벌어서 다니겠다며 반대만 하지 말라고 남편에게 부탁했다. 다행히 남편은 승낙했고 그렇게 나는 다시 학생 신분으로 돌아가게 됐다.

그럼 어떤 전공을 선택할 것인가? 나는 그동안 많은 공에 관련 자격증을 취득해왔다. 이 때문에 공방을 차리고 싶은 생각을 늘 가지고 있었다. 우선 공방을 차리기 전에 망하지 않기 위한 공부를 해야겠다고 생각해 '창업학'을 선택하게 되었다.

창업학을 선택한 이유는 이외에도 다양했다. 사람들이 공부엔 때가 있다고 하지만, 그 시기가 꼭 학창 시절이 아닐 수도 있다고 생각해 본다. 상인대학 교육을 진행하다 보니 공부하지 않고 사업장을 운영하는 상인들을 많이 보게 되었다. 이런 소상공인들에게 교육도 하고 내가 도움이 되는 전공이면 좋을 것 같았다.

나는 학교 정보를 찾다가 창업과 소상공인의 교육이나 컨설팅을 하시는 분들이 호서대 대학원을 많이 졸업한 것을 알게 되었다. 소상공인을 위한 강의 컨설팅, 그 외 다양한 활동을 시작할 때 큰 힘이 될 수 있는 적합한 학교라 판단되어 이 대학원을 선택하게 되었다.

Chapter 4
성장과 성취

"성장은 편안함의 적이다."
- 존 F. 케네디 -

● 서로 연결되는 경험 고리: 선한 영향력을 꿈꾸다.

여러 해 상인대학 과정을 이끌어 가면서 많은 교수를 만나게 되었다. 매해 상인대학 개강할 때마다 만나는 교수들이 있는데, 특별히 한 번 뵙는데도 마음 써주시는 교수들이 계신다. 이 분들을 통하여 강의 의뢰가 오는 일도 있고, 특정한 과목의 교수 추천이 필요한 때 도움을 얻는 일도 많다.

그동안 많은 경험과 교육을 통해 다양한 활동을 하는 선생님들도 알게 되었다. 웹디자이너부터 매니저, 강사까지 주변의 인적자원을 적재적소에 소개하여 좋은 평가를 받을 때 그 누구보다 뿌듯하고, 내가 다른 사람들에게 도움이 될 수 있다는 생각에 기분이 좋았다. 그러다 보니 내가 하는 일에서 내 주변 좋은 사람들과 연결고리 역할을 할 수 있는지 더 자세히 살펴보게 되고 찾아보게 된다.

● 나는 'N잡러'입니다.

나는 다양한 분야의 강의를 한다. 가격이 변동되었을 때 수정 가격표를 즉석에서 예쁘게 쓰고 싶은 이들을 위해 POP를 강의하며, 내 가게를 홍보하거나 모임의 사진을 멋지게 편집하고 싶을 때 활용할 수 있는 이들에게는 영상편집 교육 및 유튜브 강의를 한다.

우울할 때 멋진 글씨를 쓰고 싶거나 나만의 개성 있는 글씨를 쓰고 싶은 이들을 위해 캘리그라피를 강의하고, 간판 작업이나 슬로건 작업이 필요한 이들에게는 카피라이트를 강의하고, 가게나 내 집의 인테리어를 변경하고 싶은 이들을 위해 인테리어 팝아트를 강의한다. 다양한 교육 활동들로 맞춤형 강의를 진행하는 나는 'N잡러'이다.

● 페르소나로 사는 법

① 나를 보여줘라.

나는 누구인가? 사람은 자기 모습을 객관적으로 판단하기가 어렵다. 객관적으로 판단하더라도 주관적인 기준을 가지고 객관화시키는 경우가 많다.

어느 날 지인이 말하길 포커페이스를 잘한다고 했다. 그리고 대인관계가 좋다고도 말했다. 그 말은 역으로 생각하면 우유부단하단 말이 내포되어 있는지도 모른다. 예민하지 않은 성격과 남의 말을 크게 신경 쓰지 않고, 자존감이 높은 탓이리라.

나는 인간관계에 있어 적을 만드는 걸 싫어하고, 사람을 볼 때 장점을 먼저 보려 노력한다. 만약 상대방이 행동이나 말투에 가시가 있다면 왜 그런 생각과 말을 하는지 내면을 들여다보려 한다.

② 두려움을 갖지 말아라.

준비한 만큼의 성과가 나타난다. 실력 발휘를 다 되지 않았더라도 그 과정은 지식으로 남았기에 괜찮다. 그러나 늘 준비하고 있어야 한다. 완벽하지 않은 준비는 꼭 실수를 낳는 법이다.

나의 경우 전문 분야가 아닌 강의가 들어오면 일단 서점에 간다. 분야별로 나뉘어 있는 책장에 모든 책을 보고 그중 꼭 필요한 자료가 있는 책을 구매하여 교안에 참고하거나 숙지하여 전달하는 편이다.

많은 준비를 할 수 있다면 강의 내용은 풍부해지고 질은 높아지게 되어 있다. 수강생을 먼저 파악하고 수준에 맞는 강의를 하는 것도 중요하다. 아무리 유능한 강사가 수준 높은 강의를 하더라도 수강생이 받아들이지 못한다면 그건 좋은 강의가 될 수 없다.

③ 모든 일엔 쓸모가 있다.

우연히 관공서 행정업무를 한 적이 있다. 중소벤처기업과 장애인기업종합지원센터에서 주관하고 모 대학에서 진행하는 행정 처리 경험이었다. 장애인의 창업을 위한 프로그램이었는데 나는 창업과 크리에이터에 대한 교육을 진행했다. 기관의 행정업무는 늘 그러하듯 정확도가 중요하고 많은 근거자료를 첨부해야 한다. e-나라도움 사이트를 활용했다. 처음엔 생소하고 어렵지만, 자료와 첨부 사항이 많을 뿐, 마냥 어려운 프로그램은 아니었다.

송파구의 시범 동으로 운영되고 있는 주민자치회 활동을 한 적도 있었다. 나는 구청장과 함께하는 주민총회 사회자 역할, 정산 관련 업무를 도맡아 했다. 동의 주민자치회 간사로 일하면서, 그동안 가졌던 나의 쓸모 있는 경험들이 발현되는 순간이었다. 이런 것들이다.

첫째, 온라인 주민총회 사회자 역할(前 직장 근무 시 월례 조회 사회 및 의전 활동 경험)

둘째, 인적 네트워크를 통한 다양한 교육프로그램 기획(인사·교육 진행)

셋째, 홍보 영상 제작(예산 절감의 효과를 통해 기회비용 발생)

주민자치회 활동은 주민이 주체가 되어 마을에 필요한 의제를 발굴하고 실천하는 일이었다. 선정된 의제로 사업을 기획부터 실천하는 일 중에 교육을 기획하고 강사 섭외를 해야 했다. 교육생 모집을 위한 템플릿 제작, 교육생 연락, 키트 발송을 위한 주소 취합 등이 모두 나의 몫이었다. 이때 그동안 배웠던 모든 일이 쓸모 있고 가치 있게 쓰였다.

● **이 글을 마무리하며**

유통 서비스, 인사관리, 강의, 관공서 업무 등 나는 그동안 다양한 경험을 쌓아왔다. "기본에 충실하자"는 좌우명으로 나는 모든 일에 최선을 다하고자 한다. 사실 기본을 지키는 일이란 쉽지 않다. 모든 사람의 기준이 다르듯 나만의 기본이 되는 기준선을 잡아야 한다.

난 고지식한 면이 있고 누군가가 나를 평가하고 있다고 생각할 때도 많다. 그런 마음가짐으로 책임감을 갖고 일하다 보니 사람들에게 일을 잘한다는 소리를 항상 듣곤 했다. 그 누구보다 치열한 삶을 살았으며, 견디기 힘든 날들도 겪어왔다. 그런 경험이 지금의 나를 만들었다.

다시 20대로 돌아간다면 무얼 하고 싶냐고 묻는 사람들이 있다. 하지만 난 20대로 돌아가고 싶지 않다. 이미 나의 행복 손익분기점에 다다르고 있다고 믿기 때문이다. 나는 하기 싫은 일을 돈에 얽매여서 하기보단 멀리 바라보고 내 꿈에 시간과 돈을 투자할 것이다.

앞으로도 멈추지 않고 전진할 계획이며 그 꿈을 이루기 위해 늦더라도 천천히 한 발짝씩 다가가고 싶다. 같이 가면 멀리 갈 수 있듯이 주변인들과 서로 상생하며 그들에게 도움이 되는 사람이 되고 싶다.

여러분들도 여러분들의 꿈을 찾았으면 좋겠다. 자신이 무엇을 즐겨하는지 또 지속할 수 있는 일들이 무엇인지 조급하게 생각하지 말고 천천히 그리고 곰곰이 생각해 봤으면 한다. 만약 아직 모르겠다면 우선 시간을 갖고 경험해 보는 것도 하나의 방법이다. 본인이 하고 싶은 일을 할 때 가장 행복하고 오래 할 수 있으니, 조급하게 생각하지 말았으면 한다.

"도대체 뭘 하고 싶니? 장래 희망이 뭐니?"

요즘 지인들이 나에게 던지는 질문이다. 뒤늦게 학교에 다니고 있고, 아이들 공부시킬 시기에 엄마가 바쁘게 움직이는 걸 보며 묻는 말들이다. 난 그저 뭔가를 끊임없이 배우고 내 만족을 위해서 도전했던 자격증 취득과 공부였는데 점차 시간이 지나 경험과 경력이 누적되니 이것들이 모여 나의 JOB이 되었다.

나는 빨리 뛰려 하지 않는다. 지금과 같은 보폭으로 숨 고르기 하며 천천히 그리고 멀리 간다는 생각으로 나아가고자 한다.

마지막으로, 모든 경력단절 여성(경력보유 여성)이나 계획은 있으나 그 결과물이 언제 나올지 막막하기만 한 이들에게 이 책을 권하고 싶다.

Chapter 1. 나는 누구인가?
1. 나는 타고 난 Financial Protector
2. 하늘은 천직을 준다.
3. 세상에 던져진 나! 나만의 퍼스널브랜딩으로 다시 태어나다.

Chapter 2. 세상은 변하고, 우리의 인생도 변한다
1. 금융환경의 변화
2. 인구변화는 기회인가? 위기인가?
3. 관점을 디자인하라.

Chapter 3. Homo Hundred 시대를 살아가는 변화의 시대를 살아가는 지혜
1. Homo Hundred 시대를 준비하는 자세
2. 은퇴자산관리전문 박사, 새로운 도전
3. 베이비 부머의 은퇴 러시에서 할 수 있는 나의 역할과 비전
4. 나의 퍼스널브랜딩 'Financial Protector'

Chapter 4. 〈부록 편〉 은퇴자산관리 전문가가 알려주는, 인생의 저녁이 있는 행복한 나의 인생
1. 은퇴자산관리 전문가가 알려주는 나의 행복한 은퇴 생활 노하우
2. 은퇴자산관리 전문가가 전하는 행복한 투자 방법
3. Homo Hundred 시대, 돈 걱정 없이 행복하게
   장수 위험에 대비한 각종 은퇴자산 활용법
4. 마치는 글

은퇴자산을 관리하는
새로운 패러다임,
Self Asset Management 전문가와
함께하는 인생 성공 이야기

06

강현호
Financial Protector

2004년부터 MetLife 생명, 한국투자증권에서 20년간 고객의 위험관리, 자산관리를 위해 일해오면서 2,300여 명의 고객을 관리하고 있다. 2023년까지 '생명보험 및 재무 서비스 분야 명예의 전당'으로 불리는 MDRT(Million Dollar Round Table) 회원자격을 16회 연속 달성했다. 2018년에는 한국MDRT협회의 협회장으로 봉사하였고, 2023~2024년에는 한국과 일본협회를 총괄하는 Region D Chair로 봉사하고 있다.

2014년부터는 국내 유수의 기업 임직원들을 대상으로 한 은퇴자산관리 전문가로 활동하고 있다. 또한 MetLife 및 한국투자증권에서 얻은 다양한 수상 경력과 경험을 바탕으로 많은 후배와 Mentoring을 하고 있고, 현장 경험에 학문적 전문성을 더하기 위해서 박사과정을 밟고 있다. 향후 강의와 저술 활동을 통해 예비 은퇴자들을 대상으로 은퇴 관련 소통을 광범위하게 진행할 계획이다.

경력

2004~현) MetLife Korea 대표FSR(Royal President FSR)
2007~현) 한국투자증권 우수FC
2018~2019 한국MDRT협회 16대 협회장
2023~2024 국제MDRT협회 Region D(KOREA & JAPAN) Chair

학력

호서대학교 벤처대학원 벤처투자금융학과 박사과정
호서대학교 글로벌창업대학원 경영학 석사
한국외국어대학교 서양어대학 학사

활동

2008~현) 생명보험협회 우수인증설계사(Golden Fellow)
2008~현) MDRT 17년(COT 9회, TOT 1회) 연속 회원자격 달성
2017 올해의 우수 FP 상 수상(한국FP협회 주관)
2013~현) LG전자, 대한항공, GM, KT, SK, 동서발전, 이랜드그룹, KBS, 한국바스프 등의 기업 임직원들을 대상으로 한 은퇴자산관리 전문가로 활동

이메일/블로그

edouard1@naver.com
https://blog.naver.com/edouard1

집필 동기

나는 지난 20년간 MetLife생명, 한국투자증권 등 국내 금융기관에서 FC로 근무하며 고객의 인생 설계를 돕는 일을 해왔다.

10여 년 전부터는 더 전문화하여 특히 은퇴자산관리 분야에 역량을 집중하면서 고객의 'Self Asset Management'(고객 스스로 하는 은퇴자산관리)를 위해 노력하고 있다. 은퇴자산관리란 한마디로 "잠자는 동안에도 돈이 들어오는 방법을 찾아내지 못한다면, 당신은 죽을 때까지 일해야만 할 것이다"라는 워런 버핏의 말로 요약할 수 있다.

이는 노동의 대가를 깎아내리는 표현으로 오해할 수 있는데, 오히려 노동으로 얻은 자산을 자산소득으로 온전하게 이전하여 부를 증식하는 것을 의미한다. 자본주의 사회에서 돈이 없어 내 삶이 돈에 의해 좌우되는 것을 막자는 취지이고, 이를 통해 우리의 삶의 만족도를 높이기 위한 노력이다.

따라서 'Self Asset Management'를 제대로 이해하고 실천한다면, 자기 인생에서 돈으로 인해서 생길 수 있는 인생의 불편함을 제거하고 내가 하고 싶은 일을 할 수 있다.

그렇게 되면 평생직장에서 일하든, 은퇴 후 창업이나 창직을 하든, 또는 다른 인생 2막을 시작하든, 돈 문제 없이 건강하고 행복한 인생을 즐길 수 있다. 나는 이런 가치를 고객들과 함께 나누고 싶은 소망으로 이 책에 노하우를 담아 보고자 한다.

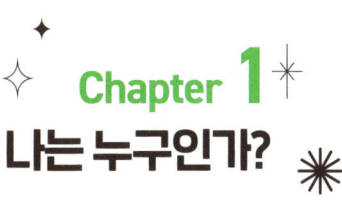
Chapter 1
나는 누구인가?

"가난하게 태어난 것은 결코 당신의 잘못이 아니지만,
가난하게 죽는 것은 분명 당신의 잘못이다."
- 빌 게이츠 -

● **나는 타고 난 Financial Protector**

  2003년, 나는 육군 장교로 5년여 동안의 군 생활을 마치고 사회로 진출했다. 군 생활을 마치고 전역을 하던 2003년, 우리나라는 2001년 8월 23일 IMF 구제금융을 조기 졸업하면서 국력이 회복되는 시기였다. 하지만 나에게 그 해는 지난 50여 년을 살아오면서 가장 힘든 시기였다. 오죽하면 하루 2갑을 즐기던 담배를 전역 직전 끊었겠는가. 이제 금연을 한 지 벌써 20년이 되었다.

  군 생활을 마무리하고 사회로 나오자 곧바로 마주친 문제는 직장을 구하는 것이었다. 하지만, 5년 이상의 군 생활을 해 온 내가 원하는 직장을 구하는 것은 쉬운 일이 아니었다. 내가 원하는 연봉을 주는 회사는 아무 데도 없었다. 그 당시엔 한참을 방황하며 노량진의 학원가를 서성이기도 했다. 그러던 중 MetLife라는 생명보험회사를 알게 됐다. 금융선진국인 미국계 종합금융그룹인 MetLife는 나에게 '신세계'와 같았다. 이 만남으로 내 인생은 새로운 전환기를 맞이하게 됐고 그렇게 2004년을 MetLife에서 시작하게 되었다.

● 하늘은 천직을 준다.

고작 6개월 직장이 없던 그 시절이 정말 불안했는데, 은퇴 이후의 40여 년을 과연 소득 없이 어떻게 보낼 것인가? 지금의 나에게는 그 문제해결이 가장 큰 숙제이다. 하지만 엄밀히 말하면 이 숙제는 잘못된 인식의 출발점이기도 했다. 우리가 흔히 말하는 '소득 없는'에서 '소득'은 근로에 기반한 소득을 떠올린다.

그러나 결론부터 이야기하면 자본주의 사회에서 소득 중 근로소득은 그렇게 큰 비중이 아니다. 물론, 사회에 처음 나와 직장생활을 시작할 때는 근로에 기반한 소득 활동이 대부분일 것이다. 그래서 우리 부모들은 자녀가 고급 노동력으로 인정받을 수 있는 소위 명문대학과 대기업 취업, 전문직의 길을 걷도록 사교육에 올인했을 것이다.

그러나 이제는 생각을 완전히 바꾸어야 한다. 근로소득도 중요하지만, 그 돈 중 일부를 자본소득으로 전환하는 것이 더 중요해지는 시대이기 때문이다. 근로소득은 절대 자본소득을 이길 수 없다. 이는 지난 수십여 년간 변해온 우리나라 경제 상황을 보면 단숨에 알 수 있다.

이제 직장인이 뛰는 집값 속에서 월급을 모아 내 집 마련을 하는 것은 포기해야 할 정도다. 우리나라는 초고령화와 저출산이라는 새로운 시기에 접어들었기 때문에 과거에 해왔던 '부동산 불패 신화'와는 다른 패턴의 자산관리를 해야 한다. 즉, 지금은 새로운 시대에 맞는 새로운 자산관리 패러다임을 통해 '高인플레이션 시대'에서 자산을 관리하는 지혜를 발휘할 때이다.

우리의 부모 세대는 자녀가 열심히 공부해서 고소득의 안정된 직장을 갖는 일에 올인했지만, 그렇게 해서 벌어들인 소득을 관리하는 개인의 자산관리시스템은 전근대적인 방식이었다. 저축해서 돈을 모으거나, 대출받아서 집을 사는 것이 대부분이었다. 그저 대출을 상환할 즈음에는 더 넓은 집이나 비싼 지역으로 이사 가는 것이 자산을 불리는 유일한 수단으로 여겼다.

하지만 이제는 생각을 바꾸어야 한다. 근로소득에 기반한 삶보다는 자본소득을 하나씩 늘려가는 작업이 필요하다. 특히 어떤 특정 자산에 올인하는 것보다는 분산투자를 통해 미래를 준비해야 한다. 이에 대한 구체적인 전략을 Part 4에서 다루고자 한다.

지금은 베이비 부머의 은퇴가 본격적으로 진행되고 있고, 저출산·고령화가 심화하고 있는 중요한 시기이다. 이럴 때 나는 'Financial Protector'로서 고객의 셀프자산관리(Self Asset Management)를 돕는 일이 나의 천직이라고 생각한다. 전역 후 비록 짧았지만 가장 힘들었던 2003년 하반기, 나의 절망적 인생 경험이 지금의 내 직업을 결정짓는 큰 계기가 됐다.

● 세상에 던져진 나! 나만의 퍼스널브랜딩으로 다시 태어나다.

1998년부터 청운의 꿈을 안고 장교로 복무를 시작하는 동안, 나는 직업군인으로서의 선택이 나에게 정말 맞는 것인가에 대한 고민이 많았다.

국가를 지키고 국민의 안정된 평화를 지키는 숭고한 일이라는 생각은 지금도 변함이 없지만, 군 복무의 특수성, 그리고 내가 원하는 업무보다는 명령과 지시에 따라야 하는 군대문화는 나와 잘 맞지 않다고 생각하게 됐다. 나는 결국 전역을 결심했다.

나는 한국외국어대를 다니면서 그 당시 유행했던 지역학에 누구보다도 열심히 공부했다. 이는 자연스럽게 선진국들의 언어뿐만 아니라, 그들의 역사와 문화도 쉽게 접할 수 있었다. 당시 배웠던 선진국의 모든 것이 현재 우리의 열악한 금융환경과 선진국의 선진화된 금융시스템을 비교하여 이해하는 데 큰 도움이 되었다.

사농공상의 유교적 문화 속에 갇힌 대한민국과 자본주의를 고도로 발전시킨 선진국의 차이를 이해함으로써 나는 우리가 살아 온 과거와 앞으로 살아가야 할 미래는 달라져야 한다는 명확한 목적의식을 갖게 되었다. 내 직업이 국가를 지키는 군인만큼이나 중요하다는 걸 느꼈다. 나의 금융 지식과 정보를 가지고 고객과의 신뢰 관계를 무기 삼아 고객의 가족과 재산, 그리고 행복한 노후를 지켜주는 일도 어떤 직업 못지않은 숭고한 일이라고 생각하고 있다.

2003년 5년여의 군 생활을 전역하고 시작한 생명보험 설계사라는 직업은, 시작부터 고난과 역경 그 자체였다. 어느 것 하나 쉬운 일이 없었다. 육체적으로 고된 훈련 끝에 맛보던 담배 연기가 그립기만 했다. 보험 일은 이전과는 완전히 다른 새로운 세계였다. 특히 영업인으로서 고객을 찾아가서 매번 아쉬운 소리를 해야 할 때 드는 자괴감은 나를 더욱 힘들게 했다. 그러던 어느 날, "그동안 내가 갖고 있던 부정적인 생각 대부분은 나의 직업의 숭고한 가치를 잘 모르는 주변 사람들의 영향이 크다"는 한 선배의 조언을 들었다. 이 말을 듣고 나는 생각을 바꾸게 되었다. 사실 나에게 부정적인 영향을 주는 대부분 이야기는 우리의 직업을 전혀 모르는 비전문가들의 말이 분명했다.

이때부터 나는 좋아하는 일을 즐기면서 하기로 마음먹고 나의 행동을 바꾸기로 했다. 이렇게 생각을 바꾸니, 세상에는 내가 생각했던 것 이상으로 나의 도움이 필요한 분들이 많다는 것을 알게 되었다. 이후 나는 휴일도 잊은 채 열심히 일하면서 10여 년을 보냈다.

그러던 2014년 어느 날, 나는 우리 업계에서 성장할 수 있는 새로운 세계를 접하게 되었다. 그 시기는 '내가 언제까지 가방을 들고 다니며 이 일을 할 수 있을까?' 하는 생각에서 시작해서 '나는 과연 판매사원인가? 고객의 자산관리전문가일까?'라는 정체성의 혼란이 이어지던 시절이었다. 금융상품 판매는 이미 생계에 걱정이 없을 정도로 잘하고 있었다. 하지만 인생을 살아가는 데 꿈과 희망이 없이 단지 돈벌이만을 생각한다면 나의 삶이 너무나 무미건조해질 것 같았다. 10여 년간 넘쳐났던 의욕이 꺾여 일에 대한 흥미마저 흔들리기 시작하던 차였다.

그런 시기에 마침, 매년 6월 미국에서 열리는 [1]MDRT Annual

---

1 MDRT Annual Meeting : 매년 6월 북미지역에서 전 세계 생명보험 및 재무 서비스 분

Meeting에서 나는 두 번째 '신세계'를 보았다. 사실 다양한 업종에서 세계 1위의 자리를 차지하고 있는 우리 대한민국이 유독 금융환경에서만은 열악하다. 그러나 우리의 이런 취약한 금융 상황이 오히려 나에게 새로운 블루오션으로 보이기 시작했다. 그 블루오션은 나에게 새로운 비전을 제시해 주었다.

나의 비전은 한마디로 고객 스스로 할 수 있는 셀프자산관리(Self Asset Management)를 도와주는 '행복한 은퇴자산관리 전문가'로 요약할 수 있다. 그 연차총회 이후 나는 관련 서적들을 읽고 강의를 찾아다니면서 이와 관련된 정보를 얻고 공부하기 시작했다. 배우면 배울수록 금융 분야, 특히 은퇴자산관리 분야는 우리나라가 매우 취약하다는 생각이 더 강하게 들었다.

지금은 많은 금융기관이 은퇴시장에 관심을 가지고 이 시장에서의 점유율을 높이고자 노력하고 있지만, 당시만 해도 많은 사람에게 은퇴자산관리는 생소한 개념이었다. 그냥 연금 하나 가입하거나 수익형 부동산 매입 정도의 패턴이 은퇴자산관리 방법의 대부분이었다.

그런 환경 속에서 내가 터득한 '은퇴자산에 대한 셀프자산관리(Self Asset Management)' 분야는 향후 고객과의 신뢰 관계에서 무궁무진하게 성장할 수 있는 잠재력이 매우 큰 시장이었다. 이 시장을 선점하기 위해 나는 일단 관련 자격증을 취득했다. 아울러 거기에 맞는 경력도 키

야의 전문가들이 모여, 다양한 강의와 상호교류를 하는 행사로 1만여 명에 가까운 인원이 참석하여 전문가로서의 교류를 통해 발전을 도모하고 있다.

우기 위해 노력했다.

아는 만큼 보이고 들린다고 했던가? 이제 나는 은퇴자산관리와 관련된 부분이 있다면 무엇이든 각종 자료를 검색하고 찾아보기 시작했다. 전문가로 거듭나기 위해 나는 석사학위 취득에 이어 박사학위에도 도전하기로 마음먹고 바로 실행에 옮겼다.

공부가 깊어지자 '전문가'라는 의미에 대해서도 명확한 인식의 전환이 생겼다. 진정한 전문가는 다양한 지식과 정보의 소유자가 아니라 어려운 내용을 초등학생도 알기 쉽게 풀어서 알게 해주듯 고객에게 알기 쉽게 이해시켜 줄 수 있는 사람이라는 걸 알게 됐다. 아무리 좋은 내용이어도 비전문가인 고객이 이해하기 너무 어려우면 다 무용지물이니까.

나는 나에게 필요한 능력이 무엇인지 이제야 깨닫게 됐다. 그것은 셀프자산관리를 통해 개인들이 개념을 쉽게 이해할 수 있게 하고, 본인의 은퇴자산관리를 아주 쉽게 이해할 수 있게 하며, 또한 그것을 본인이 실천할 수 있게 도와주어야 한다는 것이다.

그러기 위해 내가 지식과 정보를 얻는 것만큼이나 그것을 쉽게 전달하고 이해시키는 능력이 필요하다. 그래야만 고객들도 실천하는데 부담이 없고 이를 통해 나의 고객들에게 철저한 은퇴 준비를 통해 인생 전반을 행복하게 보낼 수 있게 되는 것이다.

현재의 직장에 충실하든, 이직, 창업, 창직을 선택하든 일을 한다는 건 일의 성취감을 얻기 위한 것도 있겠으나, 경제적 자유를 위한 노력이기도 하다.

셀프자산관리(Self Asset Management), 특히 은퇴자산관리 전문가로서 내가 하는 일은 고객들이 각자의 직업 속에서 얻은 부를 잘 관리해서 그 자산운용을 시스템적 관리를 통해 경제적 자유를 실현하는 것을 도와주는 것이다. 그렇게 되면 사람들은 자신의 직업에서 더 여유로운 마음으로 성취도를 더 크게 얻을 수 있다.

나는 전문성과 이를 위한 학문적 완성도를 높이기 위해 지금 열심히 박사과정을 공부하고 있다. 내가 진정한 전문가가 되었을 때, 내 고객이 느끼는 감동과 실천력은 배가 될 수 있다는 깊은 믿음과 확신이 있다.

Chapter 2
세상은 변하고, 우리의 인생도 변한다

"회색코뿔소가 온다."
- 미셸 부커 -

● 금융환경의 변화

지난 3년간 전 세계는 COVID-19라는 '팬데믹'으로 인한 특수한 상황을 거쳤고 비정상적인 경제 상황을 맞이했다. 이로 인해 각국은 이 상황을 극복하기 위한 천문학적인 자금을 투입했다. 상황은 '팬데믹'에서 '엔데믹'으로 전환되었지만, COVID-19 상황을 극복하기 위해 투입한 엄청난 통화량의 증가는 다양한 자산의 폭등을 일으키는 부작용을 만들었다. 대표적인 예로 부동산 가격이 엄청나게 폭등했다. 이런 현상 때문에 은행에서 대출받아 내 집 마련을 하는 [2]'영끌'이 유행한 후

---

2 영끌 : '영혼까지 끌어모은다'의 약자로 '영끌 대출'을 의미하는 부동산 용어로 많이 사용되고 있다. 주택을 매수하기 위해 주택담보대출을 비롯하여 부족한 자금을 신용대출과 지인 대출까지 끌어모을 수 있는 모든 대출 수단을 동원한다는 의미다.

우리는 지금 전 세계에서 가장 높은 가계대출을 기록하고 있다.

그 결과 지난 2022년 기준 우리나라 시중은행의 연간 순이익은 20조 원을 훨씬 뛰어넘었다. 그런데 은행 이자수익 급증의 이면에는 우리가 모르는 진실이 숨겨져 있다.

국내 4대 금융지주의 외국인 지분율은 2023년 2월 기준 70%대를 넘나들었다. 이는 국내 증시에서 외국인 투자자들이 발을 조금씩 빼기 시작한 것과 반대되는 흐름이었다. 전체 상장주식 중 외국인 보유 비율은 △2019년 2월 15.61% △2020년 2월 14.58% △2021년 2월 12.67% △2022년 2월 12.41% △2023년 2월 12.00%로 계속 줄어들었다. 반면에 은행을 포함한 금융지주의 지분율은 평균 70%대의 높은 지분율을 유지하고 있어서, 이는 결국 부동산 버블로 인한 가계부채 증가에 따른 이자수익 대부분을 외국인들이 가져가고 있다는 증거가 될 수 있다. 이로써 우리의 미래에 대한 외국인들의 관심도가 떨어지는 가운데에서도 가계대출 비중이 높은 은행의 이자수익을 기대하는 외국인들의 관심은 매우 높다는 사실을 알 수 있다.

결국 우리는 최근의 부동산 버블로 생긴 가계부채의 증가로 인한 엄청난 이자를 우리가 열심히 일해 번 돈으로 냈으며, 불행하게도 그 이자수익의 70% 이상이 외국으로 국부유출 되었다는 사실을 목도하고 있다.

이제는 우리나라의 금융 상황도 많이 바뀌고 있다. 무엇보다 베이비 부머인 1954년부터 1964년생의 은퇴가 본격적으로 시작되니 각종 연기금의 지급액이 급증하고 있다.

2022년 5월 연금 수급자 600만 돌파 후, 지금대로라면 2025년에 연금 수급자가 1,000만 명을 넘어서게 된다. 연금 수급자가 총인구의 20%를 넘어서면 그 나라의 경제는 급격히 활력을 잃게 된다고 한다. 이에 대비하여 나는 2015년 말부터 전문적인 지식습득과 자격증 취득, 그리고 기본적인 영업과 고객 관리 노하우를 익혔다. 이때는 은퇴자산 관리업무 초기여서 나의 전문적인 업무를 위한 다방면의 노력이 필요했다. 기본적으로 시작한 업종이 생명보험이어서 주로 위험관리 비중이 높았다는 점도 내 경력을 키우는 데 도움이 됐다.

특히 다양한 계층과 직업을 가진 분들과 만나 상담을 하면서 좋은 상품과 서비스보다 중요한 것이 고객과의 인간관계와 의사소통임을 터득했다. 이와 함께 나는 다양한 정보와 지식, 그리고 고객을 이해하려는 마음을 조화롭게 맞추는 노력을 계속했다.

● 인구변화는 기회인가? 위기인가?

2005년 KDI의 연구보고서에 의하면, 우리나라는 2023년부터 인구가 감소하는 것으로 예측된다. 그러나 실제 2021년 통계청 조사에 의하면 그보다 2년이 단축된 2021년부터 우리나라는 인구가 감소하기 시작했다.

게다가 2023년 4월 기준으로는 인구통계를 조사한 이후 처음으로 월간 신생아 수가 2만 명을 밑돌 정도로 급격한 저출산을 경험하고 있다. 이러한 급변하는 사회인구 변화 속에서 이미 상당수의 국민은 본인들의 은퇴 준비 및 노후를 본인 스스로 해결해야 한다는 것을 인지하고 있다.

지금 한창 진행되고 있는 국민연금 개혁이 과연 이 제도의 지속적인 안정화를 이룰 만큼의 성과를 이룰 수 있는지도 미지수다. 설사 개혁이 잘 된다고 하더라도 기본적으로 '더 내고, 덜 받는' 구조로 바뀌는 것은 거의 기정사실로 받아들여지고 있다.

개인은 이러한 시대적 변화를 인지하고 더 적극적으로 은퇴 준비를 할 필요성이 대두되고 있다. 더구나 완벽한 은퇴 준비를 도와줄 전문가의 역할이 더욱더 증가하고 있어서 나에게 좋은 기회를 제공하고 있다. 따라서, 이러한 시대적 변화를 공감하는 업계종사자라면 미리 내일을 준비해 다가올 기회를 놓치지 말아야 할 것이다.

● 관점을 디자인하라.

그동안 우리는 은퇴 준비를 '늙어서 받는 연금을 준비'하는 정도로만 인식해 왔다. 하지만 이제는 은퇴를 새롭게 인식해야 한다. 은퇴는 '隱退'라는 한자처럼 현직에서 물러나는 것이 아니라, 생계를 위한 경제활동에서 벗어나 인생 2막을 준비하는 새로운 40년을 위한 계획을 세우는 관점에서 접근해야 한다.

인생 1막과는 다르게 인생 2막의 경우 육체적으로는 건강을 더 많이 챙겨야 하고, 정신적으로는 그동안의 인생을 살아오면서 체험하고 터득한 지식과 경험을 충분히 활용하면서 생계를 떠나 정말 즐길 수 있는 일을 해야 하는 시기이다.

이는 그동안 살아오면서 갈고 닦은 지혜를 살려 인생을 제대로 즐길 수 있어야 한다는 걸 의미한다. 이 시기에 경제적으로 여유가 있다면 그만큼 심리적인 여유를 통해 더 행복한 삶이 될 가능성이 커질 것이다. 단순한 취미생활이 아니라 창업이나 창직을 한다 해도 사정은 마찬가지이다.

Chapter 3
Homo Hundred 시대를 살아가는 변화의 시대를 살아가는 지혜

"90세 전에는 늙지 마라. 노력하는 한 인간은 75세까지 성장이 가능하다.
인생에서 가장 행복한 순간은 60세부터 75세까지였다."
- 김형석(철학자, 연세대 명예교수) -

● Homo Hundred 시대를 준비하는 자세

지금은 Homo Hundred 시대, 즉 '인생 100세 시대'이다. 과거처럼 60세 환갑잔치를 성대하게 치르고, 5~6년 여생을 보내던 시대가 아니다. 60세 인생 1막을 잘 마치고, 인생 2막의 아름다운 40년 인생을 멋지게 살아야 하는 시대이다. 인생의 1막과 2막은 여러 가지 면에서 차이가 크다.

특히 우리나라는 전 세계에서 유례가 없을 정도로 초고속으로 초고령화가 진행된 국가이기 때문에, UN 등의 국제기구에서 초고령화와 저출산이 동시에 진행되는 대한민국을 연구하는 상황이다. 따라서 지금의 현실에 대한 경험도 전혀 없고, 준비 기간이나 과정 또한 만만치 않고, 국가에 의지하기에는 위험이 너무 크기에 개인별로 충분한 미래를 준비해야 한다. 구체적인 방법을 몇 가지 열거해 본다면 다음과 같다.

첫 번째, 건강한 라이프스타일을 유지하는 것이다. 건강은 긴 수명과 질적인 삶을 즐기는 데 매우 중요하다. 규칙적인 운동, 균형 잡힌 식단, 충분한 휴식과 수면을 유지하고 약물 남용과 해로운 습관을 피하는 등 건강한 라이프스타일을 유지해야 한다.

두 번째는 건전한 사회적 관계와 정신적인 건강은 건강한 노후를 위해 매우 중요하다. 가족, 친구, 동료와의 소통과 교류를 유지하고 자신에게 맞는 다양한 사회적 활동에 참여하면서 인지 활동을 수행해야 한다. 자기 계발에 관심을 두고 새로운 것을 배우는 것도 좋은 방법이다.

세 번째, 길어진 기대여명에 대비한 안정적 재정적 준비는 필수다. 일찍부터 자신의 인생 계획에 맞는 저축과 투자를 통해 대비하는 것이 중요하다. 개인연금, 퇴직연금, 기타 은퇴 소득계획을 통한 장기적인 재무 목표를 설정하고 금융전문가의 조언을 통해 효율적이고 안정적인 관리를 받는 것이 좋다. 물론 금융전문가와 오랜 기간의 신뢰를 바탕으로 한 관계 유지는 필수이다.

네 번째, 지속적인 학습과 호기심이다. 이제는 은퇴 이후 노후 시기에도 지속적인 학습과 호기심을 유지하는 것이 매우 중요하다. 나날이 새로워지는 기술, 문화, 예술 등 다양한 분야에 관심을 두고 지적 활동을 계속 수행해야 한다. 독서, 온라인 강의, 취미 활동 등을 통해 자기 계발과 학습을 이어 나가면서 사회와의 관계를 유지해 주는 것도 필요하다.

다섯 번째, 긍정적인 마음가짐과 스트레스 관리는 정신건강에 있어 매우 중요한 요소이다. 길어진 수명을 즐기기 위해서는 긍정적인 마음가짐과 스트레스 관리가 필수 요소이다. 그러기에 이런 긍정적인 태도를 유지해야 한다. 무엇보다 관심 있는 취미 활동 등을 통해 마음을 편안하게 유지하는 것도 100세 시대를 대비하는 중요한 요소이다.

이와 같은 준비된 자세와 건강한 습관을 통해 우리는 기대수명이 100세로 증가하는 시대를 건강하고 행복하게 즐길 수 있다.

● 은퇴자산관리 전문 박사, 새로운 도전

지난 20년간 나는 금융업계에 몸담아 오면서 초기 10년은 고객과 신뢰 관계 유지, 상품 판매 및 관리를 통해 은퇴자산관리 전문가로서의 기본을 갖추었다. 그리고 이후 지난 10년은 전문가로 거듭나기 위한 역량 강화, 그리고 수준 높은 서비스를 위한 다양한 학습을 위한 노력의 시간으로 채웠다. 그중에서도 석사학위 취득과 박사학위 취득을 위한 노력은 수많은 활동 중 최고봉이라 할 수 있겠다.

앞으로 다양한 은퇴사례연구 등을 통해 단순히 영업이 아닌 이론적으로도 전문가가 될 수 있도록 지속적인 노력을 할 것이다. 이는 고객서비스 차원뿐만 아니라 나 자신의 은퇴 준비의 일환이기도 하다.

●베이비 부머의 은퇴 러시에서 할 수 있는 나의 역할과 비전

2015년경부터 시작된 베이비 부머들의 은퇴 러시는 한국 사회의 다양한 변화를 불러올 큰 사회적 사건임이 분명하다. 미국, 일본 등의 선진국도 그 나라 베이비 부머의 은퇴가 시작되면서 다양한 사회적 현상들이 생겼고, 이제 우리나라도 예외는 아니다.

이에 따라 은퇴자산관리 전문가로서 나 자신의 역할이 매우 중요해졌고, 이것을 올바르게 수행하는 것이 곧 나의 미래 비전이다. 그 비전을 이루기 위한 나의 역할은 무엇일까?

첫째, 은퇴자산관리 및 투자 조언이 있다. 베이비 부머 세대는 수많은 은퇴자산을 가지고 있으며, 이를 효과적으로 관리하고 투자하는 것은 중요한 과제이다. 따라서 은퇴자산관리 전문가는 개인의 금융 상황과 재무 목표를 분석하고, 적절한 투자전략을 제안하여 은퇴자산의 안정성과 수익성을 극대화하는 역할을 할 수 있어야 한다.

두 번째로는 재무계획과 리스크 관리이다. 은퇴는 재무적인 측면에서 이전과는 다른 많은 도전과 변화를 초래할 수 있다. 이러한 상황에서 은퇴자산관리 전문가는 개인의 재무 상황을 평가하고, 적절한 재무계획을 수립하여 은퇴한 후 자금 흐름을 안정시키는 매우 중요한 역할을 한다. 또한, 이런 과정에서 은퇴자산의 리스크를 관리하고 상속이나 증여 등의 업무를 보험을 통해 개인과 가족의 재정적 안정성을 보장하는 조치를 제안할 수 있다.

이는 또한 세대 간 자산 이전 및 상속 계획과도 연관되는 부분이다.

상당수의 베이비 부머는 부의 세대 이전을 위한 상속 문제를 고민하는 경우가 많다. 은퇴자산관리 전문가는 이런 고민을 해결해 줄 수 있다. 이를 통해 부의 유지 보전 및 세대 간의 원활한 자산 이전이 이루어지며, 이것이 부족할 때 생길 수 있는 가족 간의 갈등도 예방할 수 있다.

또한 베이비 부머 세대는 다양한 금융상품과 투자전략에 대한 이해도와 지식이 부족할 수 있기에 주기적인 금융교육과 컨설팅을 통해 베이비 부머에게 금융상품과 투자 방법에 대한 이해도를 높여줄 수 있다. 이는 개인의 재정 상황에 맞는 최적의 금융 결정을 내리는 데 도움이 될 뿐만 아니라 고객과의 신뢰 관계를 유지 발전시키는 데에도 큰 역할을 할 수 있다.

은퇴 이후 대부분의 베이비 부머는 자신 위주의 삶을 영위하게 된다. 이에 고객들에게 개인의 재무적인 이익뿐만 아니라 사회적 책임에 대한 부분도 알려주는 것이 필요하다. 이를 통해 경제적인 여유로움 속에서 은퇴자들의 지속 가능한 은퇴 생활이 가능한 문화를 조성하는 사회적 책임까지도 수행할 수 있다.

● 나의 퍼스널브랜딩 'Financial Protector'

나는 그동안 '은퇴자산관리전문가', '셀프자산관리(Self Asset Management) 전문가' 등 개인의 브랜드화를 위해 많은 생각을 해왔다. 그렇게 해서 만들어진 브랜드가 바로 'Financial Protector' 즉, 생로병사라는 인생사 속에서 나타날 수 있는 재무적 위험에서의 보호, 인플레이션으로부터 은퇴자산 가치의 보호를 도와주는 사람이다.

일반적으로 불리는 Financial Planner(재무 설계사)와 같이 'FP'와 같은 단어라는 사실도 좋았고, 그 의미도 너무 좋았다. 이제는 이런 의미에 맞는 세부적인 준비사항만이 남아있다.

이를 위해서는 첫째로 나의 전문성을 강화하는 것이다. Financial Protector 이미지를 더욱 강화하기 위해 금융 및 자산관리 분야에서의 전문성을 강화하는 것이 매우 중요하다. 그래서 현재 각종 자격취득, 세미나 참석, 학위 취득 등의 노력을 지속하고 있다. 이는 꾸준한 정보 업데이트와 연구를 통해 최신 동향과 전문지식을 습득하는 기회가 될 것이다.

또한, 나는 Financial Protector로서 어떻게 고객에게 가치를 제공할 수 있는지를 지속해서 개발하고 있다.

고객의 재정 목표와 욕구를 이해하고, 개인에 꼭 맞는 솔루션을 제공하는 방법을 연구하고 있다. 고객과의 소통을 통해 신뢰를 구축하고 고객의 재정적 안정과 성장을 어떻게 보호할 수 있는지 등 고객 이해와 공감대를 높이는 노력도 계속하고 있다.

여기에 COVID-19 시기에 발전했던 온라인상의 활동도 강화하는 방안을 모색하고 있다. 온라인에서의 활동은 퍼스널브랜딩을 강화하는 데 중요한 역할을 할 것이다. 온라인에서 고객과의 상호작용을 적극적으로 하여 전문성과 신뢰를 더욱 강화할 수 있기 때문이다.

무엇보다도 고객의 추천과 소개를 적극적으로 활용할 계획이다. 서비스에 만족한 고객의 이야기와 추천은 자신의 전문성과 서비스의 효과를 입증할 수 있는 가장 효율적인 수단이다. 고객들의 성공 이야기를 공유하고 고객들의 추천을 받아 나를 홍보할 방안을 모색하고 있다.

이외에도 다양한 분야의 전문가들과의 네트워킹 및 협업 또한 퍼스널브랜딩을 강화하는 데 필수적인 요소이다.

이에 따라 다른 금융전문가들과의 관계를 구축하고 협력할 수 있는 기회를 찾고, 다양한 모임과 [3]MDRT와 같은 전문가 단체조직에 가입하여 관련 행사에 참여할 예정이다. 이렇게 다른 전문가들과 지식을 공유하고 협업해 나가는 활동도 나를 성장시킬 수 있는 중요한 과제이다.

---

3 MDRT : MDRT란 'Million Dollar Round Table(백만 달러 원탁회의)'의 약자로, 고객 이익을 최우선으로 여기는 생명보험·재무 설계사들이 모여 있는 범세계적인 재정전문가협회이다.
MDRT는 1927년 미국 테네시주의 멤피스에서 처음 시작되었으며, 생명보험·재무 서비스의 질적 수준 향상 및 회원들의 전문성 고취를 위해 설립되었다.

Chapter 4

부록 편 은퇴자산관리 전문가가 알려주는, 인생의 저녁이 있는 행복한 나의 인생

"당신이 잠자는 동안에도 돈이 들어오는 방법을 찾아내지 못한다면,
당신은 죽을 때까지 일해야만 할 것이다."
- 워런 버핏 -

하루하루를 열심히 살아가는 우리 인생에서 '저녁'은 평안함과 행복함의 상징이 되어야 한다. 하지만 어느 순간부터 저녁은 일과 업무의 연속이 되어 마음의 안식을 얻을 시간이 점점 줄어가는 분위기가 되었다.

우리에게 저녁은 다시 하루의 일과를 마무리 짓고 내일을 준비하는 안식의 시간이 되어야 한다. 마찬가지로 우리 인생의 저녁인 '은퇴'는 인생 100세 시대의 평안함과 휴식, 행복의 출발이 되어야 한다. 우리가 즐거운 저녁을 맞이하기 위해 낮에 열심히 생활하듯 인생 전반을 열심히 지내고 노후를 대비해야 한다. 준비만 잘한다면 다가올 '은퇴'는 진정한 내 인생의 새 출발점이 될 수 있을 것이다. 이를 위해 우리는 지금 어떤 준비를 해야 할까?

● 은퇴자산관리 전문가가 알려주는 나의 행복한 은퇴 생활 노하우

일단 기본적인 재정적 준비는 되어 있어야 한다. 젊은 시절에는 내가 종사하는 직업에서 생기는 일정한 소득이 있었다. 은퇴 이후에는 이를 대체할 공적연금이나 다양한 은퇴 소득이 필요하다. 은퇴 소득을 준비하기 위해서는 은퇴전문가와 함께 투자전략을 구상하고 재무 목표를 설정하여 사전에 준비하면 좋다. 전문가와 효율적인 은퇴자산관리를 모색하는 것은 은퇴 생활의 시간을 의미 있게 보내기에 매우 유용하다.

그다음으로는 체크 사항은 은퇴 이후에도 필요한 사회적 관계 유지이다. 은퇴 전후 우리의 사회적 관계는 큰 변화를 겪게 된다. 가족, 친구, 이웃, 동료 등과 소통하고 교류하되 나의 사회적 위치의 변화에 따른 관계 정리는 필수다.

● 은퇴자산관리 전문가가 전하는 행복한 투자 방법

은퇴자산을 관리하는 데에 있어서 가장 쉬우면서도 명확한 방법이 있다. 일반적으로 사람들은 '투자'라고 생각하면서 '투기'를 하는 경우가 많다. 투자와 투기는 반드시 구분해야 한다.

투자란 장기적으로 돈, 시간, 노력 등의 일정한 자원을 어떤 목적을 위해 특정 자산, 프로젝트, 기업 등에 투입하는 것을 말한다. 투자의 목적은 주로 경제적인 이익을 추구하는 것이다. 또한, 투자자는 자신의 투자를 통해 수익을 창출하거나 자산을 증대시키는 것을 기대하는 것이다. 반면에 투기는 생산 활동과는 관계없이 오직 이익을 추구할 목적으로 실물 자산이나 금융 자산을 사는 행위를 일컫는다.

일반적으로 투자에는 리스크가 포함되어 있다. 투자는 이익을 얻을 수도 있지만, 손실을 볼 수도 있다. 투자자는 리스크와 보상 사이의 균형을 충분히 고려하여 본인에게 맞는 투자 결정을 해야 한다.

투자는 장기적인 시각에서 이루어지는 활동이기 때문에, 은퇴 준비를 위한 건전한 투자를 위해서는 다음과 같은 몇 가지 원칙을 정해놓고 이를 지키는 것이 중요하다.

첫 번째, 투자 목표를 명확하게 설정해야 한다. 은퇴 생활에서 원하는 것은 무엇인지, 투자수익을 어떻게 활용하고 싶은지를 고려해야 한다.

두 번째, 위험 분산을 위한 포트폴리오의 다변화를 통해 다양한 자산 클래스에 분산하여 투자해야 한다. 주식, 채권, 부동산 등 다양한 자산에 투자함으로써 위험을 분산시킨다. 이러한 다변화는 투자 포트폴리오의 안정성을 향상하고 잠재적인 수익을 극대화하는 데 도움이 된다.

세 번째, 투자는 장기적인 시각을 가져야 한다. 은퇴자산은 오랜 기간 유지될 것이므로 장기적인 시각을 갖고 투자해야 한다. 단기보다는 오랜 기간 투자수익을 추구하는 전략을 채택하는 것이 좋다.

네 번째, 투자 시 위험관리 능력이 필요하다. 자산의 위험 수준을 평가하고, 자신의 투자성향에 맞는 투자 허용도에 맞춰진 포트폴리오를 구성하여 절대로 모든 자산을 한 곳에 집중시키지 말아야 한다. 반드시 손실을 허용할 수 있는 한도 내에서 투자할 것을 권한다.

일반적인 투자 전문가는 시장 동향을 분석하고 전략을 수립하는 데 도움을 줄 수 있다. 하지만 은퇴자산관리의 경우는 장기적으로 안정적인 관리를 해야 하기에 항상 자신의 상황과 목표에 맞는 전략을 사용해야 한다. 이러한 투자 방법들은 은퇴자산을 관리하며 안정적인 수익과 행복한 은퇴 생활을 위해 도움이 될 수 있다.

● Homo Hundred 시대, 돈 걱정 없이 행복하게 장수 위험에 대비한 각종 은퇴자산 활용법

과거에는 은퇴 이후 약 10여 년 정도만 건강을 유지하면서 그동안 모아둔 자산을 잘 아껴 쓰면 노후 생활이 가능한 시절이 있었다. 하지만 지금은 사정이 다르다.

일단 인생을 크게 세 등분 했을 때, 앞으로 은퇴 이후 40여 년은 가장 긴 기간을 차지한다. 은퇴예정자들은 직장 또는 산업의 현장에서 대략 20~30여 년을 종사하면서 자녀도 키우고, 부모도 봉양하고, 자신들의 은퇴자산도 준비해야 한다. 하지만 현실적으로 소득보다 더 빠르고 가파르게 오르는 물가를 고려한 은퇴 준비는 너무나 요원한 것이 현실이었다.

거기다가, 너무나 바쁜 일상에서 빠르게 변화하는 세상을 정확히 따라가면서 트렌드를 파악하고 자산을 관리하기란 쉽지 않다. 그냥 과거 하던 방식대로 성장 일변도의 대한민국 경제 속에서 하던 패턴을 그대로 따라가는 것이 일반적이다.

그러나 연 7%대의 고도성장을 이루던 시기와 1%대의 저성장과 잠재성장률을 기록하는 지금은 다르다. 가구당 2명 정도의 자녀를 키우던 시절과 0.7명 대의 출생률을 기록하는 지금은 다르고, 은행이자율 두 자릿수 대의 80년대와 3~4%대의 지금은 명확히 다르다는 점을 인식해야 한다.

우리는 IMF 관리 시대를 거치면서 평생 고용도 사라졌고, 가계부채도 급속하게 천문학적으로 늘어났다. COVID-19를 거치면서 국가부채도 엄청나게 늘어났으며, 저출산과 초고령화를 동시에 겪는 전대미문의 국가이다.

이러한 상황을 정확히 인지했다면, 혼자만의 힘으로 과거의 노후 대비 패턴을 답습하기보다는 전문가의 힘을 반드시 얻어야 한다. 젊다는 거 하나만 믿고 살아온 지난 60여 년을 생각하면서 남은 40여 년을 보낼 것이 아니라, 이제부터는 건강도 나를 잘 아는 주치의를 두고 관리해야 하는 것과 같은 이치이다.

무엇보다도 명확하게 인식해야 할 두 가지가 있다. 첫째는 안정적인 현금흐름이고, 두 번째는 인플레이션을 이겨낼 수 있는 수익성이다. 은퇴 이전엔 자산의 축적이 중요하지만, 은퇴 이후에는 자산의 규모보다는 은퇴 소득의 현금흐름이 매우 중요하다.

그다음으로 중요한 것은 은퇴 이후 장기적으로 안정적인 자산의 흐름을 위해 '시퀀스리스크(Sequence of Returns Risk)'를 극복하는 것이다. 노후 자산에서 인출과 같은 현금흐름이 있을 경우 수익률의 배열 순서에 따라 노후 자산 소진 시점이나 남은 자산이 달라질 수 있다. 이처럼 '수익률 순서'에 따라 개인별로 실현된 운용성과가 달라질 수 있는 것을 '시퀀스리스크'라고 한다. 이는 은퇴자산 소득인출에 있어서 가장 중요한 요소이며, 이를 극복하는 문제가 최근에 가장 크게 대두되는 이슈임을 인식해야 한다.

이 모두를 자유롭게 다룰 수 있고, 이를 은퇴자 스스로 관리할 수 있도록 도와주는 전문가와 함께한다면 은퇴 생활은 행복을 추구하기에 부족함이 없을 것이다.

● 마치는 글

지금까지 반복적으로 강조한 은퇴자산 관리의 원칙과 그 중요성에 대해 어느 정도 인지가 되었을 것이다. 내 생각에 여기까지 이해하고 충분히 공감했다면 이미 은퇴 준비의 절반 이상은 끝났다고 본다.

대부분 은퇴자는 이런 원칙을 망각하고, 지나치게 '원금 보존'이라는 달콤함을 추구하거나 아니면 지나치게 고수익이라는 미끼의 유혹에 끌려 은퇴자산을 전부 까먹기도 하기 때문이다.

이제는 마인드가 달라져야 한다. 복잡한 내용보다는 간단하게 누구나 실천해 볼 수 있는 우리의 은퇴 준비 행동 요령을 간략하게 소개해 보겠다.

첫 번째, 국민연금이나 공무원 연금과 같은 공적연금을 명확히 이해하고 수령 시점 및 금액을 정확히 파악해야 한다.

두 번째, 퇴직금에 대해 세제 혜택 및 건강보험 피부양자 요건 등을 고려한 절세혜택을 명확하게 잘 따져보아야 한다.

세 번째, 개인연금도 세제 혜택 및 수령 기간, 수령 금액을 정확히 계산한다.

　네 번째, 나머지 자산의 경우 비상시에 현금화할 수 있으며, 또한 그 현금흐름에 있어 안정성과 수익성을 고려하여 3대 연금의 부족함을 메울 수 있도록 설계해야 한다.

　다섯 번째, 매년 바뀌는 각종 경제정책과 세제개편을 인지하고, 그에 맞는 자산구조의 변화를 할 수 있어야 한다.

　혹자는 너무 금융상품으로만 모아간다고 생각할지 모르지만, 이 안에는 앞에서 열거한 다양한 분산 전략이 모두 포함되어 있다.

　나는 개인적으로 나이를 먹고 본인의 몸을 가누기도 힘든 사람이 월세를 받고자 하루하루를 세입자들과 힘겨루기하는 것이 과연 바람직한 은퇴 생활인가 되새겨 볼 일이라고 생각한다.

　나만의 은퇴계획에는 이런 리스크뿐만 아니라 자산별, 국가별, 업종별, 통화별 분산을 고려하고 인플레이션을 극복할 수 있어야 한다. 여기에 은퇴자 본인과 배우자, 그리고 자녀에게까지 자산의 승계가 이루어지는 모든 계획을 다 담아야 한다. 이런 여러 가지 문제를 다룰 수 있는 전문가와 함께 안정적인 자산을 설계, 실천하고 이를 주기적으로 모니터링하면서 인생의 후반기를 경제적 어려움 없이 지내도록 해야 한다.

　이런 금융 전략이 성공적으로 세팅된 후에는 은퇴 후 '누구와 어디서 무엇을 하면서 어떤 삶의 질을 추구할 것인가'에 대해 정말 많은 시간을 들여 고민하고 준비해야 한다. 인생에 있어서 '돈' 그 자체가 행복은 아니다. '돈'은 삶을 편하게 해줄 수는 있다. 하지만 돈이 행복을 가져다줄 수는 없다. 행복은 본인이 직접 찾아야 한다.

부디 여러분은 균형 잡힌 은퇴자산관리를 통해 큰 변동성이 없는 자산관리 시스템을 구축하길 바란다. 시간과 노력을 절약하면서 꼭 챙겨야 할 가족과 건강, 친구, 취미 활동을 놓치는 실수를 범하지 말았으면 좋겠다. 성공적인 은퇴자산 관리에 시간 투자를 아끼지 않기를 바라는 마음을 다시 한번 전하며 글을 마치고자 한다.

Chapter 1. 기획, 어렵지 않아요~
1. 역시 작은 것부터
2. 기획과 계획은 한 끗 차이
3. 중요한 건 타이밍
4. 기획을 잘하는 법

Chapter 2. 행사기획의 노하우로 창업
1. 기획서부터 결과보고서까지
2. 가장 어려운 인력과 업체 관계
3. 트렌드가 중요한 홍보와 마케팅
4. 행사에서 성과를 극대화하는 5가지 기획

Chapter 3. 리스타트 기획
1. 50% 생존확률
2. 힐링을 준 호서대학교 글로벌창업대학원
3. 코로나 시대에 재기를 기획
4. 제2의 인생 기획

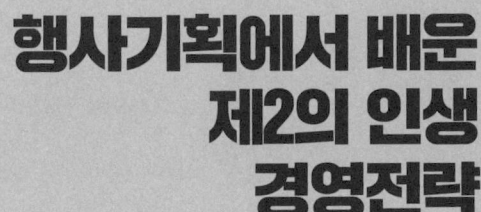

행사기획에서 배운 제2의 인생 경영전략

07

PROFILE

이경섭
리스타트강소기획자/MICE전문가

필명은 '기미남(기획에 미친 남자)'으로 23년 차 행사기획 전문가이다. 창업 교육, 경영 컨설팅, 강의, 심사평가, 멘토링을 병행하고 있다.

공대를 졸업했지만, 기획이 너무 좋아서 마이스(MICE) 산업 관련 전시기획자로 직장생활을 시작했다. 세계여성발명대회&포럼(특허청), 코리아나라장터엑스포(조달청), Green Transport Korea(산업통상자원부, 국토교통부), 안티에이징엑스포, 은퇴이민박람회, MBC웨딩페어, SBS결혼박람회, 서울베이비키즈페어 등 100회 이상 행사를 성공적으로 개최하며 약 2천 개의 참가업체를 만나서 교육 및 컨설팅을 했다.

직장의 갑작스러운 폐업으로 30대 후반 ㈜다온전람을 창업하여 빠른 성장을 하다가 뇌출혈로 쓰러져 응급실에 실려 갔다. 50%의 생존확률로 살아나 장애를 갖게 되었지만, 재활을 통해 건강을 회복했다. 다시 기획을 시작하여 40대 후반 중소벤처기업부 장관상을 수상하고 사업화 자금을 지원받아 '다온기획경영연구원'을 창업했다.

힘든 일을 겪고 재기해서 제2의 인생을 준비하려는 분들에게 경험과 노하우를 공유하여, 작지만 강해서 지속할 수 있는 경영전략에 도움을 주기 위해 노력하고 있다.

세 번째 공저 출판에 감사드리며 네 번째 출판은 단독으로 준비하고 있다.

경력

2023~현) 한국열린사이버대학교 디지털비즈니스학과 교수(특임)
2022~현) 다온기획경영연구원 원장
2014~현) ㈜다온전람 대표
2002~2014 ㈜동양전람 사업본부장

학력

호서대학교 벤처대학원 벤처경영학 박사과정, 조교
호서대학교 글로벌창업대학원 창업경영학 석사
건국대학교 전기공학 학사

저서
2023 직업의 세계, 리얼스토리 : 세상은 변해도 늘 필요한 기획가
2021 열한 가지 찐 창업 이야기 : 기미남의 전시 노하우 비밀노트

논문
2023 전시서비스가 만족도에 미치는 영향 : 관람 동기를 매개변수로

자격증
창업보육전문매니저, 직장 내 장애인 인식개선 전문강사

수상
중소벤처기업부 장관상 : 창업아이템 경진대회, 호서대학교 총장상 : 우수논문상

강의
기획 노하우, 퍼스널브랜딩 개발, 돈 안 들이고 창업, 마이스(MICE) 기획, 장애인식개선

컨설팅
천안시 : 농가 - 6차산업, 상품개발
관악구 : 상인대학 - 경영, 마케팅

위촉
한국벤처창업학회 이사, 서울상공회의소 관악구 상공회 이사, 서울특별시 소상공인연합회 이사, 관악구 소상공인연합회 사무국장

심사평가위원
서울신용보증재단, 중소기업유통센터, 한국관광공사, 경기관광공사, 인천광역시, 대구광역시, 전라남도, 경상북도, 제주도, 충남연구원 등

멘토
창업진흥원, 충남창조경제혁신센터, 부산창조경제혁신센터, 호서대학교, 명지대학교, ICT콤플렉스 등

이메일/SNS
future94@hanmail.net
facebook.com/lee.kyoung.sub

집필 동기

기미남은 '기획에 미친 남자'란 뜻의 필명이다. 23년째 100회 이상 마이스(MICE) 관련 행사를 기획한 PEO(Professional Exhibition Organizer)이다. 특히 COEX 같은 전문전시장에서 전시·컨벤션 개최에 경험이 많다. ㈜다온전람, 다온기획경영연구원을 창업하고 경영하고 있다.

출판했던 〈열한 가지 찐 창업 이야기〉와 〈리얼스토리 직업의 세계〉에서는 취·창업자를 위해 행사기획의 노하우를 소개해 독자들에게 도움이 되고 싶었다.
이번 책에서는 늘 바쁜 소상공인과 1인 예비·초기 창업자를 위한 기획과 경영을 집중적으로 공유하고 싶다. 또한 정신적으로 육체적으로 너무 힘들어 다시 일어나기 힘든 사람들에게 리스타트를 어떻게 기획해야 하는지 경험을 나누려 한다. 50%의 생존확률로 죽을 고비를 넘기고 살아있음을 감사하며, 다시 기획할 수 있어 행복하다.

작든 크든 일의 시작은 기획이라는 것을 대부분 공감한다. 사람들은 어떤 일이든 잘 준비해야 성공할 확률이 높다는 것을 경험으로 알고 있기 때문이다.
그러나 한편으로 대부분 사람은 기획이 어렵고 무엇부터 시작해야 할지 걱정이 앞서는 경우가 많다. 특히 혼자 많은 역할을 담당해야 하면 항상 시간에 쫓기고 현실에 안주하게 된다. 그러나 사업과 인생을 지속하고 발전시키기 위해선 늘 기획해야 한다.

기획 관련 강의를 하면 가장 많이 받는 질문 중 하나는 "기획을 잘하려면 어떻게 해야 하나요?"이다. 기획할 때 가장 중요한 것은 시간이 걸려도 목적을 명확하게 정하는 것이다. 그 후에는 진행과정을 단순화해서 쉽게 만들어 가면 된다. 세상 모든 일이 그렇듯 상대방의 관점에서 보면 성공 확률이 높아진다. 그 후에는 시간과의 싸움일 뿐이다.

기획의 시작은 성공하는 상상부터 시작된다. 리스타트강소기획자와 함께 이제 상상을 시작해보자.

Chapter 1
기획, 어렵지 않아요~

"역지사지(易地思之)
Put yourself in my shoes"

수능 1세대로 취업이 잘된다는 공대를 입학했다. 하지만 적성에 너무 맞지 않았다. 오히려 성당 주일학교 교사를 하며 캠프, 성탄제, 체육대회, 소풍 등 다양한 행사를 준비하고 진행하는 것이 너무 재미있었다.

시간이 가는 줄 모를 정도로 몰입해 계획한 프로그램이 착착 진행되어 학생들이 즐거워할 때는 너무 뿌듯했고 피로가 싹 잊힐 정도였다.

학사경고를 두 번 맞은 후, 한 번 더 맞아 퇴학당하기 전에 정신 차리자고 간 군대에 가서 깨달았다. 내가 가장 좋아하고 잘하는 것이 바로 기획이란 것을. 이후 세계적인 감각을 가진 기획자가 되기 위해 호주 멜버른(Melbourne)으로 유학을 떠났고, 많은 행사를 직접 봤다.

외국인 유학생 모임을 운영하고 방학에는 많은 테마파크를 방문했다. 그러면서 국가에 상관없이 모든 일의 시작은 기획이라는 것을 새삼 느꼈다.

전시 기획하는 회사에 처음 입사했을 때, 신입사원이 하는 일은 주로 행사 운영이었다. 회의 때는 의견을 내도 늘 경험에 밀렸지만, 퇴근 후에도 주말에도 성공적인 행사를 위해 항상 준비해야 할 것을 생각했다.

그렇게 3년 정도 되니 일을 잘한다는 인정을 받게 되고 작은 행사를 담당하게 되었다. 기획에 집중하고 열심히 몰입한 결과였다.

첫 행사를 성공적으로 맡아 진행한 후 23년째 코엑스, 킨텍스, 에이티센터, 세텍 등 전문전시장과 전쟁기념관, 세종문화회관, 광주시립미술관 등 다양한 장소에서 많은 행사를 기획하고 운영했다. 때론 수익이 적거나 없더라도 차기 기획을 위한 과정이라 생각하며 위안으로 삼았다.

기획이 실패하면 엄청난 스트레스를 받지만 그래도 덜 손해를 보며 다음 일에 영향을 적게 미치게 하려고 일을 계속해 왔다. 그러면서 지금까지 늘 생각해왔다. 과연 기획이란 무엇일까? 또한, 기획을 잘하는 방법은 무엇일까?

● **역시 작은 것부터**

모든 일의 시작은 기획이다. 대부분은 이 말에 공감할 것이다. 또한, 우리는 준비를 잘해야 성공 확률이 높아진다는 사실도 경험으로 알고 있다. 그러나 많은 사람은 기획을 복잡하거나 어렵게 생각한다. 가장 큰 이유는 뭘까? 바로 '목적'이 무엇인지 잘 모르기 때문이다.

기획의 범위가 어디서부터 어디까지인지, 기획의 시작은 어떻게 해야 하는지 고민하기 전에 기획의 목적이 확정돼야 한다. 개똥철학이라도 자기 생각이 담겨 있다면 언제 어디서나 자신 있게 말할 수 있는 것처럼 말이다.

기획이란 단어를 국어사전에서 찾아보면 '일을 꾀하여 계획함'이라 실려있다. 한문으로는 企(꾀할 기), 劃(그을 획)인데, 부수를 나눠보면 企는 人(사람 인)과 止(멈출 지)로 사람이 길을 가다 멈춰 선 모습을 의미하고, 劃은 畫(그림 화)와 刀(칼 도)로 이루어져 그림을 칼로 잘라낸다는 것을 뜻하는 것 같다. 갑자기 혜민 스님의 〈멈추면 비로소 보이는 것들〉이 떠오른다. 정리하고 버리는 것을 좋아하는 이유도 아마 기획의 과정일지도 모르겠다.

영업 기획, 신제품 기획, 광고 기획, 행사 기획, 전시 기획, 공연 기획, 홍보 기획, 마케팅 기획, 프로젝트 기획, 신사업 기획 등 기획의 종류는 너무나 다양하다.

기획자는 영어사전에서 planner, plan maker로 번역된다. 하지만 이외에도 코디네이터, 디자이너, 디렉터, 프로듀서, 오거나이저 등 기획자와 비슷한 뜻으로 쓰이는 단어가 많다. 그런데 모두 공통점이 있다. 기획은 작더라도 목적이 있다는 것이다. 생활 속에서도 누군가를 설득하거나 가치를 창조하는 일이라면 기획이라 할 수 있다. 대단한 것이 아니라도 기존의 것과 약간 변화를 주거나 차별화가 필요할 때, 그리고 기존 것을 합칠 때도 기획이 필요하다.

● 기획과 계획은 한 끗 차이

기획과 계획은 무엇이 다른가? 계획(計劃)은 앞으로 할 일에 대하여 그 방법, 순서, 규모 등을 미리 생각하여 정해놓은 것으로 기획(企劃)의 부분집합이라 할 수 있다.

미션과 비전, 전략과 전술, 전쟁과 전투, 목적과 목표처럼 계획은 기획의 세부 설계도이다. 이 두 관계가 많이 헷갈리는 이유는 기획은 적고 계획이 많기 때문이다.

기획 과정은 Why로 시작해 What을 거쳐 How로 세부 계획을 세우면 된다. 어떤 문제나 프로젝트라면 Why에서 목적을 명확히 하면 What에서 목표가 정해지고 How에서 프로세스별로 일을 수행할 수 있다.

기획의 주제가 명확하면 세부 계획은 최대한 단순화해야 한다. 그걸 아는 것이 기획자의 능력이다. 실행 프로세스는 누구나 간단하고 이해하기 쉬운 것을 좋아하기 때문이다.

● 중요한 건 타이밍

기획할 때 선행돼야 하는 것은 '현재 상황'에 대한 정확한 파악이다. 그리고 현재 상황 분석을 토대로 방향을 설정한다. 방향이 결정되면 빠르게 시작하고 행동하는 것이 중요하다. 이때부터는 타이밍 싸움이다.

몇 가지 예가 있다. 30년 전 관악구 낙성대역 부근에는 햄버거 프랜차이즈가 하나도 없었다. 학생들은 늘 그것을 아쉬워하며 누군가 햄버거 가게를 창업하면 성공할 거라고 입버릇처럼 말했다. 아마 그때 매장을 누군가 오픈했다면 성공했을 것이다. 지금은 이미 KFC, 버거킹, 노브랜드 버거, 써브웨이, 맘스터치 매장이 경쟁하고 있고 뒤늦게 오픈한 롯데리아는 문을 닫았다.

반대로 타이밍을 잘못 잡아 기획이 시대를 너무 앞서가도 실패한다. 2007년 직접 주관한 한경 은퇴이민 박람회가 그런 경우다. 당시 시니어는 은퇴 후에 대부분 자식을 위해서만 지출하고, 본인을 위해서는 보험 정도에만 관심이 있어서 참가업체 규모가 작고 업종이 단순했다.

2006년 SETEC(Seoul Trade Exhibition & Convention)에서 열린 '국제성교육박람회' 또한 마찬가지다. '성'을 공론화하고 저출산을 극복하기 위한 목적으로 개최하였으나 여러 단체가 단순한 섹스포라고 반발하면서 프로그램과 이벤트를 거의 취소하게 되었고, 관람객 모집에도 실패했다. 캐나다, 이탈리아 등에서 많이 개최되는 이혼박람회는 아직도 한국의 정서상 개최가 힘들어 보인다.

● **기획을 잘하는 법**

백전백승(百戰百勝)을 위해 지피지기(知彼知己)가 필요하지만, 기획에서는 단연 '역지사지(易地思之)'가 가장 중요하다. 외국엔 내 젖은 신발을 신어보라는 의미로 'Put yourself in my shoes'란 속담이 있다. 상대방의 관점에서 먼저 생각하라는 의미다.

거기에 창의력을 곁들인다면 기획이 재미있어지기까지 한다. 창의는 거창하지 않고 창조와 다르게 재해석도 포함하는 새로운 생각을 말

한다.

이외에도 기획을 잘하려면 가장 먼저 키워야 할 능력이 있다. 통찰력과 논리력, 그리고 표현력이 그것이다. 정보력, 분석력, 창의력, 실행력은 경험이 쌓이면 자연스럽게 느는 경우가 많다.

가끔 기획서를 만들고 발표하는 일이 두렵거나 어렵다고 느낄 때가 있다. 이는 기획이 내 것이 아니기 때문이다. 기획을 잘하려면 우선 기획을 내 것으로 만들어야 한다. Why가 정해지면 경험과 자료조사를 통해 내가 이해되는 방향으로 실행 방법을 얼마든지 수정할 수 있다. 이렇게 내가 생각하는 기획서를 만들면 언제 어디서나 자신있게 발표하고 고객을 설득할 수 있다.

우리는 의식하지 못하더라도 누군가가 기획한 것들로 가득한 세상 속에서 살고 있다. 그것 중에 그저 운이 좋아 갑자기 떠오르는 기획은 거의 없다. 아르키메데스가 '유레카'를 외친 것도, 뉴턴이 '만유인력'을 발견한 것도 모두 오랜 고민을 거친 결과일 것이다. 기획자는 언제나 머릿속에 프레임을 만들고 그 안에서 시뮬레이션을 돌리고 있다.

인공지능(AI) 시대에 기획력이 필요할까? 물론이다. 세상이 아무리 변해도 항상 필요해서 경쟁력이 있는 능력이 바로 '기획력'이다. 기계가 아무리 똑똑해져도 사람의 기획에는 한계가 없기 때문이다. 기업과 개인 모두가 현재에 한정되지 않고 미래에도 늘 발전하기를 원하고, 그래서 기획도 한계를 넘길 바라는 이유이다.

좋은 기획을 위해서는 시장 조사를 통해 새로운 아이템을 선정하고 차별화된 아이디어와 스토리를 구성해야 한다. 효율적인 기획이 되기 위해선 목표 대비 성과도 중요하다. 투입한 것에 대비 효율적 결과를 산출해야 한다.

기획이란 옳고 그름과 좋고 나쁨을 구별하는 것이 아니다. 어떤 상황에서라도 콘텐츠의 콘셉트를 만들고 시장이 공감할 수 있게 하는 일이어야 한다.

기획에 대한 제안이나 의뢰가 들어오면 '기미남(기획에 미친 남자)'의 장점이라 생각하는 합리적 사고를 통해 자료수집에 들어가고 아이디어를 정리한다. 아이디어를 바탕으로 스토리텔링 과정을 거치면 고객이 공감할 수 있는 큰 그림이 구상된다. 마지막으로 세부 계획을 실행하면 기획의 기대효과를 예상할 수 있다.

Chapter 2
행사기획의 노하우로 창업

"원숭이가 공을 떨어뜨린 곳에서 다시 시작하라!"
- 류시화, <신이 쉼표를 넣은 곳에 마침표를 찍지 마라> 중에서 -

2014년 불혹의 나이에 갑자기 직장이 폐업하게 되었다. 깊은 고민 끝에 창업을 결정했다. 기존에 담당한 행사를 바로 준비하면 성공할 확률이 있다고 생각하고 뒤를 돌아볼 겨를 없이 창업 준비에 매진했다. 다행히 갑자기 백수가 된 전 직장 동료들이 함께 해줘서 너무 큰 힘이 되었다. 그래서 탄생한 것이 바로 ㈜다온전람이다.

2015년 서울 양재동에 있는 전문전시장 aT센터에서 가장 큰 규모의 전시회 '서울 베이비 키즈 페어'를 성공적으로 개최했다. 그 후 사업을 여러 가지 방향으로 확장해 나갔다. 강북 지역인 세종대학교 컨벤션센터에서 '프리미엄 서베키(서울 베이비 키즈 페어)'를 추가로 개최하고 매년 개최 횟수를 늘려나갔다.

〈서울 베이비 키즈 페어〉

특허청이 주최하는 '여성발명왕EXPO'를 킨텍스에서 연속으로 성공 개최했다. 이 엑스포는 국제행사로 MICE(회의(Meeting), 포상관광(Incentive Travel), 컨벤션(Convention), 전시(Exhibition)의 머리글자를 딴 것) 산업이 모두 결합한 형태의 행사였다.

행사의 종류와 횟수를 증가시켰을 뿐만 아니라 유통 사업까지 시작하게 되었다. 괜찮은 참가업체의 유아용품을 거의 원가로 구매해서 대형서점, 쇼핑몰, 백화점 등에 입점시켰다. 반응이 좋아서 전국적으로 30여 곳에서 유통하게 되었다. 사업의 카테고리를 확장하며 3년 차 회사의 매출은 20억에 가까웠다.

감사하는 마음으로 여성 장애인을 위한 '성 프란치스코 장애인 종합복지관'을 매년 후원했다. 여성 장애인은 임신, 출산, 육아에 특히 많은 어려움을 갖고 있다는 이야기를 듣고 무상으로 '서베키'에 참가 기회를 주고 매년 유아용품 등을 기부하는 방식이었다.

그동안 직장인으로 또 대표이사로 수많은 경험을 쌓으며 기획에 대한 전문성을 키웠다. 그래서 기획하려는 이들에게 다양한 조언을 할 수 있다. 특히 기획 능력은 창업이나 경영에도 절대적으로 유용하다. 기획의 목적이 다를 뿐 프로세스는 큰 차이가 없기 때문이다.

기획 분야에서 일하다 보면 이론과 실전이 다른 부분이 많다. 그래서 지금부터는 실전에 도움 될 정보를 몇 가지를 공유하려 한다.

● **기획서부터 결과보고서까지**

본격적인 기획의 시작 단계인 '기획서 작성'은 상대를 위한 작업이다. 그리고 마지막 단계인 결과보고서는 더 발전할 수 있는 노하우를 논의하고 정리하는 과정의 산물이다.
기획서의 표지는 관련된 디자인을 쓰지만 그 행사를 위해 개발한 로고나 슬로건을 표기하면 좋다. 도입부에서는 행사와 관련된 트렌드, 현황, 콘셉트 등을 소개하며 기획서 내용을 친숙하게 하여 집중할 수 있도록 한다. 마지막에는 집중을 위해 차별화된 제안사항을 이야기하면서 기획의 목적을 다시 상기시켜 주면 설득 효과가 크다.
기획서에 첨부된 자료와 별도로 제작해야 할 것은 '예산안'이다. 좋은 기획에 행사까지 성공적으로 마무리했더라도 적자가 난다면 차기 행사 개최에 지장이 있다. 너무 큰 적자면 회사 운영에도 무리가 갈 수 있다. 첫 행사로 홍보에 초점을 맞추거나 차기 행사를 위해 수익을 기대하지 않더라도 예산안은 최소 수익이 나올 수 있게 만들어야 한다. 행사를 집행하다 보면 늘 예비비가 따로 지출되는 경우가 많기 때문이다.

● 가장 어려운 인력과 업체 관계

창업과 경영에서 제일 신경이 쓰이고 큰 스트레스를 주는 요소는 사람과의 관계이다. 업무를 총괄하는 PM(Project Manager)을 선정할 때는 처음부터 행사를 준비해 온 사람이 적임자이다. 혹시 불가피하게 새로운 사람을 선정해야 한다면, 경력과 성격이 맞는 사람을 고르는 것이 좋다.

이때 중요한 것이 있다. 새로운 PM이 선정되면 기존 PM과 대표는 그에게 온전히 힘을 실어줘야 한다. 그렇지 않으면 고객이나 거래처가 새로운 PM을 찾지 않게 되어 업무에 지장이 생긴다. 더구나 행사를 능동적으로 운영하기에 불편한 사항이 많아진다.

일하다 보면 인력은 늘 부족하다. 이때는 단기 직원을 일정 기간 채용하는 방법이 있다. 단기 직원은 채용 시 과거 행사 경험도 중요하지만, 활동적인 마인드도 매우 중요하다. 나이보다는 서비스 정신이 중요하다는 점도 고려해야 할 요소다. 많은 사람을 온·오프라인으로 응대해야 하기 때문이다.

거래처(협력업체)의 경우, 한 업체가 여러 가지 일을 병행해서 진행할 수도 있고 요청하는 업무를 다른 업체에 다시 대행할 수도 있다. 이것을 관리하는 일은 매우 힘들지만 그만큼 중요하다. 오랫동안 거래해 온 업체들은 타성에 적고 새로운 방법을 잘 제안하지 않는다.

그래서 기회가 되는 대로 다른 업체를 조사해서 가격과 제안을 받아보는 것을 추천한다. 이때 주의할 점이 있다. 새로운 업체를 테스트해 보면 기존 업체가 서운해하거나 관계가 소홀해질 수 있다. 이럴 때는 어쩔 수 없는 핑계를 대고 기존 업체와 동시에 업무를 진행하는 것을 추천한다. 이렇게 하면 같은 서비스를 받았는데 비용은 절약되는 경우가 종종 생긴다.

● 트렌드가 중요한 홍보와 마케팅

이제 홍보와 마케팅이 더 필요한 시대가 되었다. 그래서 이 일을 전문적으로 담당할 사람이 필요하다. 일단 관람객이 많이 와야 행사에 참여한 참가업체를 만족시킬 수 있다. 매장에 방문객이 있어야 매출 가능성이 발생하는 것은 당연하지 않은가?

2000년대 초반에는 미디어 광고 효과가 좋아서 TV, RADIO, 신문 등에 많은 예산을 지출했다. 육교나 교량 현판 등 오프라인 광고도 효과가 좋았다. 그러나 최근 10년 동안은 온라인 광고가 가장 주목받고 있다. 온라인 광고할 때는 트렌드를 파악하여 미리 준비해야 한다. 네이버 블로그의 경우에는 미리 쌓인 자료가 있어야 신뢰성을 줘서 효과를 기대할 수 있기 때문이다.

온라인 신문사를 미디어 파트너로 선정하면 정액으로 많은 기사(행사 안내, 참가업체 홍보, 취재 보도)를 낼 수가 있어 가성비가 좋다.

TV, RADIO 광고는 관람객 세대와 관심도를 조사하여 다양한 미디어 광고 패키지를 이용해 볼 수 있다.

SNS를 활용하고 이메일과 문자로 꾸준히 회원을 관리하면 좋다. 이외에 선발한 서포터즈는 숫자에 연연하지 말고 중요한 역할을 주며, 거기에 맞는 대우를 해야 한다. 경품, 활동비 등을 지급하는 것도 중요하다.

반대로 고객의 특성상 오프라인 홍보물이 효과적인 경우도 있다. 초대장 등 인쇄물과 옥내외 홍보물은 매우 다양한데, 때론 불법 부착으로 벌금이 나올 수 있는 점을 유념해야 한다.

● 행사에서 성과를 극대화하는 5가지 기획

① 참가목적을 정확히 결정하는 것이다. 그것이 행사의 준비부터 사후 업무까지 방향을 잡아주기 때문이다. 목적에 맞게 방향을 잡아두면 홍보, 시장 조사, 거래처 및 투자사 미팅 등 여러 가지를 집행해야 할 때도 걱정할 필요가 없다. 기본적인 우선순위를 정해서 목적에 맞춰 진행하면 된다.

② 기간과 장소는 효율적으로 선택한다. 1인 기업이나 소상공인은 인력이 충분하지 않기 때문에 고려할 비용이 많다.

③ 참가 결정은 신속하게, 준비는 철저히 해야 한다. 신청을 빨리하면 좋은 위치를 받을 수도 있고 참가비 할인의 혜택을 누릴 수

있다. 혹시 마감되어도 신청순으로 대기자 순번을 받을 수 있다. 정부, 지자체, 관련기관에서 참가비를 지원하는 경우 역시 선착순이 대부분이니 이를 빨리 파악하고 주최 및 주관사에게 정보를 요청해야 한다.

④ 관람객은 예비 고객이다. 미리 맞을 준비를 해야 한다. 디스플레이, 홍보물, 청소까지 꼼꼼하게 챙겨야 한다. 거래가 이루어지지 않아도 방문 후가 더욱 중요하다. 빠른 연락으로 감사와 제품이나 서비스를 안내하는 게 중요하다.

⑤ 주최 및 주관사를 귀찮게 해야 한다. 수천 개의 참가업체를 만나면서 성과를 얻은 업체를 보면 공통점이 있다. 바로 열정과 더불어 행사를 함께 기획하는 자세가 있다는 것이다. 지금은 중견기업이 된 씨크릿우먼(ssecretwoman.com)의 김영휴 대표가 대표적인 예이다.

그렇다면 전시기획에서 전시장, 참가업체, 관람객 중 가장 중요한 것은 무엇일까?

물론 모두 중요하지만 가장 중요한 것이 '참가업체'라고 생각한다.

원하는 날짜에 전시장을 임대받지 못하거나 원하는 홀을 못 들어갈지라도 괜찮다. 차기 행사에 더 좋은 조건을 준비하면 된다. 그러나 참가업체가 모집이 안 되면 행사 자체를 오픈할 수 없다. 모집이 안 되면 가장 먼저 예산이 많이 들어가는 홍보마케팅 비용부터 줄이게 된다.

반대로 참가업체 모집이 잘되면 홍보마케팅 비용도 많이 지출할 수 있을 뿐만 아니라 참가업체 모집에 신경 쓰지 않고 행사의 성공적인 개최에 집중할 수 있다. 한 번 좋은 성과를 갖게 되면 차기 행사에도 참가업체 모집이 수월하고 규모와 횟수를 늘릴 수 있다.

물론 장기적으로 봤을 때나 참가업체 입장에서는 '관람객 수'가 제일 중요하다는 점을 잊지는 말자. 일단 행사를 오픈한다면 다음 행사를 기대할 수도 있다. 결국 행사는 잘 되면 더 잘 될 가능성이 커지고 잘 안되면 더 안 될 가능성이 커진다.

모든 사업은 '부익부 빈익빈'이다. 그만큼 기획이 중요한 이유이다.

Chapter 3
리스타트 기획

> "살아있어야죠. 그래야 제주도도 오고, 별을 보거나 노을을 보거나, 어디를 가든 누구를 만나든 무얼 먹든, 다 살아있어야 할 수 있는 일이죠."
> - 송영균, <MBC스페셜 : 내가 죽는 날에는> 중에서 -

국내 전시 산업의 가장 큰 문제로 꼽히는 '유사 전시회의 난립'으로 인해 언젠가부터 우리 회사 매출이 점점 줄어들기 시작했다. 차별성을 연구하고 홍보마케팅에 예산 집행을 늘려도 사정은 점점 힘들어졌다. 그래서 이런 상황을 대비해 준비하던 '탈모 박람회(가칭)' 개최에 박차를 가했다.

매일경제신문과 공동주최 계약을 맺고 비용까지 바로 결제하며 본격적으로 준비했다. 다시 창업한다는 초심을 되새기며 신규 사업을 위해 앞만 보고 달려가기 시작했다. 주위에서 많은 도움을 주었다. 시작할 때와 같이 다시 한번 성공할 수 있을 것 같은 예감에 가슴이 뛰었다. 그러나 현실은 기대와 사뭇 달랐다.

● **50% 생존확률**

    2019년 6월 28일이었다. 그날 '여름 서베키(서울 베이비 키즈 페어)'는 규모를 반으로 줄여서 곧 오픈을 며칠 남겨두고 있었다. 그런데 퇴근 후 갑자기 온몸에 힘이 빠져서 구급차를 불렀다. 집 계단에서부터 업혀 가면서 정신을 잃었다. 깨어보니 중환자실이었고 몸을 움직일 수 없었다.
    기억은 거의 나지 않는다. 며칠 만에 생사의 50% 확률로 깨어났다. 하지만 왼쪽 뇌출혈로 오른쪽 반신불수가 됐고 말은 어눌해졌다. 다시 일어날 수 있을지, 몸의 오른쪽을 다시 움직일 수 있을지 알 수 없어 그저 눈물만 나왔다.
    힘들어진 회사 상황과 개인적인 일들로 스트레스를 받아 그동안 건강을 돌보지 않은 것이 주요 원인이었다. 두통약을 먹어도 효과가 없었고 자주 손이 저리는 전초 증상이 있었지만, 바쁘다는 핑계로 신경을 쓰지 못했다.

    간병인의 도움이 없으면 아무것도 할 수 없었지만 온종일 재활만을 생각하고 최선을 다하자 조금씩 걸을 수 있게 됐고, 곧 오른쪽 팔을 사용할 수 있게 되었다. 중소기업은 대표의 역할이 크기에 회사를 정상화하기 위해 반년만에 서둘러 퇴원했다. 경증 장애인 판정받았지만, 후유증을 견뎌내며 사업에 집중했다.
    그런데 다시 한번 미래를 준비할 수 있다는 희망에 차 있던 몇 달이 지난 후 설상가상으로 이번엔 코로나 사태가 터졌다. MICE 산업의 모든 분야가 아주 힘든 상황이 됐다. 전시장을 오픈조차 할 수 없으니 신규 행사기획이 의미가 없었다. 하늘이 너무 원망스러웠다. 이보다 더 나빠질 수 있을까 하는 생각까지 들었다.

그러나 시련은 그게 끝이 아니었다. 어머니의 치매와 암 등 힘든 일은 연이어 생겼다. 다시 쓰러질 것 같았다. 죽음에서 살아나 뭐든지 할 수 있을 것 같았는데, 불확실한 미래에 문득 겁이 나기 시작했다.

오랫동안 한 우물만 팠는데 이 일을 계속할 수 있을지 확신이 서지 않았다. 병원에서 환자들과 같이 있을 땐 제일 빨리 회복할 수 있었는데 퇴원하고 보니 금방 지치고 세상에 나만 홀로 환자인 느낌이었다.

병원에 입원했을 때보다 더욱 힘든 시간 속에서 그냥 멍하게 하루하루 슬퍼하며 지내게 되었다. 성당, 절, 교회를 모두 가보았지만, 마음에 힐링은 없었다.

뇌출혈 후유증 때문에 매일 많이 자는 동안은 현실을 잊을 수 있었다. 자기 전에는 일어나면 오른쪽 저림이 없어지길 희망했지만 늘 똑같았다. 일과 수입은 멈췄고 그렇게 1년이 지났다. 이렇게 계속 살면 안 될 것 같았다. 그래서 윤선정 의사 선생님, 이선미 상담사, 친구 학수에게 자주 연락했다. 본인들도 일 때문에 바쁘겠지만 미안함을 무릅쓰고 자꾸 고민을 나눴다. 그 대화 덕분에 마음이 한결 가벼워졌다. 마음이 나아지자, 조금씩 나를 다시 돌아보고 앞으로 무엇을 해야 할지 고민할 수 있게 되었다.

코로나가 쉽게 사그라지지 않으리라고 예상하고 전시기획은 일단 쉬면서 다른 일을 찾아보기로 했다. 조금씩 새로운 희망을 품고 '내 인생 리스타트 기획'을 시작했다.

● 힐링을 준 호서대학교 글로벌창업대학원

취업보다 창업으로 방향을 잡고 제일 먼저 생각한 것은 유튜버와 온라인 쇼핑몰이었다. 하지만 반년 정도 열심히 준비했는데도 가슴이 하나도 뛰지 않았다. 벌어놓은 돈이 아직 남아있어서 당장은 먹고살기가 힘들진 않아서였을까? 다시 고민하게 되었다.

그때 '기미남(기획에 미친 남자)'이라는 별명을 지어준 박정옥 교수의 소개로 호서대학교 글로벌창업대학원 박남규 교수를 만났다. 첫 만남부터 다른 관점에서 많은 이야기를 나눴다. 40년 동안 분식점을 운영한 부모님이 하는 일은 같지만 오는 손님은 다르다는 예를 들며 시야를 넓히고 기존 경험을 활용하라고 조언해 주었다.

머리를 한 대 맞은 기분이 들었다. 공감이 갔고, 내 인생의 새로운 방향을 잡을 수 있을 것 같은 느낌이 들었다. 그리고 오랜 경력과 노하우를 발전시켜 나만의 사업을 발전시킬 수 있겠다는 확신이 생겼다. 그리고 대학원에 입학했다.

코로나 때문에 수업은 온라인으로 진행됐다. 그러나 폐암과 치매가 있는 어머니의 건강이 극도로 안 좋아져 병간호를 하게되니 수업에 참여하는 것도 힘들어졌다. 그러다 어머니를 하늘나라로 보내드리고 다시 한번 마음먹었다. 일단 한 학기만 열심히 다녀보자고.

그렇게 한 건 너무나 좋은 결정이었다. 정말 좋은 인연을 만날 수 있는 시간이었다. 100세 시대에 이제 인생을 반 살았다는 것을 깨닫게 해준 대학원은 나에겐 너무나 큰 행운이었다.

이론이라는 것이 현실에는 도움이 안 된다는 기존 생각도 많이 바뀌었다. 선배들이 했던 고민의 과정과 결과를 공부하다 보니 시간을 절약할 수 있었고, 못 보고 간과했던 부분을 볼 수 있었다.

내 돈으로만 사업한 경험밖에 없기에 정부나 다른 곳에서 지원받는 이야기들은 처음엔 정말 낯설었다. 학업을 진행하며 첫 창업 때처럼 직접 자금을 투자하기는 힘든 상황임을 인식하게 되었다. 확신할 비즈니스모델이 없는 상황에서 예상치 못한 변수까지 고려한다면, 무작정 사업을 시작하는 건 그야말로 도박과 차이가 없다는 걸 알게 됐다.

지금은 정부 지원을 받은 내 경험을 강의에서 나누고 있다. 1인 기업과 협업이 어느덧 익숙해지고, 나아갈 방향을 잡아가기 시작하면서 이제 나, 기미남은 다시 기획하고 있다.

● 코로나 시대에 재기를 기획

1학기가 끝날 무렵 대학원에서 첫 기획인 워크숍을 개최하기로 했다. 코로나 때문에 제약이 많았지만, 안전 기준을 지키며 준비해 보기로 했다. 신입생부터 졸업생까지 함께하는 주제로 프로그램을 기획했다. 행사는 성공적이었고 정말 고맙다는 많은 인사를 받았다.

동기 중 몇 명이 감사하게도 많이 도와주었다. 이렇게 소수의 인원이 참가하는 행사를 수입도 없이 기획한 것은 처음이었다.

행사를 준비하면서 '내가 오랫동안 이렇게 좋아해 왔고, 나를 행복하게 해주는 기획을 어떻게 안 할 수 있을까?'라는 생각이 들었다. 기획은 규모와 상관없이 어디에나 있다. 다시 기획한다는 사실에 어느새 가슴이 뛰기 시작했다.

  내친김에 대학원에서 작지만 많은 것을 기획해 보기로 했다. 여름방학 프로젝트로 원우들이 논문, 사업계획서를 준비해 강의와 발표와 집단지성의 피드백 등을 구성한 프로그램을 진행했다. 행사를 진행하며 8주간의 토요일을 불태웠다. 마지막 날에는 '나바시(나를 바꾸는 시간)'이란 발표대회를 오프라인으로 개최했다.

  이외에도 둘레길, 자전거 타기, 맛집 탐방, 힐링 등 다양한 이벤트를 진행했다. 어느새 2학기 시작이 다가오고 운영진을 구성하여 원우 방문, 가을 소풍, 자격증 공부 등 체계적으로 다양한 프로그램을 만들어 진행했다.

  개인 경력을 위해 관련 자격증에 도전했다. 자격증은 창업 관련 자격 중 가장 기초가 되는 '창업보육전문매니저'를 취득했다. 운전면허 이후로 30년 만에 취득한 자격증이었다. 내일배움카드로 취업성공 패키지를 이용해 학원을 무료로 다니고 장애인은 오히려 약간의 교육비를 받을 수 있어 좋았다.

  내친김에 한국장애인고용공단에서 발급해 주는 '직장 내 장애인 인식개선 전문 강사' 자격증도 취득했다. 그렇게 겨울방학 프로젝트와 학위수여식과 신입생 OT까지 대학원에서 1년은 정말 알차고 정신없이 보냈다.

  대학원 2년째부터는 본격적인 제2의 인생을 기획하기 시작했다. 1년 동안 열정적인 모습을 보인 탓에 대학원 조교로 선정되어 장학금을 받으며 네트워크를 넓혔다. 한 학기마다 변경이 되는 전례를 깨고

두 학기 연속 조교 임무를 수행했다.

또한, 장기 연간 프로젝트로 6차산업을 준비하는 13개 천안 농가에 컨설팅과 강의를 제공하고, 고향인 관악구에서 골목상권 상인대학을 진행해서 27명의 졸업생을 배출했다. 창업아이템 경진대회에서 '경력 장애인 취·창업 비즈니스 플랫폼'으로 중소벤처기업부 장관상을 받고 사업화 지원을 받아서 두 번째로 창업하게 되었다.

그렇게 ㈜다온전람에 이어 다온기획경영연구원을 탄생시키며 현재는 창업 교육, 경영 컨설팅, 행사기획을 진행하고 있다. 여기에는 대학원에서 알게 된 정이숙 동기는 연구부원장, 정수정 동기는 경영부원장, 김진호 원우는 ICT센터장으로 협업하고 있다.

이런 성과와 함께 '전시 서비스가 만족도에 미치는 영향'이라는 졸업 논문을 써서 우수논문 총장상을 받을 수 있었다.

돌아보니 호서대학교 글로벌창업대학원은 육체적으로뿐만 아니라 정신적으로 너무 힘들었던 시간에 리스타트를 기획할 수 있게 큰 도움을 준 힐링 그 자체였다. 너무 감사한 분들이 많았고, 나락에서 올라오도록 힘을 준 곳이었다. 또한, '인생은 새옹지마'라는 것과 '가만히 있으면 아무것도 변하지 않는다'는 것을 절실하게 느끼게 해준 곳이기도 했다.

이제 명함을 건네기보다 먼저 네이버에서 이경섭을 검색해 보라고 자신 있게 이야기한다. 2023년에는 호서대학교 벤처대학원 박사과정에 진학하면서 조교로 선정되었고 한국열린사이버대학교 디지털비즈니스학과 특임교수가 되었다.

　직업과 진로를 고민하는 중고등학생에게 도움을 주기 위해 〈직업의 세계, 리얼 스토리〉라는 책을 출판했다. 이런 노력에 장애인기업종합지원센터에서는 다온기획경영연구원 관련 소식을 동영상으로 촬영해서 유튜브에 올리고 책자에도 실어주었다.

　또한, 고향인 서울 관악구에서는 상공회와 소상공인연합회 사무국장과 이사로 위촉해 주었다. 게다가 100여 개 정부 기관, 지자체, 진흥원 등에서 평가심사위원과 멘토로 선정되어 활발하게 활동하고 있다. 시장 트렌드를 배우며 수당까지 받는 기회가 많이 생겨 너무 감사하다.

● **제2의 인생 기획**

　4년 전 코로나 사태가 터지던 상황을 떠올려 본다. 전문가들은 "하이브리드 전시가 단시간에 참가업체와 관람객의 관심을 끄는 건 불가능하므로 전시 자체의 소멸이 올 수도 있다"고 전망했다. 그러나 지금 컨벤션은 오히려 활성화된 부분도 있고 전시도 생각보다 발전했다.

　그래서 이런 의문들이 생겼다. 전시장은 가동률이 50%도 안 되고, 유사 전시회 범람에 대형 전시장의 행사만 살아남는 현실이라지만, 이 또한 코로나 같은 평계가 아닐까? 오히려 이때 시야를 넓혀서 행사에 차별화를 연구하면 전국으로, 그리고 세계에 진출할 기회가 될 수 있지 않을까?

　행사, 창업, 경영의 경험과 노하우와 기획의 열정을 무기로 제2의 인생을 펼치고 세상에 도움이 되는 일을 계속하고 싶다. 그래서 현실을 받아들이면서도 장기적으로 준비하고 있는 것은 다음 세 가지다.

첫 번째는 '리스타트강소기획자'가 되는 것이다. 힘든 일을 겪었으나 재기해서 작지만 강한 창업을 하려는 이들을 돕고 싶다. 경력이 있는 장애인, 예비 또는 초기 창업자, 제2의 인생을 준비하는 중장년이 주요 대상이다. 또한, 퍼스널브랜딩과 연결해서 제2의 인생을 기획하는데도 노하우를 전달하고 싶다.

두 번째는 창업 교육과 경영 컨설팅 분야의 전문가가 되는 것이다. 법인과 개인 창업을 하고 정부의 창업경진대회 수상과 지원사업 선정 경험을 공유하고 싶다. 대상은 소상공인과 1인 기업이다. 그들은 혼자서 많은 역할을 해야 하므로 미래를 기획할 시간이 부족하다.

또한 1인 기업은 자금이 넉넉하지 않기 때문에 사회적인 환경과 여건에 따라 매출이 줄어들면 유지하기가 힘들고 폐업하기도 쉽다. 그렇기에 교육과 컨설팅이 필요하고 폐업하더라도 연착륙할 기획이 필요하다. 회사에 가장 적합한 사람을 채용하는 것도 기획이다. 사람이 회사의 생존을 결정한다. 회사가 오래 지속되길 원하는 마음은 창업자라면 모두 똑같다.

세 번째는 행사기획으로 고향인 관악구에 도움을 주고 싶다. 관악구에서 초중고를 모두 다녔다. 학교를 멀리 다녀보고 싶어서 서울대는 안 갔다고 농담으로 말할 정도로 오래 산 고향이다. 두 번의 창업을 했고 아직 경영하고 있으며 현재 거주하는 곳이기도 하다.

지자체에 있는 모든 세대가 행사와 교육을 통해 일과 생활 모두에 도움을 받을 수 있도록 기획을 준비하고 있다.

누가 나에게 "왜 기획을 하냐?"고 묻는다면, 목적을 달성하고 발전시키기 위해서라고 답할 것이다. 기획할 때는 집중력이 강해진다. 몰입으로 빠져들어 장애 후유증으로 24시간 느끼는 오른쪽 다리의 저림을 잊을 정도다.

기획의 결과가 잘 나오고 거기에 칭찬과 인정까지 받으면 도파민(Dopamine)이 분비되어 모든 힘든 것이 사라진 느낌이 든다.

누구나 본인이 제일 힘들다고 생각한다. 가만히 있으면 아무것도 변하지 않는다는 것을 잘 알지만 실천하는 덴 어려움과 역경이 있다.

그러나 아직 살아있다면 감사하게도 무엇이든지 도전할 수 있다. 도전은 하되 기획이 먼저다. 성공 확률을 높여주는 기획은 모든 사업의 시작이자 끝이다.

인생의 기획은 시야를 넓히고 미래의 방향을 잘 잡는 것이다. 그동안 일과 인생의 크고 작은 것을 기획해 보니 모든 일의 본질은 같다는 것을 느꼈다. 상대방 입장을 보면서 다른 상황의 최적화 된 경영전략을 연구한다면 반드시 성공하는 기획이 될 것이다.

기미남은 '리스타트강소기획자'로 지금도 내 삶 가까운 곳에서부터 도전을 시작하고 있다.

제2의 인생 경영전략의 성공을 위하여!

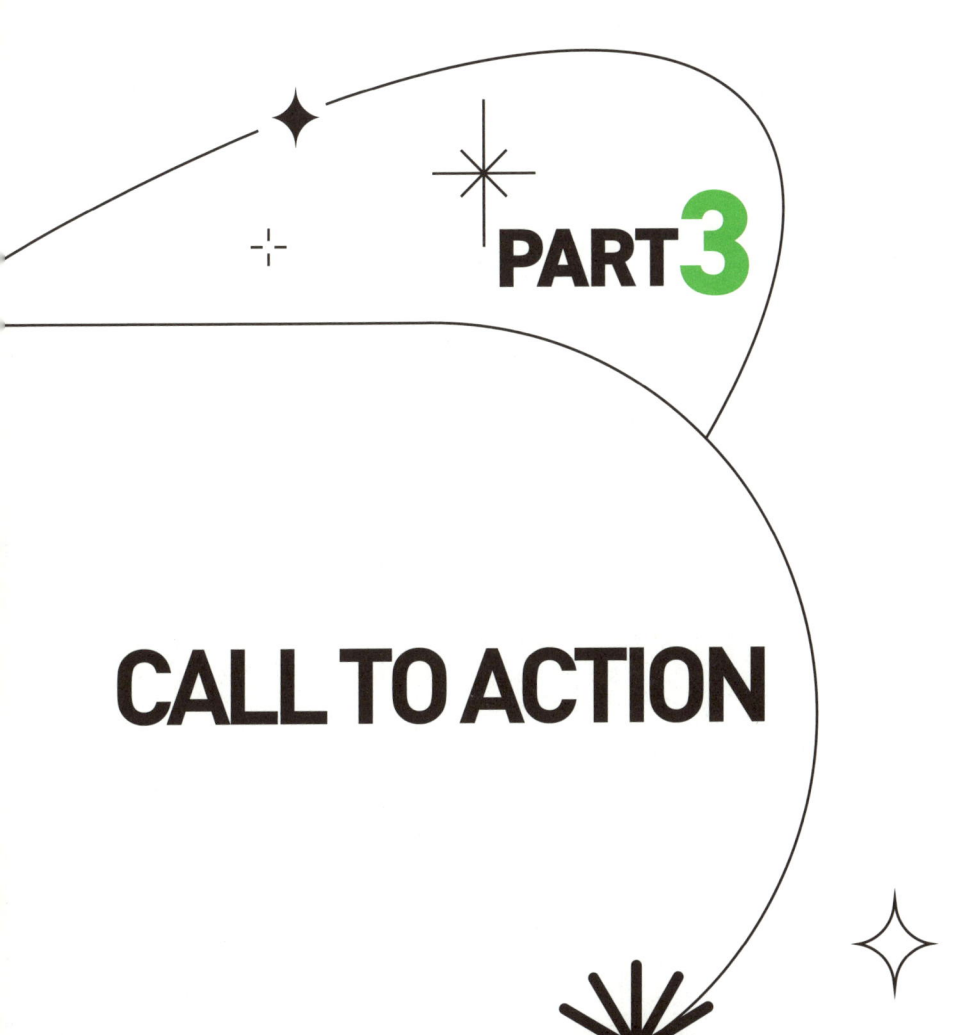

PART 3

CALL TO ACTION

Chapter 1. 무한긍정으로 만들어진 새로운 직업 - 154KV전문 변전설비업

1. 나는 세상의 중심이다.
2. 새로운 시작 그리고 도전
3. 자신의 재능을 찾고 자존감을 회복하자!

Chapter 2. 창업을 위한 마음의 틀

1. 창업 아이디어 찾기와 사회적 가치 창출
2. 장점과 강점을 활용하라!
3. 목표와 비전을 설정하라!
4. 가치를 공유하고 소통하라!
5. 창업자의 자질
6. 창업자의 역량
7. 맺음말

無에서 有를 만들어낸 여성 CEO

08

PROFILE

안지후
긍정태도전문가

95년 백옥생 한방화장품 회사에서 피부관리사 겸 영업사원 제품 교육을 시작으로 스킨케어 전문가를 꿈꾸기 시작했다. 97년에 에스더 피부 관리 샵을 오픈하면서 전문적인 스킨케어 사업에 진출한다.

2000년 12월에 미용사 자격을 취득하고 2008년 로뎀 스킨닥터 샵을 개업 후 일을 병행하면서 침구 의사 자격을 갖추었다. 간호조무사 자격증을 취득하고 2009년 이화여대 평생교육원에서 국제의료 관광 코디네이터과정을 수료한 후 국제의료 관광 사업을 위해 에스라 GMC를 개업, 서울과 경기의 대형병원과 컨소시엄을 맺어 해외 의료 환자 관광 사업을 진행했다. 동유럽법인을 세우고 메디컬센터를 세우기 위해 노력하고 현재도 진행 중이다.

늘 부족함을 느끼며 더 많은 경영지식을 쌓기 위해 2015년부터 카네기 CEO 과정을 시작으로 카이스트 AMP, 한국 글로벌 법률조정 대학원 조정 협상 전문가 자격증을 공부하고, 연세대학교 여성 CEO 한국 산업단지 주관 'KIBA 서울 CEO 과정'을 수료했다.

이외에 미술 등 교양 분야에도 지식을 쌓기 위해 노력 중이며 현재 호서대글로벌경영대학원 석사과정 중이다.

경력

2023. 호서대학교 글로벌창업대학원 창업경영학과 석사
2022. 글로벌 협상 조정 전문가(1급) 자격취득
2019. 한국열린사이버대/창업경영컨설팅학과 졸업
2019. 한국수력원자력 주관 상생 포럼 CEO 과정 수료
2018. 연세대 여성 최고 경영자 과정 수료
2016. 카이스트 경영대학원 AMP 과정 수료
2015. 이화여자대학교 평생교육원 국제의료관광 코디네이터 수료
2009. 국제의료관광코디네이터 자격취득
2008. 요녕중의대/침구학과 졸업

2004. 간호조무사 자격증
2000. 미용사 자격증 취득

활동
현재) 광명경찰서 안보협의회 위원
현재) 광명시 규제개혁/위원
현재) 광명시 일자리 위원회/위원
현재) 한국법률조정위원회 부위원장
현재) 한국산업단지협회 서울시 정회원
현재) 중소벤처기업청 경기 벤처중소기업 연합회/광명진흥 회장
현재) 사단법인 경기벤처중소기업 연합회 여성위원회 수석부위원장
현재) 가산스마트산업 진흥협회/회원

포상기록
2021. 중소벤처기업부 장관 표창 : 기술·경영혁신
2021. 광명시장 : 모범기업인 상-지역경제 활성화, 기술혁신
2016,2021. 광명시의회 의장 표창 : 의정 활성화 기여한 공
2020. 국회의원 표창 : 봉사 정신
2019. KECI : 한국경제문화 대상-기술혁신 부문 표창
2019. 시사투데이 : 올해 新한국인 경영 대상
2018. 경기지방중소벤처기업청장 표창

집필 동기

우리는 언제나 누군가에게 자신을 세일즈한다. 경제적으로 살아가기 위해 자신이 잘할 수 있는 일에서 능력을 발휘하며 자신의 지식과 기술을 판매한다.
그런 경제활동을 하면서도 기쁨과 행복을 느끼고, 자존감을 회복하고 싶고, 자랑스러움을 느낄 수 있으며, 열정을 뿜어낼 수 있는 순간을 찾기 위해 노력한다.
작은 중소기업 대표로 일하면서 늘 회사와 직원이 먼저였다. 기업 시스템이 갖춰져 스스로 돌아갈 수 있게 되기까지 대표는 늘 가장 낮은 자리에서 일해야 한다. 특히 창업 초기에는 대표 자신이 '제1호 멀티플레이어'가 되어 회사를 이끌어 나가야 한다.

대표는 직원과 함께 일한다. 그러나 대표에게는 항상 따로 해야 할 일이 많다. 그러다 보니 자연스럽게 가장 먼저 출근하고 가장 늦게 퇴근하게 된다. 모든 중소기업 대표들의 현재 모습이 이렇지는 않겠지만, 대부분은 이와 비슷한 상황일 것이다. 따라서 대표는 항상 자신을 돌아보며 중심을 잃지 않도록 노력해야 한다. 마음의 상처를 받지 않는 방향으로 자기중심을 잡고, 난관을 헤쳐 나가기 위해 고군분투해야 한다.

이 글을 작성하는 목적은 두 가지이다. 첫 번째는 사업하면서 겪은 경제적 어려움과 좌절을 공유하여 다른 분들에게 도움이 될 만한 팁을 전달하고자 함이며, 두 번째는 성공의 경험과 행복을 다른 분들과 나누고 그것들을 달성하는 방법을 가르쳐주고 싶은 마음에서다.

이 글에 포함된 내용은 나의 개인적인 견해와 경험에 근거한 것이다. 그러므로 절대적이거나 완벽한 방법은 아니다. 그러나 내가 사업을 하며 느낀 창업의 가치와 의미, 창업의 준비와 과정, 성공의 전략과 실패 예방법 등 거의 모든 경험과 생각을 이 글에 담았다고 자부한다.
긍정적인 마음과 명확한 동기는 어떤 힘든 상황에서도 적극적인 방향으로 나아가게 만드는 마성의 언어이다. 여러분도 이 언어와 함께 도전했으면 좋겠다.
창업에 대해 고민하는 많은 이들이 기존보다 더 나은 시스템을 만들고, 직원들과 함께 삶의 질을 높이며, 사회에 이익을 환원하는 성공적인 기업을 만들어 나가길 바란다.

이 글이 창업을 고민하시는 분들에게 도움이 되기를 바라며⋯.

Chapter 1
무한긍정으로 만들어진 새로운 직업 – 154KV전문 변전설비업

"세상은 내가 생각하는 대로 돌아가지 않는다.
하지만 내 생각이 세상을 바꿀 수 있다."
- 칼 윅 -

● **나는 세상의 중심이다.**

내 생각대로 세상이 돌아가지 않는다는 말은 결코 낙관적이지 않다. 오히려 자신감과 도전의 의지가 필요하다는 말이다. 칼 윅은 이 말을 통해 무엇을 전하려 한 걸까? 우리에게 '나의 생각과 행동이 세상을 변화시킬 수 있다'는 메시지를 전달하고 싶었던 게 아닐까?

자신의 일을 하면서 즐기는 삶을 살기 위해서는 가장 먼저 내가 정말 하고 싶은 일을 찾아야 한다. 그리고 그 일을 시작하기 위해 준비하고 도전해야 한다. 이런 과정에서 실패와 좌절을 맛볼 수도 있다. 하지만 그런 경험을 통해 사람은 더 성장하고, 더욱 힘차게 일할 수 있다.

나도 살면서 많은 어려운 과정을 거쳤다. 나는 부모님 밑에서 지내다가 결혼하게 되며 너무나 자연스럽게 엄마가 되었다. 임신과 육아로 인해 경력이 단절되었던 어느 무렵, 이전에 아르바이트로 근무하던 약국으로부터 도와달라는 요청이 왔다. 덕분에 다시 일을 시작하게 되었지만 길었던 휴직 기간과 육아 때문인지 여러 가지로 부딪히는 일들이 많았다.

그러나 그렇게 일을 다시 시작한 것은 나에게 큰 행운이었다. 내가 하고 싶은 일을 찾을 수 있는 계기가 되었기 때문이다.

평소에 관심 있었던 스킨케어 직업을 선택하고 새로운 도전에 나섰다. 나와 잘 맞는 직업이었는지 내 스타일대로 즐겁게 일할 수 있었다. 내가 하고 싶은 일, 나의 적성에 맞는 일이어서 그랬을까? 일을 습득하고 따라가는 속도가 빨라졌다. 누가 시키지 않아도 임상을 진행했고 나만의 임상자료를 모았다. 경력이 쌓이며 나중에 스킨케어 샵을 오픈할 때 나에게 더없이 소중한 창업의 자산이 됐다.

자기 일을 즐기는 사람이 내는 성과는 의무감으로 일하는 사람의 성과와 많은 차이를 보인다. 그래서 내 자녀에게도 일을 즐기는 사람이 되라고 가르쳤다.

나는 일을 하면서 세상이 나를 중심으로 돌아간다고 생각하며 행동했다.

그러자면 더 많은 것을 배워야 했다. 침구학을 공부하고 간호조무사 자격증을 취득했다. 미용과 관련된 모든 것을 배우고 싶어서 헤어 디자인 자격증도 취득하였고, 일반 스킨케어뿐만 아니라 메디컬 스킨케어도 배웠다. 1990년대 초의 나라면 도저히 생각지 못할 영역으로 시야를 넓혀나갔다.

시간이 지나고 경력이 쌓이자 스킨케어 샵을 창업하게 되었다. 이후 메디컬 스킨케어를 접목해 레벨업을 시켜달라는 해외의 요청도 받았으며, 덕분에 외국에서 일할 수 있게 되었고 경제적으로도 안정되었다.

돌아보면 나는 스스로 관심 있는 일을 찾고 그 일을 하면서 성장했다. 열정과 도전 정신으로 더 많은 것을 배우고 새로운 영역으로 나아갔다. 이러한 경험을 통해 내가 하고 싶은 일을 하면서 살아가는 것이 얼마나 소중한지 알게 됐다. 그렇게 쌓은 내 자신감과 도전 정신은 계속해서 나를 성공으로 이끄는 듯했다.

● 새로운 시작 그리고 도전

"남들보다 앞서는 비결은 출발에 있다. 지금 당장 하라."
- 마크 트웨인 -

삶은 가끔 내가 예측하지 못한 방향으로 흘러간다. 나의 남편은 전형적인 엔지니어였다. 소박하고 마음이 여려서 늘 남을 먼저 배려하는 성격이었다.

그러나 사업에는 서툴렀다. 지방에서 큰 공사를 하청받아 1년 가까이 공사를 진행하며 노무비와 자재 수급을 위한 자금을 구하느라 여기저기서 대출을 받았는데, 그 이자와 경영자금을 감당하느라 혼자 오랜 시간을 고민하고 힘들어하다 결국은 부도를 맞았다.

남편이 힘들게 이끌어 오던 회사는 그 여파로 파산했고 결국 남편은 신용불량자가 됐다. 자신의 이름으로 사업을 할 수 없게 된 남편은 동종업계 송풍기 회사의 AS 팀장 타이틀로 바닥에서부터 다시 시작해야 했다.

파산 후에는 다른 회사 팀장의 이름으로 직원 한 사람을 데리고 전국으로 AS를 다니며 일했다. 그땐 남편 사정이 너무나 어려웠기에, 내가 운영했던 스킨케어 샵에서 발생하는 수입으로 크고 작은 어려움을 해결하곤 했다.

그래도 오랜 시간을 노력한 결과 남편의 회사는 조금씩 회복되더니 일의 규모가 커지기 시작했다. 혼자서 헤쳐 나가기 어려웠는지 남편은 내가 대표로 사업자를 개설하고 경영을 맡아주길 부탁했다.

나는 고민 끝에 남편과 사업을 함께 하기로 했다. 내가 20년 가까이 했던 스킨케어 분야를 접고 건축 기계설비 분야라는 전혀 생소하고 다른 분야의 일을 시작하게 된 것이다.

남편에게 기계설비업에 대해 얼추 듣기는 했지만, 이 분야는 내가 했던 일과 너무나 다른 사업이었다. 처음 내 명의로 사업자 등록을 진행했을 때 세무서에서 실사 받을 정도였다. 세무서에서도 내가 하던 기존 일과 기계설비업이 전혀 다른 영역이라고 생각했던 모양이다.

지금이야 변전 설비 분야에서 나오는 단어들이 익숙하다. 하지만, 처음엔 너무나 이 분야에 문외한이었기에 직원들과 함께 현장을 다니며 변전소 바닥 청소부터 모든 일을 배웠다.

기계설비 분야를 배워나가며 일의 규모와 돈의 흐름도 내가 하던 일과 매우 다르게 느껴졌다. 당연히 운영 비용도 전에 하던 일보다 훨씬 큰 규모였다. 초기에는 아무것도 모르는 상태에서 운영자금을 마련하기 어려워 막막한 상황을 경험하기도 했다.

주거래 은행 기업 신용 대출부터 시작해 신용보증재단을 찾아가 신생 업체 지원자금을 상담하고, 시청에서 하는 기업지원과 대출을 찾아보며 창업지원 자금을 알아보았다.

스킨케어로 작은 샵을 경영하던 나는 기계설비 사업 현장에서 남자 직원과 소통하는 법부터 배워야 했다. 막상 시작하고 보니 어떻게 회사를 경영할지, 설비업을 어떻게 이해하고 다가가야 할지도 몰랐다. 회사 자금의 흐름을 모르니 큰 금액이 필요할 때마다 집을 담보로 돈을 마련했었다.

이제는 정부자금을 신청할 줄도 알고 중소기업진흥공단, 기술보증기금 등을 통해 대출을 이용하고 경영자금을 만들 수 있어 어려움이 많이 해결된 상태이다.

또한 기계설비업 면허를 취득하여 전문건설업에 종사하며 기본 매출이 안정적으로 발생하고 있다. 우리 사업은 완전한 B to B 분야로 일반인들에게는 알려지지 않은 곳에서 일한다. 하지만 기업의 대표로서 공기업과 관계 지속을 위한 활동을 하며 정직함, 성실함, 인간관계의 중요성을 인지하게 되었고 현재도 이를 위해 노력 중이다.

새로운 사업 경력 13년이라는 오랜 시간 동안 사업 분야는 많은 것이 변했다. 직접 용접해서 배관을 연결하고 설비 기계들을 잘 정비해서 돌아가게 하는 일은 물론이고, 우리 회사만의 특화된 분야도 생겼다. 바로 한국전력 변전소의 154KV 고압 변압기가 상시 온도를 유지하고 변압기 온도가 올라가지 않고 적정 온도를 유지해 화재가 발생하지 않도록 수냉각 설비를 신설하고 유지보수하는 일이다.

한전에 이 일만 담당하는 부서가 생길 정도로 우리 일은 전문적인 분야다. 또한 우리 회사는 2021년에는 한전 중소벤처 지원부에서 진행하는 신제품 개발 사업에 선정되어 한전 변전설비의 설비 교환에 꼭 필요한 '비 휴전 냉각 시스템'을 개발하기도 했다. 이것은 한국전력공사 변전설비의 전문 시스템 신제품으로, 변압기 주변 설비 중 노후 냉각탑 교체 시 휴전하지 않고 작업 기간 내내 전력을 공급하고 유지하는 것이 가능한 시스템이다.

아래의 사진은 비 휴전 냉각기의 초기 모델이다.

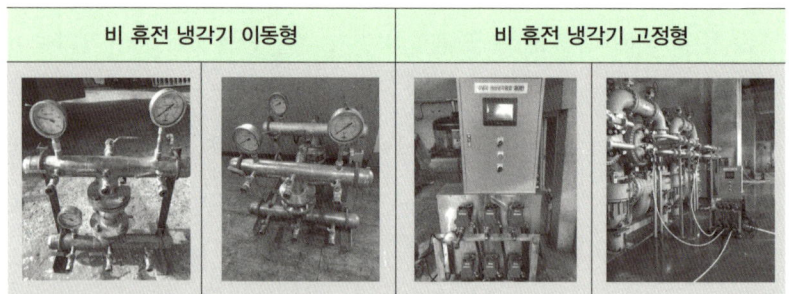

(21년 개발된 비 휴전 냉각 시스템)

이러한 제품은 변전 설비 교체 비용의 30% 이상을 절감할 수 있도록 설계되었으며, 냉각탑 교체와 변전 설비 교체 시 다양하게 활용되고 있다. 특히 이동식 제품은 타 회사에서 렌트를 요청하는 등 그로 인한 매출이 꾸준히 발생하고 있다.

일의 기본을 모두 파악한 지금, 나는 예전처럼 현장을 직접 뛰지는 않는다. 엔지니어가 필요한 현장 일은 탁월한 기술력과 뛰어난 지혜를 가진 남편이 담당하고, 나는 회사의 경영 자금과 R&D, 기타 회사에서 일어나는 모든 일을 총괄하고 경영한다. 우리 부부는 잘 맞춰진 톱니바퀴처럼 각자 맡은 분야를 잘 진행하고 있다. 그 결과 지금까지 매년 20% 이상 매출이 올라가는 결과를 얻을 수 있었다. 참으로 감사한 일이다.

그래도 우리 회사의 도전은 멈추지 않는다. 지금까지 변전설비에 관한 특허와 실용신안 1개 등 전문건설업 면허로 기계설비 분야에서 특허를 가지고 있으며, 한전 협력업체로 인정받아 KTP 인증서도 취득했다.

보통은 기존의 설비 회사들의 경우 유지보수에만 그치는 경우가 많다. 그러기에 우리는 변전설비 분야에서는 단연 혁신적인 기업으로, 한국전력 본사에서도 인정한 나주 본사의 변전설비 분야 TF팀에 소속되는 성과도 거두었다.

과거에 어렵게 진행했던 모든 것이 긍정적인 결과를 낳았다. 하지만, 이런 결과를 만들기 위해서 도전의 시간도 있었다. 어느 순간 나는 우리 회사에도 새로운 무언가가 절실히 필요하다고 생각했다. 창업 10년이 지나갈 무렵이었다. 매번 증가하던 회사의 매출이 약 3년 동안 정체되었다. 이는 하드웨어적인 일을 벗어나지 못한 한계였다.

사실 설비 유지보수는 사람이 직접 가서 일해야만 이익이 발생한다. 나는 이 구조를 바꿔서 새로운 이익이 발생할 수 있는 소프트웨어 분야를 만들어내야겠다고 판단했다. 우리 회사는 변전 설비에 관한

20년 가까운 경력으로 현장에서 생각하고 수시로 설계 변경을 통해 개선해 주며 일회성 공사로 끝냈던 경험을 지니고 있다. 이런 사정을 돌아보며 새로운 아이디어를 생각해 냈다. 그렇게 2018년부터 변전설비 분야의 특허를 내고 새로운 제품의 개발 및 안전용품 개발을 시작했다.

한편으론 한전 직원들과의 관계에도 더 신경 쓰기로 했다. 아무리 좋은 제품과 시스템을 개발했다 하더라도 구매자에게 인정받지 못하고 현장에 쓰일 수 없다면 무용지물이다.

모든 일이 그렇겠지만 특히 국가의 중요시설인 한전 변전소의 일은 작업 현장에서의 진정한 신뢰 관계가 중요하기에 이 관계에 노력을 더 기울였다. 그리고 노력한 만큼 좋은 결과도 얻을 수 있었다.

신제품을 개발한 후 현장에서 실험할 수 있었고, 성공적인 제품으로 인정받을 수도 있었다, 그로 인해 개발된 여러 제품과 시스템들을 적용해보고 시험할 수 있도록 기회가 제공되었고 신제품 적용 기회도 얻을 수 있었다. 지금도 그때를 생각하면 너무 감사한 일이다.

기업의 핵심 경쟁력은 해당 분야의 전문가가 되는 것이다. 여기에 혁신적인 아이디어, 그 아이디어를 발전시킬 수 있는 기술력, 그리고 실현할 수 있는 노력이 있다면 얼마든지 기회를 잡을 수 있다고 나는 생각했다.

지금도 변전 설비에 관한 안전용품, 실내 저감 시스템, 소화설비, 변압기 위 안전장치, 변전 교육 용품 등 제품들이 현장에서 사용될 수 있도록 열심히 영업하고 있다.

살다 보면 느끼는 것이 있다. 자신의 가치와 목표를 설정하고, 계획하고 실천해 간다면, 또 스스로 주인공으로 살아가기 위해 노력하면 반드시 꿈은 이루어진다는 것을. 오늘도 나는 스스로 세워놓은 기준에서 벗어나지 않기 위해 노력하고 앞으로 나가는 중이다.

(변전설비에 관한 특허 및 KTP 인증서)

(GIS 추락 방지 장치) 변압기 위에서 작업 시 발 딛는 공간 부족으로 인해 추락할 수 있는 위험 방지 장치

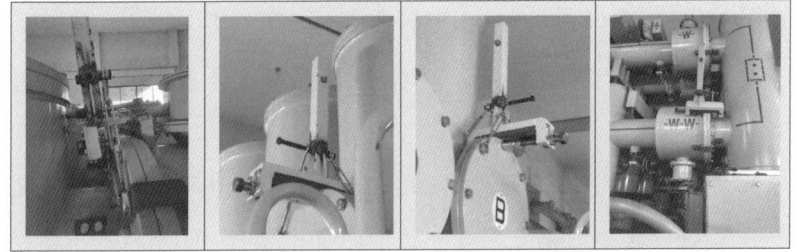

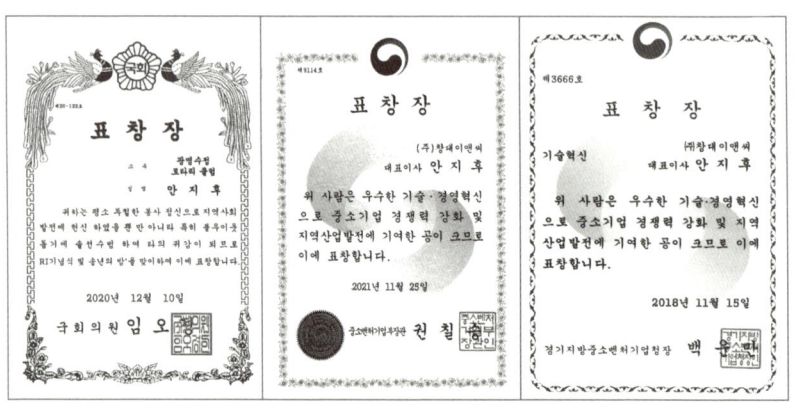

(기술혁신 기업인상 시상)

● 자신의 재능을 찾고 자존감을 회복하자!

"밤중에 꿈을 꾼 사람은 잠에서 깨었을 때 모든 것이 헛일이었음을 알게 된다. 반면 낮 동안 꿈을 꾸는 이는 위력적인 사람이다. 그는 눈을 크게 뜨고 자신의 꿈을 펼칠 수 있다."

- T.E 로렌스 -

나의 사회 경험 30년 중 직원으로 보낸 시간보다 창업해서 사업자로 보낸 시간이 더 많다. 지난 시간을 돌아보며 얻은 교훈이 있다. 자기 앞에 다가온 일들을 즐기고 그 일을 통해 자신을 개발하라는 것이다.

물론 쉽지 않은 일이다. 나 또한 새로운 일을 시작하고 도전할 때마다 순간순간 어려움을 극복하고 인내해야 했다. 때론 기꺼이 기쁜 마음으로 일하더라도 어려움과 좌절을 경험할 수도 있다. 하지만 그것들은 성장과 발전을 위한 과정이라는 마음을 가졌고, 난관을 극복해 나가다 보면 어느새 목표했던 곳에 있는 나를 볼 수 있었다.

내 능력의 한계 때문에 계획했던 것보다 많은 시간을 투자했던 적이 있다. 때론 너무 버거워서 몇 년을 노력해 이루어 낸 일도 있으니 마냥 쉬웠다고 말할 수도 없다. 그러나 무슨 일이든 스스로 계획한 걸 포기한 적은 한 번도 없었다.

그래서 사람들에게 이런 말을 들려주고 싶다. 자기 내면에 강한 능력이 있음을 알고 그 강한 능력이 세상의 변화를 가져올 수 있도록 자신의 가진 달란트를 한 번씩 점검하고 펼쳐보라고. 자신을 깊이 들여다보는 시간을 확보해 현재 가지고 있는 자격증과 취미생활 등 여러 분야에서 잠재한 재능을 찾아보길 권한다. 그렇게 자신과 대화하면서 내가 어떤 기질을 타고났는지, 자기 자질이 어떤지 한 번쯤 점검해 볼 수 있었으면 좋겠다.

나는 늘 생각했다. 내가 사랑하는 일을 하면 성공과 행복을 함께 이룰 수 있다고. 즐겁게 일하면 세상에 긍정적인 영향을 미칠 수 있다고. 사랑하는 일을 하면 자신감과 자부심을 함께 가질 수 있다고. 자신이 즐기며 기쁘게 할 수 있는 일을 찾고 그 일에 최선을 다하자. 조금은 느리더라도 포기하지 않고 꾸준히 노력하면 될 것이라고 믿어보자.

처음 정부지원 사업 계획서를 작성할 때 3개월이라는 시간이 걸렸다. 사업계획서를 써본 경험이 한 번도 없어 정말 많은 발품을 팔아 완성했던 기억이 난다. 그 사업계획서가 선정되었다는 발표가 났을 때 어떤 말로도 표현할 수 없는 기쁨을 느꼈다. 나도 신사업을 시작할 수 있다는 자신감도 얻었다.

지구력을 가지고 포기하지 않고 일을 진행하다 보면 자신도 모르게 자신의 분야에서 조금씩 한발 앞서고 있음을 느끼게 된다. 그러면 성공이라는 말도 함께 들을 수 있다. 스스로 성공이란 단어를 사용할 수 있는 사람이 되길 바라본다.

이후 내가 호서대글로벌창업대학원에 했을 때, 박남규 교수님께 자신만의 퍼스널브랜드와 레퍼런스를 만들라는 강의를 수도 없이 들었다. 강의를 들으면서 필요하다고 생각했던 것들을 다음 장에서 짧게 요약해 보았다.

Chapter 2
창업을 위한 마음의 틀

"he can do, she can do, why not me!"
- 라이트하우스 월드와이드 김태연 회장 -

● **창업 아이디어 찾기와 사회적 가치 창출**

새로운 가치를 창출할 수 있는 창업 아이디어를 찾는 방법은 여러 가지가 있다. 자기 경험, 다른 분야와 접목하는 방법, 아웃소싱의 가능성, 자신의 가능성, 숨겨진 가치를 찾아보기, 틈새시장 찾아보기, 가격혁명을 일으킬 수 있는 제품, 그리고 기능 장애를 보이는 산업에 집중해 보는 것 등이다.

시장 조사와 경쟁 분석, 소비자 조사와 니즈 분석, 트렌드 조사와 예측 분석 등을 철저하게 해야 하며 자신의 장점과 강점, 특기와 재능, 취미와 관심사 등을 최대한 활용해야 한다.

다양한 정보와 자료, 사례와 경험, 피드백과 조언 등을 수집하고 분석하는 것은 물론, 창의적이고 혁신적인 사고를 펼치고 끊임없이 실천해야 한다. 성공적인 창업을 위해서는 큰 노력과 시간이 필요하다.

창업은 단순히 돈을 버는 것 이상으로 사회적 가치를 창출할 수 있는 기회를 제공한다. 새로운 제품이나 서비스를 만들어내면서 사회에 이바지할 수 있다면 일에 대한 만족감을 느낄 수 있다. 또한 일자리 창출을 통해 경제 발전에 큰 역할을 할 수 있다.

아이디어와 열정으로 성공적인 창업을 이룬 후의 성취감은 누구에게나 추천할 만한 경험이다.

창업을 시작하면 도전과 모험, 성장과 발전의 기회가 생각보다 많다. 덤으로 배움과 깨달음, 감동과 행복을 느낄 수 있으며, 꿈과 희망, 비전과 목표를 이룰 수 있는 원동력을 얻게 될 것이다.

● 장점과 강점을 활용하라!

장점과 강점은 독특한 가치를 만들어 준다. 내가 잘하는 것이 무엇인지, 어떤 일에 열정적인지, 어떤 일에 흥미가 있는지를 잘 파악하고 그것들을 적극적으로 발휘하고 개발해야 한다. 장점과 강점을 활용하면 자신감과 자부심이 절로 생기고, 다른 사람들에게도 인정받고 존중받을 수 있다.

장점과 강점을 활용한다는 것은 가진 능력이나 특성을 잘 인식하고 그것들을 일이나 목표에 적용하는 것이다.

예를 들어 문서 작성 능력이 뛰어난 사람은 발표나 보고서를 잘 만들 수 있고, 창의력이 뛰어난 사람은 새로운 아이디어나 해결책을 제시할 수 있다. 장점과 강점을 활용하려면 먼저 강점을 분석하고, 그것들을 어떻게 활용할 수 있는지 생각해 보아야 한다. 또한 강점을 다른 사람들에게 알리고, 인정받고, 협력할 수 있는 기회를 찾아야 한다.

"기회란 포착되어 활용하기 전까지는 기회인지조차 알 수 없는 것이다"라고 미국 소설가 마크 트웨인은 말했다. 나는 이 말에 전적으로 동의한다. 기회는 발견하는 사람만이 가질 수 있는 선물이다. 따라서 가진 장점을 잘 파악해 기회를 얻어야 할 것이다.

● 목표와 비전을 설정하라!

목표와 비전은 가치를 실현하고, 길을 선택할 수 있게 돕는다. 자신이 이루고 싶은 것은 무엇인지, 어떤 사람이 되고 싶은지, 어떤 삶을 살고 싶은지 설정하고, 그것들을 위해 계획하고 실행하라.

스스로 모티베이터가 되어 자신의 목표와 비전을 설정하면 방향성과 의미가 생기고, 다른 사람들에게도 영감과 동기를 줄 수 있다. 그런 다음 이루고 싶은 것 혹은 되고 싶은 것을 구체적으로 정하고 그것들을 달성하는 방법과 전략을 수립하라.

뛰어난 창업자가 되고 싶다면 비즈니스 아이디어와 모델을 정하고, 시장 조사 및 시장분석을 하고, 창업에서 가장 중요한 요소인 자금 조달과 마케팅 등의 계획을 세워야 한다.

단, 창업하기 전에 먼저 가치관과 열정과 재능을 고려해야 한다. 여기에 더하여 목표와 비전이 현실적이고 구체적인지 확인해 봐야 한다.

● 가치를 공유하고 소통하라!

 가치를 공유하고 소통하면 가치를 높이고, 길을 넓힐 수 있다. 가진 지식과 경험과 생각을 다른 사람들과 나누고, 피드백과 조언을 받아들이고 협력하면 더 좋은 방향으로 갈 수 있다.
 예를 들어, 신제품 개발에 참여한 사람은 자기 아이디어와 제안을 팀원들과 공유하고 팀원들의 의견과 평가를 듣고 함께 문제를 해결하고 개선할 수 있다.
 가치를 공유하고 소통하려면 먼저 가치를 명확하게 정의하고 표현할 수 있어야 한다. 또한 다른 사람들의 가치를 존중하고 이해하며 열린 마음으로 듣고 말할 수 있어야 한다.
 가치를 공유하고 소통하면 네트워크와 인맥이 생기고, 다른 사람들에게도 도움과 이상의 가치를 줄 수 있다.

● 창업자의 자질

 창업자로서 성공하기 위해서는 큰 노력과 열정이 필요하다. 바움백(C.M Baumback)이 소개한 '창업자의 자질 10가지 테스트'를 살펴보면 성격 및 열의(personality and Enthusiasm), 비판 수용도(acceptance of criticism), 학습 능력(ability to learn), 근면성(industry), 진취성(initiative), 결단력(dicision), 책임감(responsibility), 인내력(perserverance), 계획 능력(planning ability), 리더십(leadership) 등이다.
 또한 창의성과 혁신적인 아이디어도 필수적이다. 창업자는 상황을 분석하고 문제를 해결할 수 있는 능력이 있어야 한다. 이러한 능력은 경험과 연습을 통해 발전시킬 수 있다.

● 창업자의 역량

창업자로 성공하기 위해서는 다양한 역량을 키워야 한다. 다음은 빠르게 변화하는 비즈니스 환경에서 성공을 좀 더 앞으로 당길 수 있는 능력을 주관적으로 정리해 보았다.

독서와 글쓰기

독서와 글쓰기는 창업자가 자신의 비즈니스를 소개하고 홍보하고 설득하는 데 큰 도움이 된다.

글쓰기 역량이 뛰어나면 창업자는 자신의 아이템을 제대로 표현하고, 고객의 니즈와 원하는 것을 파악하고, 투자자나 파트너와의 협상에서도 능숙하게 대처할 수 있다. 창업에 관한 책을 읽고 글쓰기 역량을 위해서는 독서와 글쓰기 연습을 해볼 것을 추천한다.

글쓰기 능력이 뛰어난 창업자는 제품 설명서나 광고문을 작성할 때 고객의 니즈를 정확히 파악하여 효과적인 글을 작성할 수 있으며, SNS나 블로그 등에서도 창업 아이템을 친절하고 예쁘게 소개하여 고객들에게 인기를 얻고 브랜드 인지도를 높일 수 있다.

시장 탐색 능력

창업자가 가져야 할 또 다른 역량은 시장 탐색 능력이다. 시장 탐색 능력은 창업자가 자신의 제품이나 서비스가 시장에서 유효한지 파악하고, 경쟁 업체들과 차별화된 전략을 세울 수 있는 능력이다.

시장 탐색 능력이 뛰어난 창업자는 고객의 니즈를 파악하고, 경쟁 업체들의 제품과 비교하여 차별화된 전략을 수립할 수 있다. 이를 위해서는 시장 조사와 분석, 경쟁 업체들의 제품과 서비스를 철저히 분석하는 능력이 필요하다. 또한, 창업자는 선제적인 마케팅전략을 수립하여 시장에서 빠르게 성장할 수 있도록 해야 한다.

예를 들어, 레스토랑을 오픈하려고 한다면 지역 주민들의 식사 습관과 취향을 조사하고, 경쟁 업체들의 메뉴와 가격 등을 분석하여 차별화된 전략을 수립해야 한다.

또한, 오픈 전에는 소셜 미디어나 지역 커뮤니티에서 예약을 받아 선제적인 마케팅을 진행하여 손님들의 반응을 미리 파악할 수도 있을 것이다.

기술적 역량

기술적 역량은 창업자가 비즈니스를 개발하고 운영하고 개선하는 데 가장 기본적이고 필수적인 능력이다.

기술적 역량이 없다면, 창업자는 아이템을 제대로 구현하지 못하고, 시장의 변화에 대응하지 못하며 경쟁자와의 차별화에도 실패할 수 있다.

기술적 역량은 전문적인 지식과 기술뿐만 아니라 새로운 기술과 트렌드에 대한 관심과 탐구심도 포함한다. 기술적 역량은 고객의 만족도를 높이고, 비즈니스의 효율성과 안정성을 강화하고, 혁신적인 가치를 창조하는 데 도움이 된다.

기술적 역량이 뛰어난 창업자는 제품을 제작하고 개발할 때 최신 기술을 활용하여 제품의 완성도를 높이고, 시장의 변화에 빠르게 대응하여 경쟁자들과 차별화된 제품을 출시할 수 있다.

리더십 역량

리더십 역량은 창업자가 비즈니스를 성장시키고 확장하는 데 필수적이다. 리더십 역량이 없다면 창업자는 비전과 목표를 제대로 전달하지 못하고, 팀원들의 동기와 성과를 제대로 관리하지 못하며, 외부와의 협력에도 한계를 느낄 수 있다.

리더십 역량은 권위적인 지시와 명령을 내리는 능력이 아니라 상호 존중과 협력을 강조하는 능력이다. 리더십 역량은 팀원들의 장점과 역량을 살리고, 문제와 갈등을 해결하고, 목표와 비전을 공유하는 데 도움이 된다.

리더십 역량이 뛰어난 창업자는 팀원들의 역량을 파악하고, 각자의 역할에 맞게 업무를 배분하며 효율적으로 일을 진행할 수 있다. 여기에 이들은 목표와 비전을 공유하여 팀원들의 열정과 동기를 고취하고, 팀 내 갈등을 최소화한다. 또한 외부와의 협력을 통해 창업 아이템을 보다 성공적으로 확장할 수 있다.

윤리적 역량

윤리적 역량은 창업자가 비즈니스를 정직하고 책임감 있게 운영하는 데 필수적이다. 윤리적 역량이 없다면 창업자는 아이템을 불건전한 방향으로 판매할 수도 있다. 이 과정에서 고객의 권리와 이익을 침해하고 사회적인 규범과 가치에 반하는 선택을 할 수도 있다.

윤리적 역량은 법률과 규정뿐만 아니라, 도덕과 양심도 준수하는 능력이다. 윤리적 역량은 고객의 신뢰와 충성도를 얻고, 비즈니스의 지속성과 성장성을 보장하고, 사회적인 책임과 기여를 실현하는 데 도움이 된다.

윤리적 역량이 뛰어난 창업자는 제품을 판매할 때 고객의 이익과 권리를 최우선으로 생각하여 정직하고 공정한 방법으로 제품을 판매한다. 또, 이들은 사회적 가치와 기여를 실현하기 위해 환경친화적인 제품을 출시하거나 사회적인 문제를 해결할 수 있는 제품을 개발하는 등 사업을 키우며 기업의 사회적인 평판을 높일 수 있다.

디지털 마케팅 능력

현재 시대에서 디지털 마케팅 없이 생존하기는 어렵다. 디지털 마케팅 능력이 뛰어난 창업자는 SNS나 모바일 앱 등을 이용하여 다양한 마케팅전략을 수립할 수 있다.

또한 데이터 분석을 통해 고객의 니즈와 트렌드를 파악하고, 이를 바탕으로 제품이나 서비스를 개선할 수 있다. 디지털 마케팅 능력을 향상하기 위해서는 최신 동향을 파악하고 다양한 디지털 마케팅 기법을 익히는 것이 필요하다.

● 맺음말

창업을 꿈꾸는 이들에게

이 책을 마치며 한 가지 이야기하고 싶은 것이 있다. 세상은 넓고 할 수 있는 일은 아직도 많다. 다양한 기회를 이용해 할 수 있는 창업과 직업의 요소들은 세상에 널려있다. 그러니 우리는 매 순간 열정과 창의력을 일에 적용해야 한다.

창업은 새로운 도전과 기회를 줄 것이다. 창업은 다양한 삶에 빛과 희망을 줄 것이다. 나는 창업을 통해 가치를 인정받고, 사회에 기여하고, 꿈을 이룰 수 있다고 생각한다. 나 역시 창업을 했기에 지금의 나를 만들 수 있었다.

누구나 잠재력과 가능성이 있다. 물론 창업이 쉬운 길은 아니다. 그러나 불가능한 영역도 아니다. 비전을 명확히 하고, 목표를 세우고, 계획을 세워 실행해 나가면 못 할 일이 절대 아니다. 도전적인 상황에서도 포기하지 않고, 끈기와 인내심을 갖추어야 한다. 이러한 노력과 자세가 있으면 창업자로서 반드시 성공할 수 있을 것이다.

나 또한 어려운 환경 속에서 사업을 시작한 다양한 창업가들의 모범사례를 읽으며 창업에 필요한 지식과 노하우, 그리고 용기와 동기를 얻었다. 당신도 이 책을 읽고 난 후 스스로 삶에 변화를 주기 위해 행동하길 바란다.

혹 자본금이 없어서 사업을 시작하지 못한다고 생각하는가? 요즘은 자기 돈으로 창업하는 사람은 드물다. 많은 경로를 통해 다양한 기회와 자본을 획득할 수 있다. 각 지자체의 기업지원과나 일자리창출과를 통해 5천만 원부터 최대 1억 원까지 지원받을 수 있으며, 중기청 창업지원, 중소기업진흥공단 외에도 다양한 지원금이 제공되고 있다. 창업사관학교 등 다양한 지원제도를 통해 도전할 수 있는 기회 또한 예전보다 많아졌다. 만약 비전과 꿈이 있다면 주저하지 말고 창업을 시도해 볼 것을 권한다.

스티브 잡스는 다음과 같이 말했다.
"당신의 시간은 한정되어 있습니다. 그것을 남의 인생을 살아가는 데 낭비하지 마십시오. 타인의 생각에 구애되어 자신 내면의 목소리를 듣지 못하는 함정에 빠지지 마십시오. 가장 중요한 것은 자신이 정말로 원하는 것이 무엇인지, 자신이 정말로 하고 싶은 일이 무엇인지 알아내는 것입니다."

이 책이 여러분에게 도움이 되기를 바라며 꼭 한 번이라도 창업에 도전해 볼 것을 권한다.
당신의 창업 성공을 진심으로 응원한다.

Chapter 1. 피, 땀, 눈물로 일궈낸 25년이 한순간 부담스러운 경력이 되다

Chapter 2. 위기를 기회로, 실버(silver) 용품 온라인 쇼핑몰 운영
1. 물리치료사의 역량 확장하기
2. 새로운 도전에 대한 열린 마음

Chapter 3. 새로운 도전으로 재활병원 상담실장 되다
1. 요양원과 요양센터 100% 활용하기
2. 요양병원, 재활병원, 회복기재활병원 100% 활용하기
3. 나의 브랜드 네임은 '참건강알림물리치료사'

50대 전문직
물리치료사의
제2의 인생 도전기

09

천선앵
참건강알림물리치료사

25년 동안 물리치료사로서 다양한 분야에서 경험을 쌓아왔다. 통증 위주의 치료인 정형외과, 재활의학과에서 근무하고 재활과 복지 분야의 요양원, 요양병원, 주간보호센터 등에서 환자들을 치료했다.
이 외에도 실버 관련 온라인 쇼핑몰을 운영하였고, 다양한 경험과 지식을 바탕으로 재활에 관심을 가지는 사람들에게 도움이 되고자 블로그 활동도 하고 있다.
물리치료 분야를 바탕으로 창업과 경영에 대한 지식을 습득하기 위해 호서대 글로벌창업대학원에 재학 중이다. 또한, 현재 재활에 대한 설명을 보호자와 환자에게 쉽게 전달하고자 재활전문병원에서는 상담실장과 원무과 일원으로 일하고 있다.

경력
2023-현) 재활병원 상담실장
2017-2023 요양센터 물리치료사
2008-2014 요양병원 재활치료실 실장
1998-2007 정형외과, 재활의학과 물리치료사

학력
호서대학교 글로벌창업대학원 창업경영학과 석사
학점은행학사학위/평생교육진흥원 보건학사 물리치료과
학점은행학사학위/평생교육진흥원 가정전문학사(타전공) 아동·가족 전공

자격
물리치료사자격증, 재활치료사(PNF certi)
사회복지사 1급, 요양보호사, 보육교사 2급

활동
창업진흥원의 창업사업 평가위원 후보단
블로그: 재활 및 복지 분야 정보, 조언, 실용적인 팁 제공

이메일/SNS
zaza888@hanmail.com
blog.naver.com/sinanda888

집필 동기

25년간 전문 물리치료사로 일하며 여러 가지 경험을 쌓아왔다. 한 분야에서만 오래 일 해왔기 때문에 적어도 이 분야에서만큼은 자신감을 지니고 있다.
그러나 이제는 파생된 일들을 하기 위해 다른 공부도 해야 한다는 생각이 든다. 이 생각은 코로나로 인해 재직하던 병원의 재정 상태가 어려워지면서 마흔아홉 살의 나이에 비자발적 퇴사를 겪으며 갑자기 실업자가 되기 전까지는 크게 자각하지 못했던 깨달음이었다.
아인슈타인이 한 말, "항상 같은 일만 반복하면서 매번 다른 결과를 바라는 것은 심각한 정신병 증상이다"라는 이야기는 마치 나에게 내리치는 죽비처럼 느껴졌다.
환경이 바뀌면 생각이 바뀔 수 있을 거라 믿고 대학원에 입학했다. 새로운 기회가 있을 거란 희망이 생겼다. 공부와 책을 통해 다양한 배움과 생각으로 나의 프레임이 바뀌는 것을 느꼈다.

50대에 접어들어 현재 새로운 도전을 하기 위해 물리치료사에서 재활전문병원 상담실장으로 새로운 발걸음을 내디뎠다. 환자 치료에만 몰두하던 나에게 상담업무와 병원 경영은 새로운 도전이었기에 새로운 역할에 대한 불안감이 컸다. 그러나 마음속 깊은 곳에서는 한 걸음씩 전전하듯 도전하여 제2막 인생의 꿈을 실현하고 싶은 간절함이 있었기에 포기하고 싶지 않았다.

이 글을 통해 내가 그랬던 것처럼 은퇴를 고민하는 50대 여성 전문직 물리치료사들에게 본인의 원래 직업을 기반으로 확장된 시선을 가지는 기회가 됐으면 좋겠다. 그래서 다시 배우고 공부해서 새로운 경로로 인생을 전환하는 데 도움이 되었으면 한다.
이외에 건강한 삶을 추구하는 모든 이에게 그동안 쌓아온 전문지식과 경험을 바탕으로 나의 퍼스널브랜드인 '시니어건강알림물리치료사'에 맞도록 효율적인 건강관리 방법과 건강한 삶을 위한 팁을 알려드리고자 한다.
아무쪼록 25년 나의 물리치료사 경험과 노하우가 많은 이들에게 선한 영향력으로 사용되길 바란다.

Chapter 1
피, 땀, 눈물로 일궈낸 25년이 한순간 부담스러운 경력이 되다

"성장은 편안한 지대를 떠난 것에서 비롯된다. 불편하고 어려운 과정을 통해 우리는 더 큰 높이로 도약할 수 있다."
- 브라이언 트레이시 -

    2021년, 코로나의 여파가 내 삶에까지 영향을 줄 것이라고는 정말 상상조차 못 했다. 25년을 물리치료사로 보내며 수많은 고비를 넘겼지만, 이 바이러스 앞에서는 나도 예외가 아니었다.

    코로나로 직격탄을 맞은 곳들은 대부분 사람이 많이 모이는 오프라인 업종들이었다. 그중에서도 환자를 대상으로 하는 병원은 전염 위험 때문에 이용을 주저하는 곳이 되었다. 코로나가 장기화하면서 병원 운영도 점점 힘들어졌다.

    IMF 국가부도 위기를 떠올려 보면, 경제적 위기 상황에서 기업들은 생존 전략을 모색하게 되었고, 그중 첫 번째로 고려된 대책이 인원 감축이었다. 슬픈 예감은 틀리지 않는다는 노랫말처럼, 코로나의 위기 앞에서 나의 오랜 경력과 월급은 어느새 부담스러운 조건이 되었다.

"천 실장님, 요즘 환자 수가 많이 줄었기 때문에 선생님들의 인건비가 부담되고 있습니다."

원장님은 가장 경력이 오래된 나를 원장실로 불러서 조심스럽게 상황을 설명했다. 코로나의 예상치 못한 위기 앞에서 병원의 어려운 사정은 이해되었지만, 뜻밖의 현실에 대한 불안과 두려움이 밀려왔다. 무엇보다 이렇게 퇴장하는 것은 나의 경력과 자존심이 허락하지 않았다.

처음에는 한 달 동안은 버텨보려고 마음먹었다. 현재의 취업 시장 상황을 생각하면 다시 일자리를 찾기 어려울 것 같았기 때문이다. 하지만 나의 원칙은 '내가 필요한 곳에서 일하는 것'이었다. 이 원칙에 따라 이 병원을 선택했었는데, 여기서 더 이상 내가 필요하지 않다면 떠나야 할 때라는 생각이 들었다.

이렇게 병원을 비자발적으로 떠나면서도, 어딘가 내가 필요한 곳이 분명 있을 거라 생각했다. 그러나 일자리를 구하지 못하는 기간이 점점 길어질수록 그 생각이 착각이었음을 알게됐다. 이력서를 제출하고 면접을 보러 다니며 깨달은 사실은, 25년이라는 긴 경력이 오히려 연봉 부담으로 작용한다는 사실이었다.

취직은 쉽지 않았다. 자리가 있더라도 대개는 젊은 치료사를 선호했다. 물리치료 관련 카페에서도 나와 유사한 상황에 놓여있는 물리치료사들의 글을 여러 차례 보게 되었다. 서럽기도 하고, 뭔가 잘못되었다는 생각도 들었다.

25년 동안 물리치료사로 안정된 월급을 받으며 그동안 다른 기회나 분야에 관심을 기울이지 않았던 나를 반성하며 후회의 감정이 밀려왔다.

Chapter 2
위기를 기회로 실버(silver) 용품 온라인 쇼핑몰 운영

"불확실한 길을 걷는 것은 두렵고 어려울 수 있지만, 그 길을 택함으로써 우리는 새로운 가능성을 열 수 있다."
- 존 F. 케네디 -

한 분야에서만 오래 일한 전문가들의 장점은 그 분야에서는 경험과 지식이 축적되어 누구보다 최고임을 자신한다는 것이다. 그러나 여기서 머물러선 안 된다. 한발 더 나아가 이제는 본인의 전문성을 바탕으로 다양하게 공부하여 파생된 일들을 찾아서 성장해야 한다는 생각이 들었다. 이렇게 생각을 바꾸었더니 '왜 어딘가에 취업을 해서 꼭 월급을 받으려 할까?'라는 의문이 들었다.

문득 월급을 받는 직업이 아니라 자기 힘으로 사업을 하고 싶어졌다, 그래서 이전부터 관심이 있었던 온라인 판매에 관한 실업자 교육 프로그램을 알아보았다. 때마침 강서여성인력개발센터에서 글로벌 온라인 쇼핑몰 4개월 과정이 실업자 여성을 대상으로 하는 프로그램이 있었다. 이 프로그램을 통해 사업자등록증을 내고 대표자가 되어 온라인상에서 물건을 팔아서 수익을 가져보자는 생각이 들었다.

나는 글로벌 온라인 쇼핑몰에 필요한 지식을 하나하나 열심히 배워갔다. 엑셀. 포토샵, 구매 대행하는 방법과 대량 물품 등록 등 여러 가지의 새로운 것들을 공부했다.

온라인상에 쇼핑몰의 상세 페이지를 하나씩 만드는 과정에서 사진을 찍고, 가격을 정하고, 고객이 관심을 가지게끔 만드는 작업은 생소하면서도 재미가 있었다.

본격적으로 쇼핑몰을 운영하기 위해 어떤 물건을 선택해서 팔아야 할지 찾아야 했다. 잘 팔리는 물건을 선택해야 할지 겉모양이 예쁜 것으로 할지 고민이 되었다. 그래서 온라인 도매상과 중국 쇼핑몰에서 다양한 물건들을 조사하고 공부했다.

배운 것이 물리치료 분야이고, 경력 또한 이 분야여서 그런지 주로 통증을 줄이기 위한 운동용품이나 마사지용품, 실버 용품이 자연스레 눈에 띄었다. 물건을 살펴보면 겉으로는 매우 멋지게 보이지만, 사용할 때 불편한 요소들이 보였다.

또한, 물건에 대한 설명이 좀 더 자세하면 고객들이 더 큰 관심을 가질 것으로 판단도 하게 됐다. 그래서 내가 잘 알고 자신 있게 다룰 수 있는 물건들 위주로 판매 상품을 결정했다.

한편으론 나의 경력에서 나오는 경험과 지식으로 고객들이 좀 더 필요한 물건을 고르는 데 도움을 주고 싶기도 했다. 나는 먼저 우리 부모님이 사용하면 좋을 것 같은 물건을 찾았다. 그중에서 물리치료사로서 건강에 좋은 제품, 사용 시 편리하고 목적에 부합하는 물건들을 뽑아 정리했다. 그다음 상세 페이지에 제품의 효과적인 사용법과 주의할

점, 그리고 어떤 사람들이 사용하면 좋은지 등을 물리치료사 관점에서 자세하게 설명했다.

이러한 방식으로 상세 페이지를 구성한 이유는 고객들에게 물건에 대한 이해도를 높이고 효과적인 사용 방법을 알았으면 하는 바람 때문이었다. 물리치료사의 전문적인 지식과 경험을 적극적으로 활용하여 온라인 쇼핑몰에 올리는 작업이 마치 오프라인에서 나의 물건을 하나하나 진열하는 기분에 들어 무척 설레었다. 그리고 어떤 사람들이 내 물건을 찾을지 생각하니 신도 났다.

늦은 시간까지 작업을 하면서 힘들기는 했지만, 무척 재미있는 작업이었다. 그렇게 쇼핑몰을 오픈한 후 첫 번째 물건을 판매되었을 때는 정말로 신기했다.

특히 목욕 의자를 구매하신 분께서 긴 문장으로 감사의 구매평을 써주신 내용이 아직도 생생하다. "해외 배송인데도 정말 빨라 배송되었고 판매자님이 먼저 연락이 와서 잘 받았는지 확인 전화도 해주시고 택배 파업까지 배려해 다른 택배사로 배송까지 신경 써 주셔서 정말 감사히 잘 받았습니다. 상품도 엄마가 갑자기 다치시는 바람에 필요할 듯해서 시킨 건데, 정말 편하고 좋다고 하시더라고요 아직 부모님 댁에 방문 전이라서 사진이 없는데 정말 좋아서 긴 글 적어봤네요. 처음부터 끝까지 정말 좋았습니다."

정말 감동적이고 감사했다. 물건이 한두 개씩 팔리면서 이익이 발생하자 욕심이 생겼다. 상세 페이지를 만들면서 시간 가는 줄도 모르고 새벽까지 일하곤 했다. 그러자 몸에 이상이 생겼다. 점점 눈이 따가

워지고 목과 어깨가 뻐근하게 아파졌다. 다행히 병원에 가서 진료받고 안약을 넣고 모니터를 덜 보니 눈은 점점 좋아졌다. 그러나 어깨와 목의 통증은 쉽게 없어지지 않았다.

25년 넘게 물리치료사로서 환자에게는 바른 자세와 운동을 권하면서 정작 나 자신은 바쁘다는 핑계로 건강관리를 소홀히 했다. 생각하면 참으로 어이가 없었고 깊이 반성했다. 오랜만에 컴퓨터 앞에 앉아 있을 때의 내 자세를 거울을 통해 분석해 보았다. 역시나 턱은 앞으로 나가고 목은 거북목에 어깨는 둥글게 말려있었다. 움츠리고 있는 내 모습을 본 순간 뭔가 잘못되었다는 생각이 들었다. 건강하게 돈을 벌기 위해서는 가장 먼저 바른 자세와 운동을 하는 습관을 길러야 했다.

비뚤어진 자세를 바르게 수정하고, 올바른 운동 습관을 잡기 위해서 나는 평소 병원에서 환자들에게 권했던 방법대로 바른 자세 수칙을 정리해 실천했다.

① 컴퓨터 앞에 앉아 일할 때 옆에 큰 거울을 놓아서 자세를 수시로 확인한다.
② 등은 곧게 편 후 척추를 일직선으로 유지한다.
③ 허리에 약간의 곡선을 유지하기 위해 3~5cm의 허리 받침대나 수건을 둘둘 말아서 사용하여 편안한 상태를 유지한다.
④ 눈과 목 어깨에 피로감을 줄이기 위해 모니터의 높이와 거리를 조절한다.

⑤ 눈을 기준으로 약 70~80cm 거리를 두고, 정면 눈높이보다 20도~40도 아래로 내려 보도록 한다.

여러분도 이 순서대로 따라 하면 자세를 올바르게 유지할 수 있다. 한 가지 주의할 점은 자세를 취할 때 편안하고 자연스럽게 하면 좋다.

거북목, 굽은 등의 교정과 어깨 통증 감소를 원하는 분들을 위한 운동법

컴퓨터를 하는 중간중간 스트레칭을 해 준다. 거북목으로 인한 어깨 통증을 겪으면 보통 목을 바로 세우기 위해 주로 목 위주의 운동을 하게 된다.

그러나 목, 어깨, 상체의 기준이 되는 힘의 중심은 배와 등에 있기에 코어 운동과 등 운동을 먼저 해주어야 한다. 앉아 있을 때 몸을 흔들어도 오뚝이처럼 넘어지지 않는 이유가 바닥과 가운데 중심에 힘이 있어서다.

운동의 순서는 중앙에서 밖으로 순서대로 운동하는 것이 좋다. 근육을 서로 고리처럼 연결되어서 코어 운동, 어깨 운동, 목운동 순서로 하는 것이 효과적이다.

① 의자에 앉아서 키를 잴 때처럼 정수리가 천장에 닿는다는 마음으로 상체를 펴준다.
② 동시에 배꼽이 등에 붙는다는 생각으로 배를 등 쪽으로 힘을 준다. 이때 턱이 앞으로 나오지 않도록 턱을 뒤로 살짝 당겨준다.
③ 양팔을 옆으로 나란히 하듯이 90도를 만들고 팔꿈치도 90도를

만들어서 'ㄴ'자로 만들어 준다.
④ 양 손바닥이 전면은 되도록 하고, 숨을 들이마시면서 'ㄴ'자로 만든 양팔 그대로 수평으로 뒤로 당겨준다.
⑤ 5~10초간 유지 후 숨을 내쉬면서 처음 상태로 돌아오게 한다. 이런 운동을 하루에 10회씩 2~3세트 해주면 된다. 이때 뒤의 양 날개뼈가 좁혀지고 그 근방의 근육이 조여지는 느낌이 들면 바르게 하는 것이다.

다음 단계로 목 근방의 근육을 자극하는 운동을 하면 더 효과적이다.
① 준비 자세는 위의 1, 2, 3번 자세를 만들어 준다.
② 'ㄴ'자 모양을 유지하면서 양팔을 위로 올렸다는 내리는 동작을 5~10회 천천히 반복한다. 하루에 10회씩 2~3세트 해주면 된다. 이때 턱과 등이 앞으로 나오지 않도록 주의한다.
③ 마무리 운동으로 'ㄴ'자로 만든 양팔 그대로 수평으로 움직여서 기도하는 손으로 만들기를 5회 정도 진행하여 근육을 풀어준다.

이러한 운동이 어렵거나 오십견 등 다른 어깨 통증이 있는 분들의 경우 벽에 대고 해도 좋다.

① 벽에 엉덩이와 등이 닿도록 앉거나 서서, 양손을 벽에 대고 'ㄴ'자 형태로 만들어 준다. 어깨 통증으로 90도를 만들기 힘들면 통증이 없는 범위에서 팔을 들어도 좋다. 잘 될수록 팔의 각도를

더 높여도 된다.

② 손바닥을 펴서 정면을 보도록 하고, 턱도 뒤로 당겨 머리가 벽에서 떨어지지 않도록 유지한다.

③ 'ㄴ'자로 만든 양팔 전체로 벽을 밀어주듯이 5~10초간 유지한 후 처음 상태로 돌아온다. 단, 너무 강한 힘을 주면 턱과 가슴이 앞으로 나아가 허리 통증을 유발할 수 있으므로 주의해야 한다. 하루에 10회씩 2~3세트 해주면 된다.

④ 이런 운동을 10회씩 2~3회 정도하고 어느 정도 잘되면 20초간 유지한다.

⑤ 마무리 운동으로 'ㄴ'자로 만든 양팔 그대로 수평으로 움직여서 양 팔꿈치가 가슴 앞에서 기도하는 손으로 만들기를 5회 정도 반복하여 근육을 풀어준다.

복합 목 운동법

① 왼쪽 팔을 머리 옆으로 끌어당기면서 머리를 천천히 왼쪽으로 기울인다.

② 기울인 자세를 5초간 유지한다.

③ 제자리로 돌아올 때 왼쪽 손바닥을 머리의 좌측 옆머리에 대고 손을 밀어서 오른쪽으로 머리를 천천히 밀어준다.

④ 머리는 이 밀어주는 힘에 대항하면서 천천히 다시 세워준다.

⑤ 오른쪽으로 머리를 천천히 밀어주는 동작을 5회 실시한다.

⑥ 왼쪽으로 머리를 천천히 밀어주는 동작을 5회 실시한다.

여러 가지를 하는 것보다 한두 가지를 정확한 동작으로 꾸준히 매일 하는 것이 중요하다.

물리치료사 일을 할 때 환자분들이 했던 말이 생각난다. '아파봐야 아픈 사람의 심정을 안다'는 말을 그때는 공감하지 못했다. 하지만 지금에서야 너무 잘 알게 됐다. 나의 몸 상태에 관심을 가지고 관리한 만큼 몸은 편안해졌다. 눈과 목의 피로도 많이 줄어들었다.

운동하면서 나뿐만 아니라 다른 사람의 통증을 줄이거나 예방에 도움이 되는 운동기구와 마사지 기구를 온라인 쇼핑몰에 판매했다.

이전보다는 줄었지만, 틈틈이 주문이 들어왔다. 나는 건강관리도 하면서 다른 사람의 건강에 도움이 될 것 같은 물건들을 꾸준히 쇼핑몰에 올릴 계획이다.

● 물리치료사의 역량 확장하기

"나이는 결코 새로운 꿈을 펼치기에 방해되는 것이 아니다.
오히려 더 많은 지혜와 용기를 가질 수 있게 해 준다."
- 오브라이언 -

100세 시대에 인생 전반전을 살아왔고, 이제 인생 후반전이 남았다. 인생 후반전을 인생 이모작이라고 하는데 무엇이라도 심어서 잘 키우고 싶은 마음이 강하게 들었다. 하지만 대부분 "내 나이에 뭔가 해낼 수 있을까?"라는 물음으로 자기 자신을 나이라는 울타리에 가두게 된다. 나 역시 40대에 나이라는 울타리와 도전에 대한 두려움으로 기회들을 놓친 적이 있다. 지금 생각해 보면 그 당시의 나이에도 충분히 할 수 있는 일이었다.

　60대 되면 50대에 놓친 일들로 또 후회할 것만 같았다. 쇼핑몰을 시작하면서 처음으로 수익을 맛본 이 기분과 자신감을 마중물로 삼아 나의 지식과 노하우를 이용한 나만의 일을 찾아보자는 생각이 들었다. 변화와 도전이란 단어에 흥분하면서도 한편으론 두렵기도 했다. 그러나 실패만 생각한다면 아무것도 할 수 없다는 걸 잘 안다. 무슨 일이든 해봐야 죽이 되든지 밥이 되든지 할 것이고, 미리 겁먹고 아무것도 하지 않으면 영원히 할 수 없을 거란 생각이 들었다. 그래서 지레 겁먹지 말고, 변수를 최대한 줄이고 성공 가능성을 높여서 도전하면 즐거울 것이라는 생각을 주문처럼 외우며 두려움을 떨쳐내곤 했다.

　그때 우연히 지인을 통해 호서대글로벌창업대학원의 박남규 교수님을 만났다. 그분 덕분에 물리치료 영역을 다른 시각에서 보게 되었다. 그동안 물리치료를 전문으로 25년 동안 일하면서 많은 경험과 지식을 쌓아왔다. 그러나 오히려 이러한 전문적인 지식과 경험이 다른 분야나 새로운 도전을 망설이게 만든 방해 요소임을 알게 됐다.

　이때 교수님은 여러 방향이던 인생 로드맵을 곧게 한 줄로 세워주시고, 세상을 다른 각도로 보게 도와주셨다. 다양한 분야의 공부를 하고 내가 가지고 있는 능력들을 하나로 결합하여 나만의 퍼스널브랜드를 만들고 싶어졌다.

　하지만 주위의 사람들은 나의 선택에 대해 이해하지 못했다. 전공을 살려서 물리치료 대학원을 다니라는 의견이 많았다. 그러나 새로운 시각으로 나 자신을 변화시키고 새로운 꿈을 키우고 싶었다. 혼자서 변하기가 어렵다면 원우들에게도 새로운 도전 정신과 행동할 수 있는 믿음을 배우고 그들에게 좋은 영향을 받고 싶었다.

어느 날, 딸아이가 어렸을 때 즐겨 보던 영화 '니모를 찾아서'의 한 장면이 떠올랐다. 니모가 거북이들과 함께 바다의 해일을 타고 수월하게 바닷속을 지나가는 장면이었다. 나도 거북이들처럼 같은 목표와 꿈을 가진 동기들과 함께 새로운 배움의 모험을 떠나고 싶었다. 앞으로도 계속해서 경험과 전문성을 바탕으로 창업 경영을 공부하고 성장해 나가고 싶은 마음이 들었다. 나만의 퍼스널브랜드를 만들어서 활동하고, 새로운 도전을 통해 성장하여 한 가지 일만 해왔던 50대도 다른 분야로 파생된 일을 할 수 있다는 걸 세상 사람들에게 보여주고 싶었다.

물리치료사 출신으로 창업대학원에 입학하고 창업, 경영, 마케팅 등 다양한 과목을 배웠다. 처음에는 생소한 단어와 개념들로 인해 이해가 안 되는 부분이 많아 어려움을 겪기도 했다, 나만 뒤처지는 듯한 느낌이 들어서 '계속 다녀도 될까?'라는 걱정이 생길 정도였다.

하지만 여기서 멈추면 앞으로 아무것도 못 해낼 것 같았다. 천천히 앞으로 같이 나아가자는 마음으로 계속 수업을 쫓아갔다. 그러다 보니 공부하는 원우님들의 자신감과 열정적인 분위기에 녹아들어 어느 순간 자신감을 가지게 되었다.

수업 내용을 열심히 받아 적으며 학습했다. 모르는 단어는 집에서 찾아보고 나만의 방식으로 공부했다. 2학기 끝나는 무렵 자연스럽게 수업을 이해할 수 있었다. 결국 버티는 것이 이기는 것이고 공부가 답이라는 결론을 얻게 되었다.

● 새로운 도전에 대한 열린 마음

"새로운 도전은 두려움을 이겨내고 성장할 수 있는 기회를 준다."
- 로버트 T. 키요사키 -

대학원에서 견문을 넓히자, 50세를 넘어도 평생 해 오던 일이 아닌 다른 일을 할 수 있다는 자신감과 기회를 얻었다. 그때 박남규 교수님이 창업진흥원 창업사업 평가위원 후보 단에 원서를 넣어보라고 권유하셨다. 나도 나의 자격과 역량을 어느 정도 인정받을 수 있는지 알고 싶었다. 경력 사항과 학력 등을 기재하고 자격증을 추가 서류에 첨부하여 접수했다.

결과는 합격이었다. 창업진흥원의 창업사업 평가위원 후보 단에 내 이름이 등록되었다. 나는 또 하나의 기회를 얻은 것이다. 나는 의료기구 등 물리치료와 관련된 사업계획서를 평가할 수 있는 자격을 얻게 되었다. 나의 경력이 병원이 아닌 다른 곳에서 인정받을 수 있다는 사실이 조금 놀라웠다. 찾아보고 고민하면 언젠가는 길이 보일 거란 생각이 맞았다. 그동안 쌓아왔던 물리치료 경력을 확장하여 다른 일을 할 수 있겠다는 의욕과 희망이 생겼다.

방학 중에는 창업 분야에 경력이 있는 원우님들이 창업 경험이 없는 원우를 위해 지식을 나누어주는 배움의 시간을 가졌다. 학기 중에 배운 창업 사업계획서를 작성하는 방법과 창업 과정을 복습하고, 방학 특강 때 공부 내용을 실습할 수 있어서 더욱 이해가 잘 되었다. 이 시간을 통해 지식의 나눔이 선한 행동임을 알게 되었고, 나 또한 지식을 나누어서 누군가에게 도움이 되고 싶었다.

원우님들의 도움을 받아 나는 집에서도 편하게 사용할 수 있는 온열 핫팩을 고안해 사업계획서를 작성했다. 피부에 닿는 면적이 넓고 가벼운 핫팩을 구상하고, 사업계획서를 광운대학교 산학협력단 혁신창업스쿨 2기에 제출했다.

1단계 선정 계획서로 합격이 되었다. 전문 강사들에게 창업과 사업 확장에 대해 여러 가지 조언과 지식을 들을 수 있는 좋은 기회였다. 수업을 들으면서 25년의 물리치료 지식과 노하우를 바탕으로 다른 사람들에게 필요한 의료 기구를 만들고 싶어졌다. 알고 배운 만큼 할 수 있는 일들이 많다는 것을 알게 되었다. 또 받은 만큼 나누어주고 싶은 마음이 들었다. 다른 사람에게 도움이 될 수 있는 것이 무엇이 있을까, 정말 다양하게 고민하게 되었다.

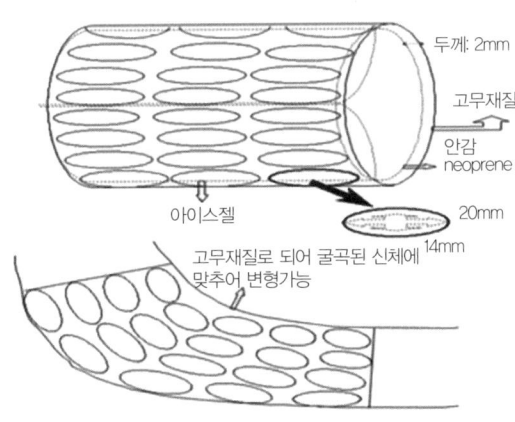

광운대학교 산학협력단 혁신창업스쿨 2기 사업계획서 핫팩 도면

처음 시도한 건 환자 한 분 한 분에게 통증에 대한 설명과 예방할 수 있는 자세와 운동요법, 잘못된 자세 등을 설명하는 일이었다. 통증이 줄어들었다고 알려주어서 감사하다는 말을 들었을 때마다 나는 더 많은 사람에게 나의 지식을 나누어주자는 생각이 들었다.

이를 위해 강의를 시작하고 싶었다. 하지만 어떻게 어디서부터 시작해야 할지 막막했다. 이런 고민을 대학원 원우님에게 털어놓았더니, 서울시 자영업 지원센터를 알려주셨다. 서울시 자영업 지원센터는 창업 준비 중인 예비창업자나 업종전환을 희망하는 사람들에게 멘토를 연결해 주어 현장 체험담을 듣고 노하우를 전수할 수 있는 기회를 제공하는 곳이다.

멘토를 검색하던 중 우리 대학원 출신의 선배가 활발하게 활동 중인 걸 발견했다. 반가운 마음으로 신청하자 감사하게 수락해 주셔서 멘토와 멘티로 만났다. 선배는 처음부터 끝까지 상세하게 알려주셨다. 기본 멘토링 2회 신청과 심화 멘토링 10회를 신청하여 강의 기본기부터 심화까지 체계적으로 교육을 받았다.

멘토님이 알려준 다음과 같은 강의 교안 틀을 정리하여 '100세 맞이 8가지 비전'에 대한 강의 교안을 만들었다.

강의 교안 제작 과정

① 내가 잘하는 것, 내가 해 온 일들, 현재 하는 일, 과거에 내가 한 일들을 통해서 나만이 할 수 있는 것들을 찾기
② 내가 도움을 줄 수 있는 대상의 나이, 성별, 직업 등을 구체적으로 선정하기

③ 가상 청중(페르소나)에게 도움이 되는 내용, 듣기를 원하고 궁금한 것과 흥미가 될 수 있는 내용이 무엇인지 단어를 자유롭게 열거해 보기(많을수록 좋다.)
④ 관련 키워드를 논문이나 대중매체, 책, 유튜브에서 찾아보기
⑤ 셋째와 넷째 항목에서 공통적인 단어를 고르기
⑥ 비슷한 키워드를 연결하여 묶기
⑦ 큰 단락으로 만들고, 그 밑에 작은 단락을 만들기(책의 목차 형식)
⑧ 내용은 25년 물리치료 일을 하면서 경험과 메시지가 들어가는 사례 위주의 내용이 좋음 (신뢰 있는 데이터나 보도, 논문, 통계 등의 자료도 첨부)
⑨ 어느 정도 틀이 잡히면 PPT로 만들기
⑩ 제목을 쓰고 목차를 적고 목차대로 경험과 사례 위주로 한 장 한 장 채워나가기

마치 책을 쓰는 방식과 비슷한 듯했다. 선배님은 직접 만든 강의 교안을 토대로 직접 강의할 기회도 만들어 주셨다. 1인 한국미디어창작창업협회를 통한 강의였는데, 다양한 직업의 사람들이 한 달에 한 번 줌으로 자신의 분야를 소개하고 정보를 알려주는 강의였다.

나는 멘토에게 배운 강의 방법을 이용하여 '건강하고 행복한 백세맞이를 위한 노인건강 정보와 집에서 할 수 있는 스트레칭'을 주제로 강의하게 되었다.

처음 하는 강의라 엄청나게 떨렸다. 하지만 이 주제에 관심을 두시

는 사람들에게 도움이 되고자 열심히 했다. 첫 강의여서 아쉬움도 있었지만, 내 강의의 첫발이자 그동안의 물리치료 경험과 지식을 체계적으로 정리할 수 있는 의미 있는 시간이었다.

나는 그렇게 내가 바뀌기 위해 환경을 바꾸어나갔다. 그 결과 여러 가지 기회를 얻을 수 있었고, 색다른 경험을 할 수 있었다. 그러자 도전에 대한 두려움이 줄어들고, 50대의 날개를 단 것처럼 이제 뭐든지 할 수 있겠다는 용기가 생겼다.

인생 후반전이라고 하지만 여전히 할 일은 많고 배움과 새로운 경험을 통해 얻는 것도 많다는 사실을 깨달았다. 이제는 더 공부하고 더 많은 경험을 하고 싶어졌다.

그때 오프라인 강의 제안이 들어왔다. 충남 6차 산업자립연구회에서 '내 몸을 지키는 관리법'이라는 주제로 현장 강의를 하게 되었다. 강의실 안에서 울리는 나의 목소리가 생소하였지만, 강의 내용에 따라 반응해 주시는 분들이 고마웠다.

강단에서 집에서 할 수 있는 운동을 알려드리자 많은 분이 열심히 따라 하셨고, 끝난 뒤에도 많은 질문과 피드백을 주셨다. 전문적인 경험과 지식을 통해 강의 내용을 구성하고, 현장에 도움을 주었다는 점에 큰 보람을 느꼈다.

25년 기간 쌓아온 지식과 치료적 경험을 토대로 지금은 강의와 쇼핑몰, 창업사업 평가위원으로 활동하게 되었다. 이런 경험과 기회들이 앞으로 더 큰 꿈과 희망을 실현하기 위한 밑거름이 될 것이다. 끊임없이 배우고 성장하며 새로운 도전을 하면 인생 후반부를 더욱 풍요롭게 만들 수 있을 것이다.

찾아보고 공부하면 내가 가지고 있는 전문성을 기반으로 더 파생된 여러 가지를 할 수 있겠다는 확신을 얻었다.

Chapter 3
새로운 도전으로 재활병원 상담실장 되다

"전직은 두려움이 아닌, 새로운 기회와 경험을 찾는 모험이다."
- 존 C. 맥스웰 -

지인의 소개로 재활전문병원 상담실장 자리에 스카우트 제의를 받았다. 처음에는 잘할 수 있을지 며칠을 고민했다. 하지만 강의, 온라인 쇼핑몰 운영, 그리고 사업계획서 작성을 통해 성공적으로 이뤄냈던 경험이 있었기에 상담실장 역할도 공부하고 고민하면 잘 해낼 수 있다는 자신감이 생겼다.

특히 물리치료사로서 얻어온 다양한 지식과 노하우가 보호자와 환자에게 큰 도움이 될 것이라고 확신했다. 주변의 지인들은 치료만 해왔던 내가 걱정되었는지 여러 가지 조언을 얘기해 주었다. 상담업무뿐만 아니라 영업도 해야 하므로 어려운 일이 많을 거라고 많은 사람이 걱정했다. 그러나 나는 상담사로서 보호자나 환자에게 눈높이에 맞추어 포인트를 잡아 설명해 주고, 고쳐야 할 점이 있으면 열린 마음으로 듣겠다는 마음으로 상담실장 업무를 시작했다.

치료에만 국한되지 않는 일을 하니 당연히 힘들 것으로 생각했다. 하지만 현장은 애초 생각보다 더 힘들었다. 생각지도 않은 일들과 신경 써야 할 일들이 예고 없이 들이닥쳤다.

우선 보호자와 상담을 진행하려면 환자의 상태가 간단하게 설명된 소견서를 볼 줄 알아야 했다. 모르는 의학용어와 약을 하나하나 공부해야 했다.

보호자가 원하는 입원 조건에 최대한 맞추어 주는 것도 내 몫이었다. 공동간병인 형태와 창문이 있는 자리, 화장실에 가까운 침대, 석션을 할 수 있는 병실 등 여러 가지 조건들을 맞추기 위해 병원의 전체적인 일과 사소한 것들을 다 알아야 했다. 또한 환자의 불편 사항을 들어주고 각 부서와 협업하여 해결안을 만들어야 했다. 상담 일을 너무 쉽게 생각했다.

더욱이 나에게 제일 힘든 것은 자존심을 버리지 못해서 불편한 감정들이 얼굴에 나타난다는 점이었다. 여러 가지 이해하지 못하는 일들로 정말이지 그만두고 싶은 마음이 불쑥불쑥 들었다. 하지만 여기서 그만두면 앞으로도 많은 일을 힘들고 어렵다고 포기할 수 있겠다는 생각이 들었다. 신은 내가 감당할 수 있을 만큼의 시련을 준다는 말을 믿고 싶었다.

포기하고 힘들다고 싶을 때 왜 힘이 드는지, 왜 포기해야 하는지 이유를 생각하지 말자. 힘들수록 고개를 돌리지 말고 견디고 버티자. 그리고 조금만 더 적극적으로 문제를 들여다보자는 생각을 했다.

조금씩 성장하기 위해서 문제가 되는 부분을 하나하나 해결하고 공부했다. 대학원의 지인들에게 영업의 방법과 상담에 도움이 될 수 있는 책들을 추천받았다. 결국 시간이 조금 지난 지금은 어느 정도 익숙해지고 단련도 되었다. 나 스스로가 단단해지는 걸 느꼈고 이젠 자신감도 붙었다.

이러한 시행착오를 통해 지금은 그동안 얻은 경험과 교훈을 기억하고, 재활 상담을 지망하는 물리치료사들이나 다른 이들에게 도움이 되고 싶다는 긍정적인 마음과 열정으로 하루를 버텨나가고 있다.

● 요양원과 요양센터 100% 활용하기

상담업무를 하면서 많이 듣는 질문 중 하나가 요양원과 요양병원, 재활병원의 차이다. 요양원이나 요양센터는 현 상태를 유지하거나 집에 계시기 힘든 분들을 돌보는 일을 주로 한다. 요양보호사와 사회복지사, 물리치료사, 작업치료사, 간호사 등이 근무하며 코 줄이 빠지거나 처치가 필요할 경우 방문간호사가 방문한다.

한 달에 2번 의사 선생님이 라운딩하면서 어르신을 진료하고 간단한 약도 처방하기도 한다. 간호사는 주사 행위를 독단적으로 할 수 없다. 물리치료가 요양원마다 제공하는 내용과 횟수는 다르다. 보통 1주일에 물리치료와 운동치료를 2~3번 제공한다.

또한, 모든 어르신이 치료받을 수 있도록 치료 프로그램과 시간표를 계획한다. 어르신이 입원하거나 외래 병원에서 진료를 봐야 할 경우와 치료를 강하게 거부하는 경우는 의사결정을 존중하여 치료를 제공하지 않기도 한다.

물리치료는 일반 정형외과에서 하는 온열치료, 전기치료와 다리 마사지 등을 제공한다. 필요하면 자전거나 걷기 운동 등을 이용하여 현재 어르신의 기능적인 동작을 유지하는 목적으로 운동치료를 제공한다. 이런 치료 내용과 횟수는 치료사마다 조금씩 다르다. 하지만 공단에서 정해진 횟수를 꼭 제공해야 한다.

사회복지사는 매주 여가 프로그램과 사회적응 프로그램을 계획해서 대상자들의 인지를 향상하고 무료함이 없도록 한다. 비용은 요양병원처럼 비싸지 않으며 어르신의 장기 요양 등급별로 비용에 차이가 있다. 비용의 경우 기저귀, 식비, 간식비, 요양보호사 간병비 등이 다 포함된 통합비용이다.

특히 어르신의 건강 상태와 기능, 일상생활 동작 수행 능력을 잘 파악하는 것이 가장 중요하다. 상담을 통해 요양원의 형태와 케어 정도를 알면 현명한 선택을 할 수 있다.

● 요양병원, 재활병원, 회복기재활병원 100% 활용하기

요양병원이나 재활병원에는 의사와 간호사, 재활 관련된 물리치료사와 재활치료사, 작업치료사, 언어치료사와 사회복지사, 간병인 등이 있다.

이곳은 의사가 상주해 있어서 수액이나 항생제 치료가 가능하다.

요양병원과 재활요양병원은 포괄수가제이고, 급성기 병원이나 재활병원은 행위별 수가제다.

포괄수가제란 의료상의 처치에 종류나 양에 상관없이 어떤 질환으로 입원했느냐에 따라 미리 정해진 일정 금액만 청구하도록 하는 진료비 정찰제이다. 행위별 수가제는 진단이나 약, 처치 등 행위별로 비용이 산정되는 형식이다.

재활치료는 중추신경계 질환, 수술 후, 골절 등으로 인해 일상생활에 장애가 있는 환자들이 최소한의 장애로 자연스럽게 기능을 회복하고 일상생활로 돌아갈 수 있도록 돕는 치료 방법이다. 이를 위해 자연스러운 기능적인 동작을 훈련하고 사회로 복귀시키는 것이 핵심 목표이다.

뇌졸중 발병 초기에 집중적인 재활치료를 받으면 회복이 빨라서 사회로 복귀를 앞당길 수 있다. 그러나 모든 뇌경색 환자에게 혜택을 못 준다. 발병 후 90일 이내에 입원해야 하며, 입원 후 180일 동안만 모든 혜택을 받을 수 있다.

일반 재활병원의 처리는 건강보험공단에서 정해놓은 횟수가 있다. 예를 들면 발명한 지 6개월 이내 환자들은 중추신경계 2회, 매트 및 보행 치료 2회, 기능적 전기치료 2회 등으로 정해져 있다.

또한 발병일이 1년, 2년에 따라 정해진 횟수가 달라진다. 보건복지부에서 인정받은 회복기 재활병원에서는 언어치료와 인지치료를 의료보험 혜택으로 받을 수 있다.

이런 정보가 중요한 상담 내용이다. 나는 보호자가 궁금해하는 점을 핵심만 잡아 우선 설명한다. 보호자의 성향에 따라 설명하는 방식도 조금씩 다르게 한다. 보통 연세가 드신 분이 오시면 글로 써서 가져가서 보시게 하고, 20~30대가 오면 궁금해하시는 점을 먼저 설명한 다음 추가로 필수적인 내용을 설명한다. 40~50대 보호자는 간략하게 포인트만 잡아서 안내한다.

이러한 상담 경험을 통해 상대방이 내게 원하는 것이 무엇인가를 고민하게 되었다. 전과 다르게 타인의 입장에서 생각하는 습관이 생겼다. 앵무새처럼 같은 말만 반복하는 상담실장이 아니라 보호자와 환자 입장에서 좀 더 효율적이고 트렌드에 맞게 대화하는 상담실장이 되고 싶어졌다.

50대에 시작한 일인 만큼 다양하게 배우고 익혀서 원칙은 지키되, 발전하는 즐거움으로 하루를 시작하고 있다.

● 나의 브렌드 네임은 '참건강알림물리치료사'

"꿈이 있는 사람은 실패해도 좌절하지 않는다."
- 에드먼드 힐러리 경(卿) -

가정과 사회에 소속되어서 그 틀에서 조화를 이루기 위해 참아내어 왔고, 그 안에서 고민도 해왔다. 그러는 과정에서 얻는 것들도 있지만 갑갑함도 느꼈다. 도서실 앞에서 딸아이를 기다리다가 문득 밤하늘을 쳐다보니 유난히 밝은 보름달이 보였다. 칠흑처럼 어두운 곳에 송곳만 한 구멍이 새어 나오는 달빛이 더 아름다워 보였다.

남은 후반전의 인생은 하늘의 달빛처럼 빛나고 싶었다. 마음의 그릇을 키우기 위해 유튜브나 책을 보고, 지인이 자기 계발과 성장을 했던 경험을 듣고 메모했다.

도움이 될 만한 자기 계발서를 찾아 읽었다. 내가 잘할 수 있는 일이 무엇이고, 할 줄 아는 것이 무엇인지 고민하는 시간을 가졌다. 지나온 일을 정리하니 앞으로 나아갈 방향성을 잡는 데 도움이 되었다. 전문 분야와 10%만 관련돼 있어도 도전하자는 생각이 들었다.

가끔 불안한 적도 있었다. "늦은 것은 아닐까? 나의 생각이 맞을까?"라는 생각에 안절부절못했다. 그러다가 이런 고민할 시간에 하나라도 더 행동하고, 더 실천하자고 결심했다. 허우적거려도 조금씩 물길을 헤치고 나아가다 보면 남은 인생은 앞으로 나아갈 수 있을 거라 생각한다.

25년 경력을 부담스러운 것으로 남기는 게 아니라, 단단한 경험과 지식으로 쌓은 한 개 한 개의 벽돌로 만들어 퍼스널브랜드의 저택을 지어보고 싶었다.

행동하는 믿음으로 시니어 관련 온라인 쇼핑몰을 운영하고, 건강 관련 사업계획서를 작성하고, 강의까지 해보았다. 나이가 들수록 용기만 있다면 더 잘할 수 있다는 자신감이 생겼다.

심지어 현재는 재활병원에서 상담사로 일하고 있다. 현재의 자리에서 나의 가치를 알리기 위해 환자들과 보호자들에게 재활에 대한 설명을 효과적으로 전달해 나가고 있다. 사회초년생이 된 양 새로운 꿈이 생기고, 배우고 싶고, 모든 것에 가슴이 벅차올랐다.

또한 전문성과 함께 창업 경영지식을 결합하여 혁신적인 접근 방식을 제시하고 싶다는 비전도 있다.

코로나로 실직한 뒤, 그 당시에는 취직을 못 해서 불안하고 초조했다. 어리석게 내게 일어나는 모든 잘못을 주위 탓으로 돌렸다. 하지만 실직하는 일이 일어나지 않았다면 지금처럼 다양한 경험에 도전할 기회도 없었을 것 아닌가. 현재는 원장님에게 감사한 마음이 든다.

퍼스널브랜드를 '참건강알림물리치료사'라고 정했다. 다소 쑥스럽기도 하지만 용기를 내서 많은 사람에게 알리고 싶었다. 간절하기에 알리고 싶었다. 혹시 같은 생각을 하는 사람이 있다면 함께하고 싶어서 떳떳이 말하고 싶었다. 꾸준히 노력하고 공부해야 한다는 나와의 약속을 지키고 싶어졌다.

현재 나는 주도적으로 60대를 준비하는 50대의 참건강알림물리치료사로 살아가기 위해 노력하며 조금씩 나아가고 있다. 자기 분야에서 한 가지 일만 해왔던 40대, 50대 여성들도 자신만의 브랜드를 만들 수 있다는 걸 증명하는 것이 나의 꿈이다.

Chapter 1. 늦은 때는 없다
1. 나이 50에 다시 시작
2. 우연히 시작한 일, (리포터에서 사내아나운서, 쇼핑호스트로)

Chapter 2. 3초 안에 시선을 잡고 3분 안에 설득하라
1. 먼저 시선을 잡아라.
2. 설득에도 공식이 있다.

Chapter 3. 말 잘하는 방법

**3초 안에 시선을 잡고
3분 안에 설득하라!**

PROFILE

김정원
설득스피치전문가

우연한 기회에 KBS1TV 아침마당에서 자료조사 일을 시작했다. 이후 KBS 라디오국에서 취재 리포터, 교통정보센터 교통리포터, CATV 사내 아나운서, 쇼핑호스트로 활동했다. '성장하지 않으면 늙는다'는 생각으로 꾸준히 새로운 길을 찾아왔고 이제는 만학도가 되어 또 다른 세상을 꿈꾸고 있다.

경력

KBS교통정보센터 서울지방경찰청, 경기지방경찰청 교통리포터
KBS라디오 취재 리포터, 북인천 CATV, 한전기공 사내아나운서
NS홈쇼핑 쇼핑호스트, K쇼핑 쇼핑호스트
현재 쇼핑엔티 쇼핑호스트

학력

호서대학교 벤처대학원 융합공학과 박사과정

이메일

jungmolla@naver.com

집필 동기

설득의 달인, 쇼핑호스트들은 어떻게 고객의 마음을 사로잡고 짧은 시간에 매출을 낼까? 남을 설득하는 것은 비즈니스뿐만 아니라 현대인의 필수 덕목 중의 하나이다. 수년간 현장에서 체득한 경험과 설득기법을 책에 담았다.

Chapter 1
늦은 때는 없다

"인생은 활동하는 가운데 존재하며 무기력한 휴식은 죽음을 뜻한다."
- 볼테르 -

● **나이 50에 다시 시작**

5. 4. 3. 2. 1. 스텐바이 큐

카메라에 빨간 불이 들어오고 스튜디오 안에 있는 모든 스태프들의 눈과 귀는 나를 주목하고 있다. 경력단절녀로 아이 둘을 키워오다 7년 만에 다시 쇼핑호스트 일을 시작했다. 생방송 홈쇼핑이 아닌 녹화로 진행되는 데이터홈쇼핑(티커머스). 일할 수 있다는 것은 내가 숨 쉬고 살아 있음을 일깨워주는 삶의 활력소와도 같은 것이다. 일을 다시 시작할 수 있다는 것만으로도 감사하고 소중한 시간이다.

늦은 나이에 결혼을 해서 아이를 낳고 일과 양육의 두 갈래 길에서 누구나 그러하듯이 많은 고민과 갈등을 갖고 있었다. 가뜩이나 유교적인 집안에서 태어나 가정에서의 여자 역할에 대한 고정관념이 어릴 적부터 자리 잡고 있었다. 요즘 젊은 사람들은 이해 못 하겠지만, '여자는 남자를 섬기며 살아야 한다'는 말을 귀에 못이 박히게 듣고 자라서 여자가 가정에서 참고 희생하는 것은 당연하다고 생각했다. 이런 가정환경 속에서 크다 보니 일하면서 뭔가 알 수 없는 죄책감과 함께 가정과 일 사이에서 혼자만의 갈등이 시작됐다. 남들보다 늦은 나이에 결혼을 해서 어렵게 가진 '가족'이라는 울타리는 더없이 소중한 것이었다. 사람들은 '남자는 하늘, 여자는 땅'이라는 고루한 표현 속에서 남존여비, 남녀의 불평등 관계를 먼저 떠올리지만 나는 이 표현을 싫어하지 않는다. 여자, 엄마라는 드넓은 대지, 비옥한 땅에서 나의 아이들은 건강하고 풍요롭게 뛰어놀 수 있는 권리가 있다. 가정의 든든한 버팀목이 되어 주는 것이 바로 '엄마의 역할'이라고 생각했다. 대지가 평온하고 안정적이어야 한창 자라는 새싹이 뿌리를 단단히 내리고 심지가 굳은 아이로 자라난다는 것이 평소의 생각이었다. 세상에 단 하나밖에 없는 엄마라는 존재는 아이에게 우주와도 같다는 생각에 결국 많은 고민을 하다 육아에 전념하는 것을 선택했다.

아이를 키우는 즐거움과 행복을 얻기 위해 일을 그만뒀지만, 집안 일과 양육은 혼자 감당하기에 버거웠다. 모든 엄마의 일상이지만, 이른 아침 입 짧은 아이들을 깨워 억지로 밥 먹이고 학교에 보내면, 집 안 청소부터 빨래까지 끝내야 했다. 집안일을 어느 정도 정리하면 어느새 해가 지기 시작하고, 저녁을 먹으면서도 '내일은 무슨 반찬을 할까?' 고민하다 나도 모르게 녹초가 돼서 잠이 들고... 그렇게 지루한 하루가 끝난다.

똑같은 패턴에, 무한 반복되는 나날들. 가끔은 잘했다고, 잘하고 있다는 말 한마디를 듣고 싶은데 그 누구도 응원해 주는 사람은 없었다. '능력 있는 남편 만나 집에서 놀고먹으면서…….' 이런 비아냥대는 소리만 들려왔다. 시간이 지날수록 점점 무기력해지고 내가 무엇을 원하는지, 내가 추구하는 삶은 어떤 것인지, '나'라는 존재는 점점 혼돈으로 빠져들었다. 나는 길을 잃어버렸다.

인간의 본능적 욕구 중에는 자아실현의 욕구가 있다. 에이브러햄 매슬로우의 '인간 욕구 5단계 이론'에 의하면 모든 사람은 생리적 욕구, 안전에 대한 욕구, 소속과 애정에 대한 욕구, 존경의 욕구가 있고, 바로 그 위 마지막 단계로, 자아 발전을 이루고 자신의 잠재력을 극대화하려는 자아실현의 욕구가 있다고 한다.

자아실현의 욕구, 인정받고자 하는 마음. 그렇다. 일을 쉬면서 나를 지배한 것은 '무기력'이었다. '잃어버린 나의 길을 찾기 위해 지금 무엇을 해야 할까? 나의 성장을 위해서 어떤 일을 해야 할까?' 나에게 끊임없이 질문을 던졌다. 하지만 그럴 때마다 정답이 찢겨져 나간 문제지처럼 고통과 번민만 깊어질 뿐이었다.

인간의 몸은 단단한 뼈로 이루어진 척추동물이다. 하지만 인간의 마음은 아주 연약한 갑각류가 아닐까? 겉은 단단하지만 속은 아이의 피부처럼 아주 연약한 존재. 가끔 죽을 것 같고 누군가에게 잡아먹힐 것 같고 잠시 스치기만 해도 깊은 상처가 날 것처럼 연약해져 있는 순간, 그 작은 상처가 내 온몸을 휘감았다. 가슴속 깊이 공허함으로 가득

차 있는 시간을 견디기가 힘들었다. 이 텅 빈 가슴을 채우기 위해 무엇을 할 수 있을까? 나는 생각하고 또 생각했다.

그 무렵부터 한두 권씩 책을 읽기 시작했고, 비행 청소년 심리 치료, 하브루타, 심리상담 등 여러 강의를 들으면서 본격적으로 새로운 공부를 시작했다. 그러던 중 지인의 추천으로 대학원에 입학해 창업에 대해 전문적으로 배우고 있다.

젊었을 적의 열정, 에너지, 풋풋함은 사라졌지만, 새로운 도전과 그동안 쌓은 경험, 지식을 재정리하는 시간은 어느 정도 무력감을 덜어내는 데 도움이 되고 있다. 지금은 다시 방송 제의를 받고 감사한 마음으로 매시간 최선을 다하고 있다.

● **우연히 시작한 일,** (리포터에서 사내아나운서, 쇼핑호스트로)

쇼핑호스트로 활동을 한 지는 거의 20여 년이 흘렀다. 우연한 기회에 아무런 준비도 하지 않고 재미 삼아 지원서를 냈던 나는 서류전형, 면접, 카메라 테스트, 임원 면접 최종까지 여섯 번의 관문을 순식간에 통과했고, 결국 합격을 했다. 2000년 초반에는 억대 연봉을 받는 쇼핑호스트가 젊은 사람들 사이에서 선망의 대상이었고 공중파 아나운서만큼이나 인기가 있었다. 경쟁률이 수천 대 일을 넘겼는데도 최종 합격을 했을 때 난 그저 덤덤했을 뿐, 그리 기쁘지는 않았다. 타고난 무던한 성격도 한몫한 것 같다.

항상 처음 만나는 사람들은 거의 비슷한 질문을 해왔다. '방송에서 볼 수 있는 거예요? 몇 시에 채널을 틀면 볼 수 있어요? 아 본 거 같아. 꼭 봐야지.' 그러나 이렇게 얘기하는 사람치고 굳이 찾아보는 사람은 없었다. 난 업(業)으로 일을 하고 있는데 가끔 연예인 보듯 대하는 것이 부담스러웠다. 그 당시에도 그랬지만 지금도 정말 연예인 같은 유명한 몇몇 쇼핑호스트를 제외하고는 수백 명의 쇼핑호스트가 다양한 채널에서 그저 직장인으로 근무할 뿐이다.

처음 NS홈쇼핑에 입사했을 때 쇼핑호스트 팀장님이 이런 말씀을 하셨다. 여자가 나이 들어서까지 오랫동안 할 수 있는 직업 중의 하나가 바로 쇼핑호스트라고. 지금도 현역에서 활동하고 있는 1세대 쇼핑호스트들 중에는 60대도 있으니 틀린 말은 아니다. 그만큼 아이를 키우고 살림을 하면서 주 고객인 주부의 심리를 잘 알고 설득할 수 있기 때문에 주부에게는 더할 나위 없이 좋은 직업이 아닐까 생각이 든다.

그러나 난 그 당시 공중파에서 리포터를 하고 사내 아나운서로도 활동을 했던 상황이라 쇼핑호스트를 가볍게 생각하는 우를 범하곤 하였다. 초창기 일각에서는 쇼핑호스트를 말 잘하는 판매원으로 인식하고 빠른 멘트와 하이톤의 목소리에 비호감을 느끼거나 그다지 좋은 이미지가 아니기도 했다.

호황기를 누리던 2000년대 초반, 영업이익도 좋아서 회사 복지 차원으로 금강산에서 영업 회의를 한 적이 있다. 당시 출입국 확인소에서 개개인의 신분을 확인하고 금강산으로 갈 수 있었는데, 북한 직원이 "방송 상품 판매원동무이십니까?"라고 물어서 순간 당황했던 적도 있었다.

　현재 홈쇼핑 업계는 내가 처음 근무했던 2000년대 초반과는 많이 달라진 모습이다. 홈쇼핑의 첫 시작은 1995년. TV홈쇼핑에서 처음으로 판매한 제품은 무엇이었을까? 바로 7만 8000원짜리 뻐꾸기시계. 그 당시 단 7개만 팔렸다. 그마저도 주문자 중 4명은 홈쇼핑 직원이었다. 이렇게 시작된 TV홈쇼핑 업계는 이제 안 파는 게 없다. 요람에서 무덤까지, 상조뿐만 아니라 최근엔 자동차 리스나 아파트 분양 같은 부동산 상품까지 등장했다.

　홈쇼핑 초창기에는 직접 눈으로 보지 않고 제품을 산다는 것에 강한 거부감과 편견을 가진 소비자가 많았다. 하지만 홈쇼핑회사들은 고객들에게 TV홈쇼핑에서 판매하는 제품에 신뢰감을 주기 위해 제품의 품질을 엄격하게 관리했다. 이런 노력들이 모여 지금의 거대 산업으로 성장할 수 있었다.

　이제 홈쇼핑 업계는 유형, 무형의 상품 총합 2022년 기준 6조 원에 달하는 시장 규모를 자랑하고 있다. 홈쇼핑 초창기에 홈쇼핑 시장이 이렇게 커질 것이라고 누가 상상했겠는가?

　하지만 영원히 호황기를 이어갈 줄 알았던 TV홈쇼핑도 서서히 성장세가 꺾이고 있다. 3개의 대기업에서 시작된 홈쇼핑은 이후에 4개의 홈쇼핑 채널이 추가로 더 생겨났고 여기에 10여 개의 데이터홈쇼핑(T커머스)까지 생겨나면서 업체 간 경쟁이 치열해졌다. 무엇보다 젊은 사람들의 모바일 커머스로의 이탈이 계속된 것이 홈쇼핑 성장세가 꺾이는데 한몫한 것으로 분석된다.

TV홈쇼핑 전성시대에는 웬만한 아이돌스타보다 골수팬과 강성 고객이 많았다. 매일같이 2~3개의 제품을 끊임없이 구매하는 VIP고객도 있었고 드라마의 단골 소재가 될 만큼 드라마틱 하면서도 사건, 사고가 끊이질 않는 곳이 바로 홈쇼핑 업계였다. 더구나 쇼핑호스트의 인기가 매출과도 직결되면서 시기, 질투, 음모, 실적에 대한 압박, 이런 것들까지 더해져 아침 드라마 못지 않은 난장판 무대가 되기도 했지만 워낙 실시간 생방송으로 진행되다 보니 다양한 에피소드와 사건, 사고가 이어질 수밖에 없는 구조이다.

쇼핑호스트는 본인의 이미지와 다양한 외부 평가를 통해 주력 상품군을 고르게 되는데 나는 주로 식품 방송을 많이 했다. 예기치 않은 방송 사고는 매출과 직결되기에 긴장도가 높다. TV홈쇼핑은 새벽 6시부터 다음날 새벽 2시까지 하루 20시간 생방송으로 진행되다 보니 PD, 무대 세트 담당, 카메라, 오디오, 송출 팀까지 모든 스태프는 초긴장 상태를 유지해야 했다. 가끔 생각지도 못한 일들이 생방송 중에 발생했는데 겉으론 웃고 있지만 속으론 울고 있을 때가 정말 많았다. 생방송 중에 머리가 삐쭉 서면서 등에서 식은땀이 또르르 흐른 적이 한두 번이 아니었다. 세팅해 놓은 제품들이 카메라에 가까이 클로즈업되고 있는데, 갑자기 무너지는 것은 다반사요. 생방송 중에 커다란 조명이 터져 깜짝 놀란 적도 있었다.

여름철 고등어나 굴비 같은 생선 판매 방송을 할 때 파리 떼들은 스튜디오의 반갑지 않은 단골손님이었다. 입으로는 멘트를 하고 있는데 카메라에 파리들이 잡히지 않게 부채질로 내쫓는 일도 쇼핑호스트의 많이다. 또한 식품 방송은 시연 장면이 많다 보니 항상 핸들링(제품을 카메라에 정확히 보이게 하기 위해서 만지거나 움직이게 하는 행위) 연습도 꾸준히 해야만 했다. 김이 모락모락 나는 쌀밥을 맛있게 먹는 시연은 정말 쇼핑호스트들에게 있어 고통 그 자체였다. 김이 모락모락 나는 찰진 쌀밥을 카메라가 잡아내려면 밥이 식기 전 따끈따끈할 때여야 한다. 마치 뻥튀기 기계에서 뻥 소리와 함께 나오는 하얀 연기가 찍혀야 맛있어 보이는 것처럼, 밥솥의 밥이 완성되자마자 바로 찍어야 한다. 다된 밥의 밥솥 뚜껑을 바로 열면 얼굴 위로 김이 확 올라오고 무서울 정도의 열기가 몰려왔다.

입천장을 델 정도의 뜨거운 밥이라도 맛있게 먹는 표정을 연출해야 하지만, 미숙한 신입 쇼핑호스트는 감정이 얼굴 표정에 그대로 나타나기도 했다. '두려움 반, 뜨거움 반'의 표정. 밥을 삼키다 너무 뜨거워 입천장에 물집이 생기는 것은 기본이고 눈물까지 찔끔 나오는 경우도 많았다.

생방송으로 진행되다 보니 말실수도 많았는데 한 남자 쇼핑호스트는 정육 2팩을 더 주는 식품 특별방송에서 "정액 2팩을 더 드립니다." 60분 방송 끝날 때까지 "정액 2팩을 이 방송 함께 하시는 모든 분들에게 드리겠습니다."라는 말실수를 하다 결국 방송이 끝나고 본부장님 방으로 불려 갔다는 일화는 우리끼리만 아는 얘기로. 물론 고의는 아니다. 입에 붙으면 계속해서 나오는 경향이 있다 보니 쇼핑호스트도 사람인지라 가끔 말이 헛 나오는 실수를 하게 된다.

Chapter 2
3초 안에 시선을 잡고 3분 안에 설득하라

> "말에는 목적한 것을 이루겠다는 성취력이 있다. 일본 뇌과학자의 논문에 의하면 인간 뇌세포의 98%가 말의 간섭을 받는다는 것이다. 말은 뇌에 박히고 뇌는 척추를 지배하며 척추는 행동을 이끈다."

● 먼저 시선을 잡아라.

쇼핑호스트는 설득의 달인이라고 표현하는 사람들이 많다. 홈쇼핑 방송을 보고 있노라면 어느 순간 전화기를 들고 나도 모르게 카드 번호를 누르고 있는 자신을 발견한다고.

홈쇼핑에서는 매출이 가장 폭발적으로 일어나는 포인트 시간대가 바로 재핑(ZAPPING, TV를 시청할 때 채널을 이리저리 놀리는 일)이다. 재미난 연속극이 끝나고 리모컨으로 다른 채널로 돌릴 때 중간에 껴있는 홈쇼핑을 보면서 잠시 시선이 머무는 순간, 단 3초 안에 시선을 잡고 3분 안에 설득을 해야 구매로 이어진다. 그렇기 때문에 시청자와 쇼핑호스트와의 사이에서는 서로가 모르는 엄청난 기싸움이 펼쳐진다. 채널이 돌아가는 3초. 그 순간 쇼핑호스트는 기싸움에서 이겨야 한다.

그래야지 매출로 이어진다. 기싸움에서 이길 수 있는 방법, 시선을 잡는 법은 무엇일까? 먼저 '메라비안의 법칙'을 이해할 필요가 있다.

메라비안 법칙이란 미국 심리학자이자 UCLA의 교수인 앨버트 메라비안이 발표한 이론이다. 이 이론에 따르면 의사소통에서 언어적 요소(말의 내용)의 중요성은 고작 7%, 나머지 93%는 비언어적 영역(청각 38%, 시각 55%)이 좌우한다고 한다.

그러니까 '채널을 돌리는 이 짧은 시간에 어떤 일이 정말 일어날까?' 싶겠지만, 재핑(ZAPPING) 시간에 쇼핑호스트는 멘트와 더불어 확신에 찬 표정과 힘찬 목소리로, 그리고 내면에서 우러나오는 자신감으로 시청자를 제압하고 기싸움을 펼쳐 이겨야 한다.

결국 자신감은 제품에 대한 확신, 제품에 대한 믿음에서 나오는 것이다. '이렇게 훌륭한 제품을 알아보지 못하는 너는 바보야!' 라고 말할 수 있는 자신감이 비언어적 영역에서 표출되면서 시청자는 결국 기싸움에서 지고 물건을 사기 위해 전화기를 드는 것이다.

● **설득에도 공식이 있다.**

① **333법칙**

숫자 3은 동서양을 막론하고 완벽한 숫자를 의미한다. 1은 불안전한 형태로, 2는 대립의 의미로 여겨왔다. 하지만 숫자 3은 완전함을 담고 있다. 가위, 바위, 보 삼세판, 하루를 아침, 점심, 저녁으로 구분하고 인생을 과거, 미래, 현재로 나눈다. 인간은 공기 없이 3분, 물 없이는 3일, 음식 없이 3주 동안 생존할 수 있다는 '333 생존 법칙'이라는 것도 있다. 이처럼 333 법칙은 우리의 삶 속 깊숙이 자리 잡고 있는데, 누군가를 설득할 때도 333 법칙이 작용된다.

처음 쇼핑호스트로 입사했을 때 선배 쇼핑호스트를 보고 놀라웠던 것은 달랑 큐시트 한 장 들고 스튜디오에 들어가는데 한 시간 동안 대본도 없이 생방송을 진행하는 것이었다. 당시에는 거의 모든 방송(공중파 방송이나 케이블 TV 방송)에서 작가가 써주는 원고대로 그대로 외워서 읽는 정형화된 방송이 대부분이었다. 그런데 20시간 생방송으로 진행이 되는 홈쇼핑에서 대본도 없이 끊임없이 멘트가 나오다니, 충격 그 자체였다. 작가도 없고 대본도 없다. 과연 나도 할 수 있을까? 두려움과 공포가 나를 지배했다.

입사 초, 3개월 동안 멘토로부터 밀착 지도를 받으며 업체와의 사전 회의, 시장 조사, 생방송 전 사전 미팅, 사후 미팅까지 한 프로그램이 진행되는 전과정을 거치면서 자연스럽게 터득하게 된 사실은 제품이 갖고 있는 3가지 셀링 포인트(selling point, 사용 편의나 만족감 등 소비자의 구매 욕구를 일으키는 제품이나 서비스의 특징. 적합성, 융통성, 내구성, 쾌적성, 조화성, 유행성, 외관미 등이 포함된다)를 잡아 스토리텔링을 하는 것이었다. 여기서도 역시 숫자 3의 공식이 적용된다. 판매 제품이 타제품과 비교해서 갖고 있는 장점, 차별점, 시기성. 다른 제품이 아닌 바로 이 제품을 선택해야 하는 이유 등 셀링 포인트를 찾기 위해서는 결국 마케팅 전략이 적용된다.

쇼핑호스트도 폭넓은 의미에서는 마케터이기 때문에 마케팅 전략을 정확히 세우고 방송에 임해야지만 높은 매출을 올릴 수 있다. 그러기 위해서는 방송이 될 제품 업체와의 철저한 미팅을 통해서 제품이 갖고 있는 환경(시장규모, 고객, 경쟁사) 분석을 통해 타제품과 차별되는 셀링 포인트를 잡아야 한다.

좀 더 깊이 들어가 보면 마케팅의 STP 전략을 PD와 MD, 방송 스텝과 세우게 된다. 시장 세분화(Segmentation), 표적 시장 선정(Targeting), 제품 포지셔닝(Positioning). 일반적인 제품 마케팅 적용과는 차이가 있지만 홈쇼핑 방송에서도 마케팅 STP전략을 대입할 수가 있다.

주요 고객층이 어떻게 되는지 그 동안 판매되었던 데이터를 통해 분석하는데, 각 시간대별로 구매 고객 연령층이 다르다 보니 시간대별로 판매되는 상품이 대략 정해져 있다. 새벽 6시부터 9시까지는 나이 많은 어르신들의 건강과 관련된 제품이 판매되고, 오후 3시부터 6시는 주부가 저녁식사를 준비하는 시간대이다 보니 식품이 주로 판매된다. 이후 저녁 7시부터 11시까지는 이미용 제품들이 편성되는 경우가 많다.

② 설득을 위한 필수조건 3가지

마케팅전략도 필요하지만, 결국 성공적 판매를 위해서는 소비자를 설득하는 힘이 있어야 한다. 방송이 끝나고 나면 본부장님께서 귀에 못이 박히도록 했던 얘기가 있었다. "제품에 관해서 설명하지 말고 고객을 설득해라. 당신이 왜 이 제품을 지금 당장 구매해야 하는지, 왜 우리 채널에서 꼭 사야 하는지, 설득하라."

　어릴 적부터 귀는 얇고 주변에서 좋다고 하면 의심 없이 사람을 믿었던 내가 어떻게 사람을 설득해야 할지… 이 일을 처음 시작할 땐 정말 막막했다.

　어떻게 시청자를 설득할 수 있을까? 고민하다가 주변을 둘러보기 시작했다. 주위에 유독 영업을 잘하는 사람이 있었다. 그들은 별말 하지 않아도 몇 가지 이야기를 듣다 보면 어쩐지 사고 싶고 뭔가 제품이 특별하다는 생각이 들게 하였다. 나는 그런 사람의 특징을 꼼꼼히 분석해 보면서 나름의 공식이 있다는 사실을 알게 됐다.

　먼저, 그들은 고객과 자주 보는 사람이다. 자주 마주치면 그 사람에 대한 경계심이 허물어진다. 홈쇼핑채널도 그렇다. 공중파 채널 사이에 있다 보니 무작정 건너뛸 수가 없어서 익숙한 사람이 나오면 자연스럽게 시선이 머물게 된다. 남녀가 연애할 때 자주 보면 정이 들 듯이 자주 보면 경계심이 허물어지고 어느 순간 제품에 대한 호기심이 생기게 된다.

　그다음엔 제품에 대한 믿음을 주는 것이다. 사람의 신뢰를 제품으로 연결하는 것이다. 어떻게 설득해야 매출로 연결할 수 있을지를 생각하면, 다음 세 가지가 명확해야 한다. 그것은 제품에 대한 신뢰 즉 '브랜드', 이 제품을 선택해야 하는 '이유', 그리고 제품의 가성비, 다시 말해 '합리적인 가격'이다. 이것은 비단 홈쇼핑 방송에만 해당되는 설득방법론이 아니다. 나는 이 3가지가 창업단계나 사업계획서 작성, 투자 유치, 하다못해 내가 먹고 싶은 점심 메뉴로 친구를 설득할 때도 적용 가능하다고 생각한다.

가령 내가 사회초년생이고 기업에 이력서를 낸다고 가정했을 때를 생각해 보자. 나라는 브랜드에 대한 설명, 차별성, 경제성 등 세 가지 요소를 분명히 전달하면 더욱 효과적일 게 뻔하다. 어디 출신이고, 전공은 무엇이며 어떤 일을 잘하는지 자료를 바탕으로 설명하면 나에 대한 신뢰와 믿음이 생긴다. 기업에서 수많은 응시생 중에 나를 선택해야 하는 이유, 남들과 다른 나의 차별성, 장점을 부각할 수 있다.

Chapter 3
말 잘하는 방법

"귀를 훔치지 말고 '가슴'을 흔드는 말을 해라."
- 유재석 -

쇼핑호스트가 직업인지라 가끔 지인들을 만나면 이런 질문을 자주 받는다. "나는 사람들 앞에서 말하려고 하면 가슴이 벌렁벌렁 뛰는데, 정원 씨는 어쩜 그렇게 카메라 앞에서 능청맞게 말을 잘해요? 말 잘하는 방법은 뭐예요?"

소통의 시대, 일방적인 관계가 아닌 설득의 시대를 살아가고 있는 요즘, 사람과의 만남이나 얼굴을 보고 서로 대화하는 것에 불편함을 느끼는 이들이 많다. 어떻게 해야 말을 잘한다고 할 수 있을까? 과연 말을 잘한다는 것은 무엇일까? 정확한 발음? 논리적인 화술? 다양한 미사여구 사용? 청산유수로 나오는 멘트? 물론 이런 재능도 청중 앞에서 스피치 할 때 꼭 필요한 조건이다. 그러나 개인과 개인이 대화하는 일상적인 자리에서는 서로 간의 소통, 공감, 호감 등 감정적으로 느껴지는 요소가 더 크다고 생각한다.

그렇다면 비즈니스를 할 때, 나의 의견과 생각을 고객이나 상대방에게 정확히 표현하기 위해서는 무엇이 필요할까? 잊지 말아야 할 것은 모든 처세가 '말'로 이뤄진다는 사실이다. 실제로 현대 경영학을 창시한 피커 드러커는 "인간에게 있어서 가장 중요한 능력은 자기표현이고 현대 경영이나 관리는 커뮤니케이션에 의해 좌우된다"라고 말했다.

미국 국립인간관계 연구소에 있는 제임스 벤더 소장에 따르면 미국의 탑 경영자 55명을 대상으로 '리더로서 갖추어야 할 첫 번째 덕목은 무엇인가?'라는 질문에 55명 중 54명이 '스피치'라고 대답했다고 한다.

현대인들은 왜 이토록 말하기에 집착하는 것일까? 말은 상대방이 듣고 믿게 할 수 있는 능력, 남에게 자신의 능력을 인정받을 수 있는 유일한 수단이자 방법이기 때문이다.

세상에서 가장 움직이기 힘든 것이 바로 사람의 마음이다. 요즘같이 보고 싶은것만 것만 보고, 믿고 싶은 것만 믿는 세상에서는 더욱더 말의 중요성이 부각될 수밖에 없다. 정보는 넘쳐나고 세상에 잘난 사람은 너무나 많다. 얄팍하게 두루두루 알고는 있지만, 정작 본질에 대해서는 모르는 경우가 많다.

내가 말주변이 없어서, 내가 말을 잘못해서, 이런 핑계는 대지 말자. 내 내면이 충만감으로 가득 차 있고, 자존감이 높고, 하루하루 당당함으로 살아간다면 그리고 자기가 상대방에게 제시하고자 하는 가치에 대하여 충분하고 정확한 정보를 가지고 그에 대한 확신이 있다면, 설령 화려한 미사여구나 유창한 화법 없이 자신의 소신을 담담하게 말하 것 만으로서도 거기에서 나오는 말의 진실함이 상대방의 마음을 움직일 것이다.

 말의 힘은 강력하다. 그러나 진실과 확신 없는 말은 아무 의미가 없다. 타인을 설득하려면 우선 자기 자신이 강한 믿음을 가지고 있어야 한다. 자신을 납득시키지 못한다면 어느 누구도 자신의 말을 듣게 할 수 없다. 강한 확신을 갖는 다는 것이 그렇게 힘든 일은 아니다. 정확한 사실 조사, 충분한 정보의 습득으로 우리는 이를 얻을 수 있다. 없는 말을 덧붙이지도 말고 애매모호한 말로 호도하지도 말자. 열심히 공부하고 수집한 것을 바탕으로 얻은 자기 확신을, 담담히 전하는 것이다. 마케팅만을 위한 특별한 화술이란 존재하지 않는다. 자신의 상품이 그리고 자신이 제시하는 가치가 자기자신을 납득시킬만큼 충분히 강력하다면 그 사실을 마음 속 깊은 곳에서 꺼내어 전달하자. 다만 차분하고 담담하게, 그렇지만 자신있게 이를 전달하면 된다. 미사여구를 덧붙이려하지 말고 본질만 남을 때까지 말을 줄이고 줄여 가장 담백하게 만들어 전달하자. 그 말은 결국 타인의 마음에 가 닿을 것이고 설득이라는 화학반응이 발생하게 될 것이다.

 조금은 지치고 힘들지만, 오늘도 열심히 살아가는 당신을 응원하고 싶다. 지금도 잘하고 있다고, 잘 살고 있다고, 앞으로도 잘 될 거라고….

에필로그

■ 박남규 | 창업경영전문가/창업생태학자

　퍼스널브랜딩 창직을 통해 성공적인 창업으로 발전해 나가는 첫 시작이 출판임을 강조하고 싶다. 출간이 이루어지도록 헌신적인 노력을 해주신 리커리어북스 한현정 대표와 어려운 환경에서 모범을 보여주신 열 분의 저자들께 감사의 마음을 전한다.

■ 김경진 | 목적중심경영 전문가

　대기업이라는 안정된 울타리를 벗어나 야생의 정글과 같은 중소기업 전문경영 CEO로서 고군분투하는 과정을 담아 보았다. 이를 통해 중소기업의 경영전략과 도전과제를 이해하고 자기 계발의 중요성을 알 수 있을 것이다. 또한 경영에 대한 다양한 경험과 노하우를 제공하므로 경영 관련 전공을 공부하는 학생들에게도 유용한 자료로 활용될 수 있을 것이다. 든든한 버팀목이자 내 삶의 이유인 사랑하는 내 가족과 출판의 기회를 주신 박남규 교수님, 한현정 대표님 그리고 함께한 저자분들께 감사드린다.

■ 한태희 | 교육창업경영전문가/입시컨설턴트

　징검다리 창업을 통해 안정성을 확보하면서 창업 보육 전문가로 나아가려는 목표는 의미 있고 현실적인 방법이라고 생각한다. 이미 쌓아온 자신의 전문 분야의 경험이 새로운 창업과 연계될 수 있을 것이라 확신한다. 이 글을 읽은 예비창업자에게 도움이 되었기를 바라고, 모두 자기 삶을 유지하면서 높은 성공을 이루기를 소망한다.

■ 김현주 | 색채명리전문가

　요즘 준비 없이 창업에 뛰어들어 힘든 시기를 보내거나 사업 실패로 이어지는 경우를 많이 접하게 된다. 이러한 분들에게 도움이 되고자 사업가들의 사주 명리를 해석하고 색채를 통해 사업 성공에 필요한 색상을 안내하고자 출판에 참여하게 되었다. 항상 마음속에 담고 있던 일을 출판이라는 현실로 이끌어주신 박남규 교수님, 한현정 대표님, 함께한 저자분들께 감사의 말씀을 전한다.

■ 정수정 | 융합경력컨설턴트

이 책을 통해 경력이 단절된 여성들이 공감하고 자신의 상황에서 용기를 얻을 수 있길 바란다. 아픔을 극복하고 자아를 탐구하며 변화의 기회를 잡아내는 과정에서 성장했으면 한다.

성장을 도와준 호서대 글로벌창업대학원 박남규 교수님과 응원해 준 동기들에게 감사함을 전하고 싶다.

■ 강현호 | Financial Protector(은퇴자산관리전문가)

20년간 고객의 자산관리중심으로 일해 오면서 '은퇴'라는 개념에 대해 많이 고민해 왔다. 우리는 인생을 살아가면서 좋은 직장을 거쳐 행복한 1막 2장을 꿈꾼다. 이런 과정을 고객과 현장에서 고민하면서 이를 학문적으로도 완성도를 높이고 싶었다. 대학원에서 박사과정을 하면서 그 가치를 더 깊게 생각할 수 있었다. 이런 기회를 주신 박남규 교수님과 한현정 대표님께 감사드린다.

■ 이경섭 | 리스타트강소기획자/MICE전문가

2021년 출간한 공저를 시작으로 어느덧 세 번째 출판을 진행하게 되었다. 5년 전 50%의 생존확률로 살아나 제2의 인생을 기획하는 데 큰 힘이 된 호서대학교 글로벌창업대학원 & 벤처대학원 교수님들과 원우들께 깊은 감사를 드린다. 기미남(기획에 미친 남자)의 경험이 창업과 경영에 힘든 시간을 보내고 있는 분들에게 작지만 강한 기획으로 리스타트하는데 작은 도움이 되길 희망한다.

■ 안지후 | 긍정태도전문가

사회적 경험 30년 중 직원으로 보낸 시간보다는 창업해서 사업자로 보낸 시간이 더 많다. 지난 시간을 돌아볼 때 자신 앞에 다가온 일들을 즐길 수 있다면 그 일을 통해 자신을 개발하라고 말해주고 싶다. 모두 자기 내면에 능력이 있음을 알고 그 강함이 변화를 가져올 수 있도록 자신이 가진 달란트를 한 번씩 점검해 보고, 가지고 있는 자격증이나 취미 생활 등 여러 분야에서 재능을 찾아볼 것을 추천한다.

■ 천선앵 | 참건강알림물리치료사

전문직의 오랜 경력과 지식이 확장된 관점으로 다양한 일을 할 수 있다는 발상 전환의 계기가 되었으면 한다. 박남규 교수님께서 주신 기회와 한현정 대표님의 응원, 그리고 함께한 동료 저자분들이 같이 했기에 글을 퇴고할 수 있었다. 다시 한번 감사의 말씀을 전한다. 머문 자리에서 주위를 둘러보고 인생 마라톤 중 남은 반 바퀴도 도전과 용기로 멋지게 바통 터치를 했으면 한다.

■ 김정원 | 설득스피치전문가

역사를 잊은 민족에게 미래는 없다는 말처럼 개인에게 과거는 미래를 준비하는 발판이 될 것이다. 불확실한 현실 속에서 과거의 경험과 실수는 누군가에게 깨달음과 혜안이 될 수도 있다. 지난 살아온 이야기를 일기 쓰듯 써 내려간 글들이 읽는 이에게 작은 도움이 되었으면 한다.

호서대 글로벌창업대학원 창업가들의 퍼스널브랜딩 창업성공가이드 VOL.4
은퇴 없는 인생 2라운드

발행일	2024년 4월 10일
지은이	박남규, 김경진, 한태희, 김현주, 정수정, 강현호, 이경섭, 안지후, 천선앵, 김정원
총괄기획, 편집	리커리어북스 대표 한현정
교정.교열	이동조
디자인	공간디자인 이용석
펴낸곳	리커리어북스
발행인	한현정
출판등록	제2021-000125호
주 소	서울시 강남구 언주로 134길 6, 202호 A224 (논현동, 성암빌딩)
대표전화	02-6958-8555
제휴 및 기타 문의	ask@recareerbooks.com

ⓒ 리커리어북스 2024
* 본 책 내용의 전부 또는 일부를 재사용하려면 반드시 저작권자의 동의를 받으셔야 합니다.
* 값은 표지 뒷면에 표기되어 있습니다.

ISBN 979-11-987107-0-3 (13320)